抵抗的義務

面對不義的
非文明抗命行動

康迪絲·戴瑪／著
許瑞宋／譯

目次 CONTENTS

When Disobedience Should Be Uncivil

A Duty to Resist

謝詞

如果沒有大衛·萊恩斯（David Lyons，我的指導教授和朋友），就不會有這本書。大衛寫過一篇有關梭羅（Henry David Thoreau）、很少人看過的文章，題為〈政治責任與反抗公民政府〉（Political Responsibility and Resistance to Civil Government）。在這篇文章中，大衛哀嘆哲學家忽略了「政治責任可以包含一種抗命義務」這概念，並以有關政治義務的兩個常見論點為基礎，替這種抗命義務辯護。他的相關討論只有兩頁的篇幅，但影響了我的學術研究焦點。我珍惜和大衛一起學習的時間。他慷慨的性格和對社會正義的熱誠激勵了我。

我感謝東北大學諸位同事給予我的回饋、支持和友情。我有幸與東北大學哲學、宗教和政治科學系同仁共事，從這種跨學科互動中獲益良多。本書大部分內容，是我二〇一六至二〇一七年在紐約大學法學院法律與哲學中心擔任德沃金—巴仁研究員（Dworkin-Balzan Fellow）期間撰寫的。我感謝紐約大學法學院和巴仁獎基金會（Balzan Prize Foundation）的慷慨支持。感謝Liam Murphy、Samuel Scheffler、Jeremy Waldron、Moshe Halbertal和Katharina Stevens：他們對我很友善，和他們談話對我很有啟發。Daniel Viehoff提供的建設性回饋對我至為寶貴。

本書參考了我發表過的一些文章，包括："Disobedience, Civil and Otherwise," *Criminal Law and Philosophy*

11, 1 (2017): 195-211; "Civil Disobedience," Philosophy Compass 11, 1 (2016): 681-691; "Political Resistance for Hedgehogs," in *The Legacy of Ronald Dworkin*, ed. Will Waluchow and Stefan Sciaraffa (Oxford: Oxford University Press, 2016), 25-48; "False Convictions and True Conscience," *Oxford Journal of Legal Studies* 35, 2 (2015): 403-425; "Samaritanism and Civil Disobedience," *Res Publica* 20, 3 (2014): 295-313 (Springer); "Political Resistance: A Matter of Fairness," *Law and Philosophy* 33, 4 (2014): 465-488。感謝Wiley、Springer和牛津大學出版社允許我使用這些文章部分內容。

感謝紐約大學法學院全球研究員論壇、里奇蒙大學政治哲學學習社群、美國政治與法律哲學協會舊金山會議的組織者和參與者，因為他們對我的論點提出了有益的批評指教。至於針對個別章節的評論，我要感謝Sean Aas、Guy Aitchison、Amna Akbar、Juliet Hooker、Robert Jubb、David Lyons、Gabriel O'Malley、Avia Pasternak和Amélie Rorty。我非常感謝William Smith和Robin Celikates對這本書的有益評論，以及對我這個寫作計畫的支持。在此也感謝匿名的第三位審稿人提供了詳細的回饋。謝謝Kimberley Brownlee的指導，我一直欽佩她的學術成就。感謝Samantha Hirshland在研究上協助我，也感謝Isaac Shur為本書編索引。Simon Waxman使我的論點變得更銳利，文章變得更順暢。感謝牛津大學出版社的Lucy Randall在編輯上的貢獻。

感謝我在法國的家人（我父母Stéphane and Chantal Delmas、我兄弟Gregory）和波士頓的朋友（尤其是Helena de Bres）給予我的愛與支持。謝謝Rose Mwobobia給予我撰寫本書需要的平靜心境。本書獻給我人生中摯愛的Gabriel、Marcel和Augustin。

Introduction
Political Obligation(s)

引言

政治義務

自由乘車運動

跨州巴士抵達南卡州石山（Rock Hill）巴士站之後，針對乘客的襲擊隨即展開。車上有十三名乘客——七個黑人和六個白人。他們數天前（一九六一年五月四日）從首都華盛頓出發，搭乘巴士前往紐奧良。他們來到石山並無特別原因：巴士只是離開公路幾分鐘，讓乘客下車伸展手腳和上洗手間。

但在石山的灰狗巴士站，二十名男性白人——當中有些是三K黨成員——正在等這群乘客。這十三名乘客並非無名氏。他們是「自由乘客」（Freedom Riders），接受黑人民權組織「種族平等大會」（Congress of Racial Equality）的任命，前往美國南部違抗當地法律。十四年前，種族平等大會就已組織了它名為「和解之旅」（Journey of Reconciliation）的首次自由乘車行動，事因美國最高法院在一九四六年摩根訴維吉尼亞州（*Irene Morgan v. Commonwealth of Virginia*）一案中裁定跨州商業旅行禁止種族隔離措施，但南方各州漠視最高法院的判決，繼續執行已有數十年歷史的種族隔離法律，使黑人在公路上仍無法享有平等的權利。

這意味著「種族融合巴士」可能被禁止在公路上行駛，而巴士站可能禁止黑人進入候車室。那十三名自由乘客到達石山時，等待他們的是想要執行種族隔離法律的一群暴民。年輕的三K黨徒威爾森（Elwin Wilson）是那群暴民的一員，他猛烈毆打黑人路易斯（John Lewis）；一如其他自由乘客，路易斯受過嚴格的訓練，決心堅持非暴力原則。許多年後，威爾森公開否定自己當年的行為，並向路易斯道歉，當時路易斯已成為資深美國眾議員和極受敬重的民權運動元老。但那是很多年後的事。在一九六一年，美國反黑人暴力猖獗，以致馬丁・路德・金恩拒絕支持自由乘車運動（一九五五至一九五六年，金恩因為領導蒙哥馬利巴士抵制運動而受全美矚目）。金恩警告，自由乘客將「無法去到阿拉巴馬州」。

雖然金恩的悲觀預期大有道理，自由乘客和他們的兩輛巴士——一輛灰狗、一輛旅途（Trailways）——還是去到了阿拉巴馬州。那輛灰狗巴士一離開該州東北部小城市安尼斯頓（Anniston），就被一群三K黨徒丟石頭，輪胎也被割破了。這群三K黨徒迫使司機停車之後，向巴士投擲燃燒彈。巴士起火之後，他們關上車門阻止車上的人逃生。因為至今未明的原因，這群暴徒最後撤退，氣喘吁吁的自由乘客逃離巴士，但在路邊遭受襲擊。在城裡，另一群三K黨徒登上旅途巴士，將自由乘客毆打至近乎不省人事。

浴血但無畏的自由乘客繼續旅程，前往阿拉巴馬州伯明翰（Birmingham），而當地一大群人拿著棒球棒、鐵管和自行車鏈等著他們。警察局長康納（Bull Connor）及其人員參與了這次襲擊。之前參與和解之旅的白人佩克（Jim Peck）慘遭毒打，光是頭部的傷口就必須縫五十三針。他被送到一家醫院，但醫院拒絕提供治療。在被轉送另一家醫院途中，他差點死掉。

知道這些暴力事件之後，美國司法部長羅伯・甘迺迪派出國民警衛隊，護送自由乘客安全抵達阿拉巴馬州首府蒙哥馬利。但在那裡，巴士司機拒絕延續旅程。那些自由乘客因為決心前往紐奧良參加預定的集會，決定改搭飛機。但他們的第一班飛機因為炸彈威脅而取消。與此同時，因為察覺到運動的勢頭，學生非暴力協調委員會（SNCC）組織了一隊新的自由乘客，從田納西州那什維爾（Nashville）前往伯明翰。他們一抵達伯明翰，就被警察局長康納下令逮捕，以「保護拘留」的名義送入監獄。

五月二十日，所有自由乘客前往蒙哥馬利，遇到又一群暴徒。記者也在現場等待，暴徒對自由乘客的襲擊在全美電視上播出，公眾為之震驚。自由乘客繼續前進，到了密西西比州首府傑克遜市，當地警方以破壞公共安寧、違反不久前通過的法律為由，逮捕了近一百名抗爭者。在抗爭者拒絕繳付每人兩百美元的罰款之後，一名法官判他們入獄九十天，而他們在獄中遭毆打，食物也不夠。那年夏天結束時，超過三百名抗爭者被關進了州立監獄。

雖然自由乘客不曾去到他們預定的目的地紐奧良，他們這場運動吸引了全美以至國際的關注。司法部長甘迺迪請求州際商務委員會（Interstate Commerce Commission）執行最高法院的裁決。該委員會順從要求，於一九六一年十一月一日實際上禁止跨州旅行的種族隔離措施。藉由和平、非暴力、公開的抗命（不服從地方法律），自由乘客的努力有助於說服政府和至少部分公眾，使他們相信種族歧視制度是野蠻和不義的。他們證明了改革制度和執行聯邦法律是必要的。他們和志同道合的行動者激勵了許多人參與民權運動。

一如在此之前標誌性的午餐櫃檯占座行動，自由乘車運動有賴人民從事公民抗命的勇氣。藐視法律者拿自己的性命和自由冒險。他們面對警察和平民的恐怖攻擊也堅持非暴力原則。他們面對懷有惡意的法庭仍抱持和平的決心。但太勇敢可能是危險的。自由乘客的例子也暗示，公民抗命和其他形式的有原則違法行為是超乎義務的（supererogatory），是英雄而非普通人的行為，因此超出了道德要求。我們有誰願意直接面對武裝的三K黨徒，更何況是在受到他們攻擊時拒絕自衛？曾有一名記者苦思這些問題，他因此問一名白人自由乘客：「為什麼你覺得參與自由乘車運動是你的責任？」那名年輕人答道：「我不認為這只是**我的**責任。我認為這是**每一個美國人的**責任。我只是認為有些人比其他人更清楚意識到自己的責任。」[1]

1. *Freedom Riders*, directed by Stanley Nelson (Firelight, 2011), http://www.pbs.org/wgbh/americanexperience/freedomriders/watch. 受訪者強調什麼顯而易見。

但是，真的有這種責任嗎？哲學家基本上並未探討這種責任。關心公民權利與義務的哲學家普遍認為有一種道德義務是「因為法律是法律，所以要遵守」，雖然他們傾向懷疑能否為這種義務提出令人滿意的解釋，因此往往在他們替這種義務辯護時加上一連串的限制條件。[2] 批評守法義務的人——主要是哲學無政府主義者（philosophical anarchists）——並未討論可能約束公民的其他義務。連公民抗命的支持者也普遍認為違法很可能是不對的；他們僅思考何時可以違法，並不考慮人是否有違法的義務。最後，女性主義哲學家雖然廣泛地研究反抗壓迫的責任，但並未系統性地研究有原則的抗命。

在這本書中，我將論證人類確實有抵抗不義的道德義務——這種義務包括藉由有原則的抗命抵抗不義，而抗命除了文明的方式，有時甚至可以是不文明的。我將證明抵抗不義是我們的政治義務。傳統上，理論家認為政治義務是服從的問題：我們的責任是遵守法律，尤其是在法律被假定為近乎公正和正當的民主國家。只有在不公正令人無法忍受，或不服從局限於非常狹窄的範圍，或兩者皆是的情況下，違法才是可接受的。但我將證明事實恰恰相反：在現實世界裡的多數情況下，包括在民主、近乎公正和正當的國家，有原則地違法——無論是以文明或非文明的方式——不但是可接受的，對身處那些情況的人來說，可能還是道德上必要的。因此，這本書的目的包括：一、超越公民抗命，思考有原則抗命的非文明形式；二、利用替公民抗命辯護的理由，證明非文明抗命是正當的；三、利用支持服從義務的理由，替不服從的義務辯護；四、擴展政治義務的概念，納入這些義務。

抵抗的義務

面對不義，行動主義者早就認識到，抵抗不義（包括藉由抗命行為）並非可有可無。梭羅（Henry David Thoreau）認為反抗不正當的政府是一種道德義務。他一八四八年寫了〈反抗公民政府〉（Resistance to Civil Government）一文，該文在他逝世之後以〈論公民抗命的義務〉（On the Duty of Civil Disobedience）為標題出版，也就是如今眾所周知的〈公民抗命〉（Civil Disobedience）一文（雖然人們普遍認為梭羅創造了「公民抗命」一詞，但他其實並未使

---

2. 一個令人滿意的解釋將證明守法義務人人皆有，涵蓋所有法律，並且使公民受其所屬的特定國家約束。例子參見Richard Dagger and David Lefkowitz, "Political Obligation," *The Stanford Encyclopedia of Philosophy*, ed. Edward N. Zalta (Fall 2014), https://plato.stanford.edu/archives/fall2014/entries/political-obligation/; William A. Edmundson, "State of the Art: The Duty to Obey the Law," *Legal Theory* 10, 4 (2004): 215-259。最近替守法義務辯護、含有限制條件的例子，參見Samuel Scheffler, "Membership and Political Obligation," *The Journal of Political Philosophy* 26, 1 (2018), 3-23。Scheffler在提出他有關政治義務的連結論之前，承認「我們可能沒有義務遵守嚴重不公正的法律或壓迫人民的國家之法律，而即使國家及其法律相當公正，服從的義務有時可能遭其他因素凌駕，而且或許有些人完全沒有這種義務」。

用該詞）。這篇文章敦促美國公民撤回對美國政府的支持，理由是這個政府支持奴隸制、對墨西哥開戰，以及殘暴對付美國原住民。梭羅呼籲同胞憑良心拒付麻省人頭稅，以此作為不合作的一種實際手段。[3]

受梭羅啟發，印度的甘地也認為拒絕與不義的政府合作是公民的道德義務。「每一名公民都默默但確實地以自身不了解的方式支撐著當今政府。」甘地寫道，「只要政府的行為是可以忍受的，支持它可說是恰當的。但如果政府的行為傷害到公民或國家，公民就有責任撤回自己對政府的支持。」[4]

同時受梭羅和甘地啟發的金恩在他「來自伯明翰監獄的信」（Letter from Birmingham City Jail）中表示：「人在法律和道德上都有遵守公正法律的責任。反過來說，人有不遵守不公正法律的道德責任。」[5]在一九五五至一九五六年蒙哥馬利巴士抵制運動前夕一場相對不受注意的演講上，金恩對群眾表示：「獲得自由不但是我們的權利，還是我們的義務。因此，你在巴士上坐下來，你坐在前面的座位或白人旁邊，不但是因為你有權利這麼做，還因為你有義務這麼做。」[6]

當代行動主義者也擁護這種以義務為中心的論述。在《憤怒吧！》（*Indignez-vous!*）中，二戰期間法國抵抗運動成員、集中營倖存者黑塞爾（Stéphane Hessel）呼籲世人和平起義對抗越來越嚴重的社經不平等、民主體制在金融資本主義下的腐敗、無證移民受到的對待，以及以色列對巴勒斯坦的占領。[7]這本書成為「占領運動」和「憤怒運動」的宣言——在二〇〇八年金融危機之後，尤其是在二〇一〇年代初，這些反撙節社會運動攪動了美國、西班牙和另一些西方國家。歐洲一些人權組織，包括法國的人權聯盟（Ligue des droits de l'Homme）和比利時的反驅逐群體（Collectif contre les expulsions），替道德上「團結的義務」辯護，敦促人們不要遵守禁止為無證移民提供住所和協助的法律。[8]法國農夫艾胡（Eric Herrou）被指控協助無證移民在羅亞山谷（Roya Valley）越過義大利邊境進入法國，但他**認為協助這些人是他的義務**。[9]

---

3. Henry D. Thoreau, "Resistance to Civil Government," *The Writings of Henry David Thoreau: Reform Papers*, ed. Wendell Glick (Princeton, NJ: Princeton University Press, 1973), 63-90.
4. Mohandas Ghandi, *Young India*, July 22, 1920.
5. Martin Luther King Jr., "Letter from Birmingham City Jail," 1963.
6. 拉烏爾·佩克（Raoul Peck）導演的二〇一六年電影《我不是你的黑鬼》（*I Am Not Your Negro*）納入了這場演講。
7. Stéphane Hessel, *Indignez-vous!* (Montpellier, France: Indigène editions, 2010). 英譯本書名*Time for Outrage!*失去了法文書名的祈使句式和第二人稱形式。
8. 例如參見http://ccle.collectifs.net/和http://www.liguedh.be/images/PDF/documentation/documents_thematiques/delit-solidarite.pdf (二〇一六年八月二十日查閱).
9. Adam Nossiter, "A French Underground Railroad, Moving African Immigrants," *New York Times* (October 4, 2016), http://www.nytimes.com/2016/10/05/world/europe/france-italy-migrants-smuggling.html?_r=0 (二〇一七年三月二十一日查閱).

雅林那加德（Masih Alinejad）發起「我的祕密自由」（My Stealthy Freedom）運動，鼓勵伊朗女性違法貼出她們不戴頭巾的照片。她呼籲造訪伊朗的非穆斯林女性加入抗爭：「在強制戴頭巾的規定影響所有女性的時候，所有女性都應該大聲說出自己的意見。」[10] 沙烏地阿拉伯的女性公然違抗法律，拍攝自己開車的影片，並將影片放到YouTube上。[11] 二〇一一年六月，沙國開車的女性卡塔尼（Maha al-Qahtani）對《紐約時報》表示：「今天醒來時，我整個人都深信這是我的權利，深信這是我的義務。我不再害怕。」[12] 二〇一七年九月，沙烏地阿拉伯宣布將廢除女性駕駛禁令；以往遭汙名化的叛逆女性駕駛人如今獲得公開讚揚。

史諾登（Edward Snowden）向媒體洩露數百萬份文章，揭露美國國家安全局侵入性的大規模監控計畫。他認為他有責任吹哨揭弊，並斷言「每一名公民都有義務」抵抗不道德的法律，以及「嘗試建立一個比較好、比較公平的社會」。[13]

「黑人的命也是命」（Black Lives Matter）運動彌漫著對抗不義的責任感。這場運動的共同發起人托米蒂（Opal Tometi）這麼說：「我們認為每一個人，無論你身處何地，無論你社經地位如何，無論你做什麼工作，在這個歷史時刻都有義務採取行動，站在多個世代以來一直受壓迫的人那一邊。」[14]

梭羅、甘地和金恩構成公民抗命的「神聖三位一體」——每次討論有原則違法時，總是有人不斷提到這三個名字，而且是以仰慕的語氣。但是，如我們將看到的，他們的思想和行動都不符合公民抗命的標準概念。這種標準概念是哲學家——最主要是羅爾斯（John Rawls）——回應民權運動所提出的。根據這些概念，公民抗命是在近乎公正的國家，憑良心公開以非暴力方式違法；抗命者藉由接受懲罰展現他們對體制正當性的真誠支持，嘗試藉由訴諸公認的政治道德原則，遊說多數人改變某些法律或政策。無論是現今還是在歷史上，極少抗命行為符合這些要求。有些行動者公開蔑視這些要求，而他們的理由可能值得捍衛。[15]

10. Lizzie Dearden, "Iranian Women Call on Western Tourists to Violate Hijab Law to Fight against Oppression," *The Independent*, April 22, 2016, http://www.independent.co.uk/news/world/middle-east/iranian-women-in-my-stealthy-freedom-campaign-call-on-western-tourists-to-violate-headscarf-law-to-a6996136.html. 請看推特上的「#NoForcedHijab」，以及臉書與推特上的「@StealthyFreedom」。
11. 第一段在網上瘋傳並鼓勵其他人效法的影片是夏立夫（Manal al-Sharif）開車的影片，日期為二〇一一年五月十九日（https://www.youtube.com/watch?v=sowNSH_W2r0）。夏立夫最近出版的回憶錄：Manal al-Sharif, *Daring to Drive: A Saudi Woman's Awakening* (New York: Simon and Schuster, 2017)。
12. Neil MacFarquhar and Robert Mackey, "Saudi Women Defy Driving Ban," *New York Times* (June 17, 2011), http://thelede.blogs.nytimes.com/2011/06/17/saudi-women-protest-driving-ban.
13. Edward Snowden and Laura Poitras, "'Nation' Exclusive: Edward Snowden and Laura Poitras Take on America's Runaway Surveillance State," *The Nation* (May 7, 2014), https://www.thenation.com/article/nation-exclusive-edward-snowden-and-laura-poitras-take-americas-runaway-surveillance/.
14. Megan Garber, "The Revolutionary Aims of Black Lives Matter," *The Atlantic* (September 30, 2015), http://www.theatlantic.com/politics/archive/2015/09/Black-lives-matter-revolution/408160/.
15. Emmeline Pankhurst to members of The Women's Social and Political Union, "Votes for Women" (January 10, 1913), http://www.nationalarchives.gov.uk/documents/education/suffragettes.pdf.

例如在英國力爭女性參政權的潘克斯特（Emmeline Pankhurst）就呼籲支持者「採取行動而非只是說話」。她期望的是藉由引人注目、往往違法的行動迫使公眾注意壓迫女性之不義。她支持女性為了追求比較公正的社會而砸爛商店櫥窗、以腐蝕性液體破壞高爾夫球場的草皮，藉由絕食或自殺危害自身性命；她在表達這種立場時聲稱：「以某種方式勇武起來是一種道德義務……這是每一名女性對自己的良心和自尊、對沒自己那麼幸運的其他女性、對所有後來者所欠的一種義務。」

較近期而言，法國工團主義行動者、從政者波維（José Bové）明確地支持非文明抗命；他認為面對環境和全球勞動方面的不義情況，我們有「抗命的義務」。[16]一九九九年，波維因為在法國米約（Millau）破壞一家麥當勞餐廳而被判有罪，隨後他就成為另類全球化和農民聯盟運動的標誌人物。他也是「堅決的基因改造作物毀滅者」（*Les Faucheurs Volontaires d'OGM*）的領袖，該組織有超過六千名激進人士，矢言要毀滅基因改造作物。[17]

在這本書中，我認真看待行動主義者面對不義時訴諸抵抗的道德義務這件事。我也認真看待政治義務的傳統概念——在正當、近乎公正的國家遵守法律的義務。表面看來，我似乎是要把方釘硬打進圓孔裡，但我將指出，支持守法義務的理由，恰恰使我們在不義的情況下有違法的義務。我的論點是基於四個理由：正義的自然義務（第三章）、公平原則（第四章）、撒瑪利亞人義務（第五章），以及政治連繫（第六章）。

我選擇這四個理由，是因為它們在日常與批判道德觀中已牢牢確立。從蘇格拉底到羅爾斯，許多哲學家認為一個人唯一或主要的道德義務，是遵守基本公正、正當的社會之法律。雖然哲學家對此一義務的依據有不同看法，我仰賴的四個原則是哲學家重視的主要依據。因為哲學家往往認為守法的義務可能被更有力的反向理由蓋過（也就是說，這種義務是「可作廢的」），他們同意公民抗命可能是合理的。但他們只是證明了抗命有時是可容許的，不曾證明抗命有時是義不容辭的；他們也不曾關心非文明抗命在什麼情況下或許是可接受的。[18]

16. José Bové, Erri de Luca, and Gilles Luneau, *Du sentiment de justice et du devoir de désobéir* (Montpellier, France: Indigène Editions, 2016).

17. 見http://www.faucheurs-volontaires.fr/.

18. 例外包括Michael Walzer, *Obligations: Essays on War, Disobedience, and Citizenship* (Cambridge, MA: Harvard University Press, 1970); Carole Pateman, *The Problem of Political Obligation: A Critique of Liberal Theory* (Berkeley: University of California Press, 1985); Chaim Gans, *Philosophical Anarchism and Political Disobedience* (Cambridge: Cambridge University Press, 1992); Nancy Hirschmann, *Rethinking Obligation: A Feminist Method for Political Theory* (Ithaca, NY: Cornell University Press, 1992); Kimberley Brownlee, *Conscience and Conviction: The Case for Civil Disobedience* (Oxford: Oxford University Press, 2012); David Lyons, *Confronting Injustice: Moral History and Political Theory* (Oxford: Oxford University Press, 2013); and Tommie Shelby, *Dark Ghettos: Injustice, Dissent, and Reform* (Cambridge, MA: Belknap Press of Harvard University Press, 2016).

理論家基本上不怎麼處理在未達到近乎公正程度（也就是未能通過正當性檢驗）的社會裡，公民可以做什麼和應該做什麼的問題，因為他們一般認為在不正當的國家裡，抗命並非特別有問題，不需要特別辯護。因此，問題很大程度上取決於對政治正當性的判斷：如果國家是正當的，國民應該遵守法律，有時可以文明地抗命。如果國家是不正當的，國民不欠國家什麼（也就是完全沒有「政治義務」），而且並非只能文明地抗命——他們大可訴諸基進的反抗方式，包括在極端情況下發起革命。雖然這種二元觀點廣為世人接受，有關正當性的說法（包括不義如何影響正當性）和針對特定社會的判斷就不是這樣。有關「像我們這樣」的不完美社會（也就是大型、工業化、自由民主的西方民族國家）是否正當，世人有深刻和難以調解的歧見。

這本書不回答那種社會是否正當的問題——這問題我留給其他人探討。本書將提供的是一套有關政治義務的統一論述，聚焦於不義情況下的抵抗義務，適用於所有社會，無論它們正當與否。本書視抵抗為異議行為和做法的多面向連續體，包括合法與違法行為（或「有原則的抗命」）；抵抗者藉由這些行為廣泛表達他們反對和拒絕服從既定制度和規範（包括文化價值觀、社會實踐和法律）的立場。本書將證明，抵抗不義（包括藉由有原則的抗命）有時比守法更能夠滿足正義、公平、撒瑪利亞主義和政治成員身分的要求，而且非文明抗命行為維護正義和民主的作用可能一如公民抗命那麼好。本書因此提議擴大政治義務的概念，納入公民的政治責任，包括公民抵抗不義和在某些情況下從事有原則抗命的道德義務。

我的政治義務論述涉及對守法道德義務論和哲學無政府主義的批評討論。無論你以前述四個理由的哪一個作為守法義務的基礎（或更根本地作為義務的一種有效來源），你就是有意或無意地確認了我們有抵抗不義和違抗不公正法律的義務。無政府主義者大有理由懷疑國家是否可以要求國民無條件服從，他們對理論家努力證明真實的社會引發普遍的服從義務持懷疑態度也是合理的。但是，無政府主義者否定非自願承擔的義務，我則證明不完美社會的公民有許多嚴格的政治義務。無政府主義者極少討論抗命，只是說政治義務不存在並無任何基進的實際涵義——西蒙斯（John Simmons）正是據此區分哲學無政府主義和它「投擲炸彈」的親戚。[19]因為這種擁護現狀的傾向，哲學無政府主義不僅使我覺得它「無牙」（這是借用甘斯〔Chaim Gans〕的說法），還是紆尊降貴的，因為它堅持認為正確的東西未必適合「大眾」相信。[20]我則選擇替抵抗不義的

19. A. John Simmons, "The Duty to Obey and Our Natural Moral Duties," in *Is There a Duty to Obey the Law?*, eds. Christopher H. Wellman and A. John Simmons (Cambridge: Cambridge University Press, 2005), 191-193.

20. Gans, *Philosophical Anarchism and Political Disobedience*, 90.

政治義務（包括藉由有原則的違法行為）辯護，希望提出一套可以替代哲學無政府主義的基進論述。

此外，我的論述可視為守法義務論的替代品或延伸。根據多數已確立的論述（無疑包括時下所有論述），守法義務是適可而止的（*pro tanto*），也就是這種義務通常是確定的，但也是可作廢的，面對嚴重不義時就不會再有。我的論述在此回答這問題：如果守法的義務局部或全部消失，那將如何？就此而言，政治義務的所有倡導者原則上可以採納我的政治義務論作為其論述的友好延伸，而確實也有人這麼做。[21]但是，我指出的抵抗不義和違法義務可能與假定的守法道德義務發生衝突（至少在不義是否嚴重到足以廢除守法義務並不明確的情況下是這樣），屆時守法義務的擁護者和我對是否應該優先選擇守法可能有不同看法。

雖然我的政治義務論述仰賴常被用來支持守法義務的原則，我並不認為所有或只有這些原則支撐公民面對不義時的義務。例如有人替政治義務的傳統概念辯護時訴諸感恩（gratitude）和敬服（deference），但我看不到這兩者在不義的情況下可以如何引發抵抗的義務。[22]但是，我們可以尊重法律為理由替抵抗的政治義務辯護——拉茲（Joseph Raz）正是據此支持一種半自願和特殊的守法義務。（謝爾曼〔William Scheuerman〕站在尊重法治的立場替史諾登揭弊辯護，可能正是採用這種論點的一個例子。）[23]派特曼（Carole Pateman）和何姿曼（Nancy Hirschmann）對政治義務的自由契約論提出有力的女性主義批判，她們指出，民主同意（democratic consent）可能要求我們抵抗而非順從家長式政府。[24]此外，哲學家並未用來支持守法義務的其他規範原則，例如自由即非宰制（freedom-as-nondomination：公民共和主義的統一主題）和關懷（女性主義德行倫理的核心），大有可能引出額外的責任。

---

21. Kit Wellman基於撒瑪利亞主義支持守法義務，他和我交談時確認了這一點。Ronald Dworkin修訂*Justice for Hedgehogs*一書手稿，承認政治關係中的尊嚴（他針對守法義務的確定論述之基礎）有時可能要求當事人從事公民抗命或甚至是革命，而非守法。參見Ronald Dworkin, *Justice for Hedgehogs* (Cambridge, MA: Harvard University Press, 2010), 322-323, responding to Susanne Sreedhar and Candice Delmas, "State Legitimacy and Political Obligation in *Justice for Hedgehogs*: The Radical Potential of Dworkinian Dignity," *Boston University Law Review* 90, 2 (2010): 737-758.
22. 例如參見Margaret Gilbert, *A Theory of Political Obligation* (Oxford: Oxford University Press, 2006); Philip Soper, *The Ethics of Deference* (Cambridge: Cambridge University Press, 2002).
23. Joseph Raz, *The Authority of Law: Essays on Law and Morality* (Oxford: Oxford University Press, 1979), chaps. 12-13; William E. Scheuerman, "Whistleblowing as Civil Disobedience: The Case of Edward Snowden," *Philosophy and Social Criticism*, 40, 7 (2014): 609-628.
24. Pateman, *The Problem of Political Obligation*; Hirschmann, *Rethinking Obligation*.

我關注的政治義務來源不但廣為世人接受，在有缺陷的社會政治狀況下還有基進和廣泛的涵義。藉由以這種方式基進地運用常見的自由主義原則，我奉行一種與派特曼、艾莉斯·楊（Iris Marion Young）、史瓦茲曼（Lisa Schwartzman）、藍騰（Rae Langton）和其他女性主義及批判種族理論家有關的策略；他們證明了自由主義者根據其自身信念，應該倡導全面的政治變革以對抗壓迫。[25]

關鍵概念

我廣義地使用**不義**（injustice）一詞，將不公正的**法律**、**行為者**和**結構**形成的互有重疊的不義類別納入其中。法律是構成法律制度的一套權威規範和決定，當它全部或部分違反政治道德的實質或程序規範（例如正當程序和平等尊重每一個人）時，法律就是不義的。區分行為者與結構不義是有用的：行為者不義在於個體直接和故意傷害其他個體，結構不義則是指社會過程或結構以道德上不可接受的價值觀或信仰系統為基礎，產生非故意但不公正的結果。這些不公正的結果包括社會合作的負擔和利益分配不公平（第四章的焦點），以致大規模侵犯人權。

艾莉斯·楊以**結構**的概念泛指「影響行動和互動的規則與資源」，也就是規管、促成和約束社會互動的因素，尤其是「社會位置之間的關係；這種關係決定了身處那些位置的人有怎樣的機會和人生前景」，或不同的社會位置如何決定個體的生活。[26]她解釋道：

> 社會過程令多個類別、數目眾多的人面臨系統性威脅，可能受宰制或被剝奪發展和發揮自身能力所需的資源，而這些過程同時令另一些人得以宰制他人或有廣泛的機會發展和發揮自身的能力，這種社會也就有結構不義的問題。[27]

也就是說，一個有問題的規範和權利體制妨礙某些人發展自己的能力，同時嘉惠另一些人，就出現了結構不義的問題。

---

25. Carole Pateman, *The Sexual Contract* (Stanford, CA: Stanford University Press, 1988); Iris Marion Young, *Justice and the Politics of Difference* (Princeton, NJ: Princeton University Press, 1990); Lisa Schwartzman, *Challenging Liberalism: Feminism as Political Critique* (University Park: Penn State Press, 2006); Rae Langton, *Sexual Solipsism: Philosophical Essays on Pornography and Objectification* (New York: Oxford University Press, 2009).
26. Iris Marion Young, "Political Responsibility and Structural Injustice," The Lindley Lecture (University of Kansas, 2003), 3-7.
27. 同上。

我在本書中交替使用「**壓迫**」（oppression）與「不義」這兩個詞。壓迫是與不義有關的概念，指人類的能力因為結構不義而受抑制。芙萊（Marilyn Frye）將壓迫界定為「一個彼此間系統性相關的力量和障礙的網絡」，根據人們的社會群體成員身分，「共同阻礙、貶損和塑造」這些人及其生活。[28]壓迫的傷害是藉由令人無能的結構限制造成；艾莉斯・楊認為這些結構限制包括剝削、邊緣化、無能化、文化帝國主義和暴力。[29]這些現象——以及造成結構不義的結構——涉及法律、社會制度、文明理解以及各種實踐之間的相互影響。

雖然我對有原則抗命的關注將使我特別關注法律，但我也檢視**意識形態**。我跟隨雪比（Tommie Shelby），將意識形態理解為「人們廣泛抱持的一組相關的信念和隱含判斷，它們曲解重要的社會現實，並藉由這種歪曲，造成或延續不公正的社會關係」。[30]意識形態掩蓋結構不義，使其傷害看起來是必要的（自然、無可避免的）或合理的。哈斯藍爾（Sally Haslanger）最近也闡明了我們在與意識形態鬥爭以實現社會正義的過程中必須處理的廣泛文化因素——那組「塑造和過濾我們的思考和行為方式的社會意義（social meanings）」。[31]

被視為「正當」的社會也可能出現壓迫和不義。如我稍早提到，理論家就何謂國家**正當性**提出了許多不同的論述。從霍布斯（Thomas Hobbes）開始，許多理論家認為正當性是政治義務的必要和充分條件；因此如果國家有管治的權利，國民就有相應的服從義務。另一些理論家，例如格林（Leslie Green）和威爾曼（Christopher H. Wellman；我將在第五章檢視其論述），則認為政治正當性——理解為合理的強制（justified coercion）——是政治義務的必要但非充分條件。[32]如我們在第三章將看到，當代多數論述認為政治正當性需要公正、有效和民主的制度。但一些理論家（例如西蒙斯）堅持區分合理性、正當性和正義。西蒙斯認為雖然國民的同意（而非社會公正）是國家正當的必要和充分條件，但即使沒有國民的同意（也就是沒有正當性），國家也有可能合理地行使強制權力。[33]因此，不同的論述容許正當的社會存在不同程度的不義。我針對面對不義時的政治義務之論述，並不假定某種特定的正當性概念。

---

28. Marilyn Frye, *The Politics of Reality* (Freedom, CA: Crossing Press, 1983), 4-5.
29. Young, *Justice and the Politics of Difference*, 39-65.
30. Shelby, *Dark Ghettos*, 22.
31. Haslanger, "Culture and Critique," *Proceedings of the Aristotelian Society*, Supplementary Volume XCI (2017): 149-173.
32. Leslie Green, *The Authority of the State* (Oxford: Oxford University Press, 1988); and Christopher H. Wellman, "Liberalism, Samaritanism, and Political Legitimacy," *Philosophy and Public Affairs* 25, 3 (1996): 211-237.
33. A. John Simmons, *Justification and Legitimacy: Essays on Rights and Obligations* (Cambridge: Cambridge University Press, 2001), chap. 7.

一如沈恩（Amartya Sen）指出，辨識不義比說明何謂正義容易：「我們可以基於許多不同的理由強烈感受到不義，但卻可能無法就哪一個理由是我們認定情況不義的最主要原因達成共識。」[34]因此，我的論述是以許多人（但絕非所有人）會承認的不義概念為基礎。不同的不義造成不同的傷害，從藉由輕微但一再發生的羞辱損害受害者的自我價值感，到藉由種族屠殺消滅受害者的肉身皆在其中。奴隸制、殖民主義和剝奪女性的公民權利全都被視為嚴重不義，通常是因為它們侵犯了個體（或民族）的自決權利。根據多數的正義論，種族歧視、宗教不寬容、性別歧視、殘障歧視、針對性少數群體（LGBTQ+）的歧視，以及其他的不平等群體待遇，都是不義的，因為它們彰顯社會基於與道德無關的分類方式，對某些成員予以不平等的尊重。多數論述認為，未能承認和尊重人的尊嚴、侵犯基本權利、施加暴力和侮辱、不平等的政治代表權，是構成嚴重不義的充分條件。多數現存社會，包括自由民主國家（現實世界裡正當社會的最佳「候選人」），至少存在部分上述問題。

除了正義和不義，本書的另一個關鍵詞是**抵抗**。抵抗是反抗、鬥爭或反對的意思。這概念是含糊的：多個世紀以來，它是指革命或造反，現在仍有這意思。世界上約五分之一的憲法，包括德國、捷克、泰國和盧安達的憲法，承認人民有抵抗壓迫的權利（壓迫是指非民主的權力，抵抗則是指起義）。[35]法國大革命的《人民與公民權利宣言》甚至這麼確認公民的抵抗義務：「政府如果侵犯人民的權利，起義就是全體人民和人民的每一部分最神聖的權利和最必要的義務。」

受此影響，政治理論家和社會科學家通常將抵抗界定為一種持久的集體行動，涉及「挑戰特定權力、政權或政策的廣泛活動」。[36]

我心目中的抵抗概念比較寬廣，與女性主義者的理解契合。抵抗不義涉及拒絕配合產生和維持不義的機制。（此外，我主要是關注抵抗不義，雖然抵抗當然也可以是針對被錯誤視為不義的法律，例如當年在美國實行種族隔離的多個州，民眾和官員就積極抵抗聯邦政府要求廢除種族隔離措施的命令。）與不義鬥爭要求我們至少表明反對立場——可以說出來，又或者以某種沉默的方式表達抗議。因此，一次性的個人反對可以是一種抵抗行為，但在最好的情況下，抵抗意味著集體組織起來，消除系統性不義和致力糾正行為者不義造成的特定傷害。

---

34. Amartya Sen, *The Idea of Justice* (Cambridge, MA: Belknap Press of Harvard University Press, 2011), 2.

35. 參見Tom Ginsburg, Daniel Lansberg-Rodriguez, and Mila Versteeg, "When to Overthrow Your Government: The Right to Resist in the World's Constitutions," *UCLA Law Review* 60 (2013): 1184-1260.

36. Kurt Schock, *Civil Resistance Today* (New York: Polity, 2015), 2.

抵抗可以指廣泛的異見者活動，它們全都表達反對和／或拒絕服從一個占主導地位的價值觀、規範、規則（包括法律）和實踐之體系。必須說明的是，抵抗所針對的「體系」並非僅限於社會的基本制度，還包含艾莉斯·楊所講的社會結構、文化與意識形態，以及個體的行動和態度（後者的問題有一部分在於它們代表常見的、有問題的規範）。抵抗行動可以是合法或違法的；公開或暗中進行的；暴力或非暴力的；有害或無害的；由官員、公民或非公民（例如訪客、移民，或在國外採取行動的其他國家的公民）所做；以公眾（政府、公民）或民間團體（例如大學、公司）為訴求目標。如我們將在第一章看到，抵抗行動可以追求基進程度不一的各種目標，從法律改革到革命皆在其中。

我將具有政治或道德動機的抵抗行動視為**有原則抗命**的例子。有原則抗命的一個類別是**公民抗命**（civil disobedience）：一種有原則和故意的違法行為，旨在抗議不義的法律、政策、制度或實踐，由致力於基本文明規範的抗命者執行之。這意味著公民抗命行動是公開的、不逃避責任的、非暴力的，而且是大致恭敬或文明（符合禮儀）的。這種公民抗命定義跟隨人們對公民抗命的一般理解，但拋棄了往往相關的主觀因素（有關抗命者的態度和傾向）。它比羅爾斯的定義寬廣，但比最近有關公民抗命的包容型論述狹窄得多。

有原則抗命的另一個類別是**非文明抗命**（uncivil disobedience）。這個類別是理論家迄今忽視的，它有助於我們思考看起來不文明、也不試圖堅持文明的有原則抗命行為，以及有爭議的公民抗命案例。[37]暗中進行的、逃避法律責任的、匿名的、採用武力的，或故意冒犯人的有原則抗命行為通常（但未必）是非文明的，例子包括游擊劇場（通常旨在震撼觀眾、追求革命目標的非法公開表演）、反法西斯戰術如「黑群」（black bloc，往往涉及毀壞財物）、騷亂、洩密、分散式阻斷服務（DDoS）攻擊，以及自行執法的自警行為（vigilantism）。（當中某些行為是否為犯罪或符合有原則抗命的定義，有一部分取決於行為者的動機和事情的脈絡。）

我捍衛抵抗不義的義務（a duty to resist injustice），視其為公民政治**義務**（political obligations）的一個核心部分（在本書〔英文原著〕中，我交替使用「duty」和「obligation」這兩個詞）。我們說某件事是義務，是指它是必須履行的：履行義務是一種道德要求。或許會有人

---

37. Jennet Kirkpatrick, *Uncivil Disobedience: Studies in Violence and Democratic Politics* (Princeton, NJ: Princeton University Press, 2008) 是值得注意的例外。但Kirkpatrick是以「非文明抗命」指涉用來捍衛民主理想的暴力和恐怖主義行動。她研究美國歷史上這種行動的四個例子：當代民兵運動（第一章）、邊疆自警團（第二章）、南方行私刑的暴民（第三章）、勇武廢奴運動（第四章），藉此突顯以法治限制人民主權（popular sovereignty）的重要性。

提出反對意見，認為我們應該做什麼受限於我們的能力——如哲學家喜歡說的：「應該意味著有能力」（ought implies can）。[38]抵抗不義可能涉及巨大的犧牲，以致我們不能合理地期望多數人做出這種犧牲：自由乘客遭受白人至上主義暴民毒打；拍攝自己駕車影片的夏立夫（Manal al-Sharif）因為違反沙烏地阿拉伯的法律，被捕並入獄。如果抵抗的代價太高昂，抵抗就不能是一種道德要求。這就是為什麼我們欽佩抵抗者的勇氣和犧牲——因為他們所做的遠遠超出他們的義務。[39]

因此，澄清我在本書中捍衛的抵抗義務的性質，是很重要的。這義務並無法律效力，雖然我們可以在社會上制裁違背這義務的人，例如譴責他們。[40]一如其他義務，抵抗義務是可作廢的，也就是它可能與反向的因素產生衝突，而且被壓倒。這是一種普遍但不完全的義務，也就是我們可以酌情決定何時及如何履行這義務。它不要求英雄式自我犧牲，雖然它不容許完全無所作為（如果完全無所作為等同支持不義現狀的話）。個人在特定情況下應該怎麼做，因此取決於當時的具體情況——尤其是不義的性質，以及當事人相對於那種不義處於什麼位置。但是，我們欽佩勇敢的抵抗者並不意味著抵抗只能是超乎義務的；也就是說，並非只有我們覺得自己不可能企及的道德聖人才可以從事抵抗。我們欽佩勇敢的抵抗者，意味著抵抗不義是困難的，而我們許多人未能履行我們的基本政治義務。

我們的政治義務

本書常以一種歷史和理論進路思考我們的政治義務。在第四章，我將談到那名年輕的自由乘客覺得自己有義務抵抗的狀況，而我將指出，他的直覺是正確的。在一九六一年，面對種族隔離制度，公民的核心政治義務之一是反對種族隔離，而有效的方法之一是從事公民抗命：公民可以參與抗議遊行、抵制行動、午餐櫃檯占座行動和其他種族融合行動，而且視個人的情況而定，這可能還是公民的道德義務。在隨後的章節中，我將具體討論那些加重或減輕這種公民義務的情況。

---

38. 注意，實驗研究最近顯示，常識道德（commonsense morality）其實否定「應該意味著有能力」這原則，因為多數人是在不考慮能力的情況下形成對道德義務的判斷。參見Wesley Buckwalter and John Turri, "Inability and Obligation in Moral Judgment," *PloS ONE* 10, 8 (2015): e0136589.

39. 感謝Robin Celikates迫使我認真思考這問題。

40. 事實上，一如William Edmundson強調，道德要求必須容許某種執行措施，雖然道德之社會執行本身受限於道德限制。參見William A. Edmundson, "Civility as Political Constraint," *Res Publica* 8, 3 (2002): 217-229。

雖然歷史有助分析，我的目標主要是與公民現今的道德義務有關。我認為這些義務要求我們團結一致，反對種族和勞動方面的不義、性別不平等，以及性暴力。這些義務要求我們自我教育，認識結構性種族歧視和隱性偏見的運作方式；聆聽受壓迫者的證詞；培養對我們自身和我們孩子的自欺之道德理解和抵抗；要求追究警察和其他受法律掩護者法外殺人（extrajudicial killings）的責任；吸引世人注意並致力消除大規模監禁；直接違反要求舉報或禁止協助無證移民的法律；從事有原則抗命以突顯和杜絕針對女性、性少數群體、少數族群和殘障者的歧視；以及迫使我們的政府改革世界各地不公正的貿易、勞動、環境和能源制度。我們應該挑戰並拒絕遵從性別主義者；種族主義者；恐懼同性戀、跨性別、順性別人士和歧視殘障的文化與社會規範。我們應該抵制道德有虧的產品，並積極支持堅持高尚原則的廠商；捐助致力於社會正義和民主事業的組織；記錄並舉報我們看到的惡行，即使法律可能禁止我們這麼做；必要時參與罷工；儘可能利用我們的地位、資源和才能救濟苦難和促進正義——無論是官員利用手上的權力，名人利用自己的名氣，還是普通人利用自身的技能和天賦。

這是很高的道德要求，但我們不必因此嚇到變得絕望或逃避現實。道德原則可能產生很高的要求絕非新鮮事。本書創新之處在於有系統地論述公民藉由抵抗不義滿足這些要求的義務，包括藉由有原則的抗命——公民抗命和非文明抗命。本書創新之處也在於這種論述仰賴常被用來支持守法義務的那些理由。創新之處還在於提議重新審視並根本地擴展我們對政治義務的理解，但也只是要求我們兌現自己已經聲稱接受的承諾。

Chapter 1
Principled Disobedience

第一章
有原則的抗命

爭取女性參政權的人砸爛商店櫥窗，抗議越戰的「凱鎮九君子」（Catonsville Nine）燒毀徵兵名冊，史諾登洩密，烏克蘭女權運動組織「費曼」（Femen）裸胸抗議，這些行為有何共同之處？俄羅斯女子樂團「暴動小貓」（Pussy Riot）的「龐克祈禱」（她們在莫斯科基督救世主主教座堂的游擊演出），與暗中援助非法移民、海洋守護者協會的反捕鯨行動、駭客團體「匿名者」（Anonymous）的分散式阻斷服務（DDoS）攻擊有何共同之處？乍看沒什麼共同點：這些活動涉及不同的對象、地點、方法和目標。有些是暗中進行的，有些是公開的；有些涉及暴力，有些堅持非暴力原則；有些是強制性的，有些不是。但它們全都受到嚴厲譴責，並被當局刑事起訴或控告。而這些行動的支持者全都說它們是公民抗命的例子。[1]反對者則訴諸對民權型抗命的理想化理解，否認它們是公民抗命行為。

這種爭論似乎只是語意之爭。我們為什麼要關心洩密或裸胸抗議是否有資格稱為公民抗命？順著這種思路，我們其實可以隨心所欲地定義「公民抗命」，納入或排斥上述部分（或全部）抗命行為。但真正重要的是：這些抗命行為是否有充分的理由？這確實是核心問題，也是下一章將討論的。但首先，我想探討相關概念涉及的問題：為什麼理解公民抗命的主要進路是有缺陷和受限的？我們可以如何在公民抗命的狹窄範圍之外思考**有原則抗命**？[2]

「公民抗命」（civil disobedience）一詞不僅用於描述，還用於評價。將抗命行為稱為公民抗命，是為了突顯行為者有原則的動機及其溝通意圖，令破壞秩序的違法行為成為一種可理解的言語行為（speech act），一種對社會的呼籲，從而開始替這種行為辯解。尤其是在美國，公民抗命令人想起與羅莎・帕克斯（Rosa Parks）和馬丁・路德・金恩等人有關、令人崇敬的傳統。這個標籤某種程度上令人垂涎，有心人希望利用它賦予違法行為正當性。例如社會保守派將肯塔基州羅文郡書記官戴維斯（Kim Davis）拒絕向同性戀伴侶簽發結婚證書的行為，拿來跟羅莎・帕克斯當年在種族隔離公車上拒絕讓座的行為相提並論。[3]何謂公民抗命涉及巨大的利害，相關的公共論述和哲學文獻難以修改，部分原因正是在於公民抗命地位尊崇。

---

1. 例如參見Linda Ford, "Alice Paul and the Politics of Nonviolent Protest," in *Votes for Women: The Struggle for Suffrage Revisited*, ed. Jean H. Baker (New York: Oxford University Press, 2002), 176; Daniel Schwartz, "Searching for a New Sanctuary Movement," *Dissent Magazine* (June 25, 2010); Tom Watson, "Why #PussyRiot Is the Future of Civil Disobedience (and Not Just in Putin's Russia)," *Forbes.com* (August 17, 2012); Jennifer Welchman on ELF in "Is Ecosabotage Civil Disobedience?," *Philosophy & Geography* 4, 1 (2001): 97-107; William A. Scheuerman, "Whistleblowing as Civil Disobedience: The Case of Edward Snowden," *Philosophy and Social Criticism* 40, 7 (2014): 609-628; Peter Ludlow, "Hacktivists on Trial," *The Nation* (December 4, 2013).
2. 感謝Liam Murphy敦促我澄清相關概念問題。
3. 例如參見Patrick J. Buchanan, "Kim Davis and the Rise of Right-Wing Civil Disobedience," *The American Conservative* (September 11, 2015), http://www.theamericanconservative.com/buchanan/kim-davis-and-the-rise-of-conservative-civil-disobedience/（二〇一七年一月二十五日查閱）

公民抗命的歷史涵義和既定意義暗示，公民抗命這個概念很難重新定義；公民抗命的規範意義和吸引力則解釋了為什麼許多人不願撇開這概念，以及為什麼一些人很想擴大公民抗命的範圍，將自己在政治上認同的所有活動納入其中。公民抗命確實有其特別之處。但如我在下一章將論證，非文明抗命也有其特別之處，而我們應該停止認為非文明行為就是不對的——我們應該做的是檢視非文明行為在某些壓迫情況下的適當性和潛在價值。

前述的有原則抗命行為可能是可接受的，但它們不是文明的，而我們不必修改公民抗命的概念以納入這些行為。我提議以一種基本上抱持同情態度的進路理解有原則的抗命，接受這種抗命行為有可能是正當的。事實上，下一章將證明非文明抗命行為可以是正當的，而部分依據正是人們常用來替公民抗命辯解的那些理由；第三章至第六章將指出，在某些情況下，非文明抗命甚至可能是必要的，而依據正是人們常用來替守法義務辯解的那些理由。抱持同情態度的進路，其現象描述必須準確（也就是與實踐者的自我理解一致），而且政治上必須有用（也就是對公共辯論有貢獻）。採用哈斯藍爾的說法，我的論述大致上是「改良式的」（ameliorative）：它提出一個評估抗命行為的框架，支持爭取解放的鬥爭，例如本章開頭提到的那些行動。[4]

與羅爾斯有關的公民抗命一般概念傾向損害解放鬥爭（雖然細心理解其理論有產生解放力量的可能）。受理想化的理論和對美國黑人民權鬥爭與現實不符的看法影響，公眾和哲學家一般理解的公民抗命概念嚇阻抗命行為並鞏固現狀。在此情況下，布朗利（Kimberley Brownlee）和塞利凱斯（Robin Celikates）提出了「包容型」的公民抗命論述。這些論述可以將前述的有原則抗命行為全部納入，提供了對抗公眾譴責和國家懲罰的有價值敘事。但是，它們將公民抗命這概念延伸至面目全非，而且未能解釋行動者為何刻意偏離公民抗命的標準概念。我將指出，最有希望的改良式進路不是最大限度的「包容」，而是包括非文明抗命、更豐富的政治抵抗手段。

民權式抗命

公眾對公民抗命的理解主要受兩方面影響：主要由羅爾斯提出的公民抗命哲學概念，以及美國民權運動的官方敘事。兩者結合起來，決定了人們普遍如何理解公民抗命在一九五〇至一九七〇年代民權運動中的意義——如我將指出，這種理解形同一種反抵抗意識形態。雖然相關討論

4. 哈斯藍爾區分處理「什麼是×？」這種問題的三種進路。第一種是「概念式」進路：我們利用傳統的先驗方法研究我們有關×的一般概念。第二種是「描述性」或「自然式」進路：我們研究×的延伸意義，也就是人們說×時，實際上是指什麼。第三種是「改良式」或「分析性」進路：我們探討有×的目的，看我們能否在追求解放的計畫中善用×這個概念。Sally Haslanger, *Resisting Reality: Social Construction and Social Critique* (Oxford: Oxford University Press, 2012), chap. 13.

以美國脈絡為核心，其適用性是跨族群的，因為民權運動引起全球共鳴，可以連繫到甘地、曼德拉、達賴喇嘛、劉曉波和馬拉拉等人物，以及巴勒斯坦大起義、阿拉伯之春和西班牙憤怒運動等運動。我未見過有關不同族群如何理解公民抗命的比較研究，但我們可以合理地預期各族群對公民抗命的理解與美國人有許多相似之處，因為美國人的觀念在某些重要方面也是受外國經驗啟發。

理論與歷史

英美傳統中的法律、道德和政治理論家在一九六〇年代開始深入思考公民抗命，當時民權運動和反越戰抗議席捲美國，反核抗議在西方國家如火如荼，南方世界（global South）則出現了去殖民鬥爭。柯恩（Carl Cohen）、華爾澤（Michael Walzer）、德沃金（Ronald Dworkin）、瓦瑟斯楚姆（Richard Wasserstrom）和最重要的羅爾斯將公民抗命概念化並替它辯護，抵抗官方和公眾普遍的這種指控：抗命即使是有原則的，也會播下無法無天的種子和引起暴力行為。

這些理論家成功地替公民抗命在自由民主體制中創造了一個空間。皮內達（Erin Pineda）強調，這些理論家在美國脈絡中影響重大：

這種努力產生了有關公民抗命非常穩定的一組觀念（有關行動的形式和它涉及的一系列態度），至今仍主導政治理論和美國政治公眾普遍如何思考抗命抗議（disobedient protest）的定義、作用和理由。[5]

這組穩定的觀念是羅爾斯提出的。在他看來，公民抗命是一種憑良心、公開和非暴力的違法行為，目的是在近乎公正的社會裡說服多數人改變某項法律或政策。[6]羅爾斯認為公開意味著抗命者必須合理地預先通知當局他們的抗命計畫，公開行動，並訴諸社會公認的正義觀念。他認為非暴力意味著不能使用武力（根據羅爾斯使用該詞的方式，強制力也不可用），不能對人實際或很可能造成傷害。此外，公民抗命行動者應該接受其行動的法律後果，甚至是主動尋求承擔這種後果。藉由這種表現，他們展現他們普遍的「對法律的忠誠」、對制度正當性的認可，以及有關

5. Erin Pineda, *The Awful Roar: Civil Disobedience in the Wake of the Civil Rights Movement* (進行中的手稿), chap. 1.
6. John Rawls, *A Theory of Justice*, rev. ed. (Cambridge, MA: Harvard University Press, 1999), 320.

後者產生守法的道德義務這種信念。

因此，在羅爾斯的構想中，公民抗命與武裝抵抗、造反和革命形成鮮明對比——後三者使用暴力和隱蔽戰術，其行動者否定體制的正當性、不尊重既有法律、尋求逃避懲罰，並追求基進的目標。羅爾斯還提出三個支持抗命行為正當性的必要條件，希望藉此儘可能減少公民抗命的破壞性影響：抗命行為必須是（一）針對嚴重違反羅爾斯理論中正義第一原則（「平等的基本自由原則」）的一種情況；（二）作為最後手段；以及（三）與具有類似不滿的其他團體協調好。

羅爾斯的論述不是憑空想出來的。它利用和改良了抗命行動者本身提出的一些想法。但我們或許可以說，他將這些想法組合起來並使之「固定」，而他擔心有原則抗命威脅法律與秩序，也是居主導地位的多數人（也就是那些認為他們的社會民主和基本公正的人）所擔心的。

此一論述並非受梭羅和甘地的基進行動主義啟發。梭羅和甘地雖然是公民抗命的標誌人物，但他們的行動並不符合羅爾斯的公民抗命定義。梭羅拒絕納稅的行為並不符合抗命行動必須公開的要求：梭羅事後一段時間在文章和演講中談到這件事，世人才知道有此一事。[7]很能說明問題的是，梭羅那篇文章最初是以「反抗公民政府」（Resistance to Civil Government）為題，他去世後才被改為以「論公民抗命」（On Civil Disobedience）為題。甘地當年則是有革命目標的。如萊恩斯（David Lyons）指出，梭羅和甘地都不認為其國家（南北戰爭前的美國和英屬印度）是正當的，也沒有任何理由認為其國家是正當的。[8]

最明確影響羅爾斯這種標準論述的是金恩和黑人民權鬥爭其他參與者的作風。伯明翰耶穌受難日遊行（違反法院命令）、午餐櫃檯占座行動和自由乘車運動之類的行動，符合羅爾斯的許多苛刻標準。[9]他們訴諸政治道德的憲政原則，追求改革這種溫和目標而非革命。行動者受過充分的非暴力訓練並堅持非暴力原則，他們公開地違法，並經常事先告訴當局他們的行動計畫。他們和平地面對國家和群眾的暴力，並心甘情願地為自己的違法行為付出被捕和坐牢的代價。他們展現出文明行為的基本標誌。

---

7. Brownlee, "Civil Disobedience," *The Stanford Encyclopedia of Philosophy*, ed. Edward N. Zalta (二〇一七年秋季版), https://plato.stanford.edu/archives/fall2017/entries/civil-disobedience/.

8. David Lyons, "Moral Judgment, Historical Reality, and Civil Disobedience," *Philosophy and Public Affairs* 27, 1 (1998): 31-49. 我在本章的觀點很大程度上受萊恩斯的論述啟發。

9. 值得注意的是，這些行動當中只有耶穌受難日遊行是金恩組織的，雖然人們常常將其他標誌性行動歸功於他。自由乘車運動是種族平等大會（CORE）組織的，多數午餐櫃檯占座行動是學生非暴力協調委員會（SNCC）組織的。這是稍後詳述的有關黑人自由鬥爭的錯誤陳述的一部分。金恩最著名的民權行動是一九五五至一九五六年的伯明翰巴士抵制運動，而該運動不涉及任何違法行為。

哲學界稱讚抗命行動者尊重法律，強調他們認同體制是正當的，藉此消除基於法律和秩序反對抗命的人之疑慮。但是，哲學界這種策略扭曲了政治現實。[10]這是因為行動者表面上尊重法律，其實並不代表他們認同體制是正當的或接受自己有守法的道德義務。哲學界的標準論述錯誤地——也就是不合理和令人反感地——將哲學家的態度和信念套在公民抗命行動者身上，但後者的抉擇實際上主要是出於策略而非道德考量。例如蒙哥馬利巴士抵制運動要求結束公車座位的種族隔離措施，不是要求結束整個種族隔離制度，而這是因為大家都知道社會和法律變革通常是逐步發生的。事實上，該運動的組織者起初僅要求禮貌的待遇和僱用黑人司機。不過，金恩的目標遠非僅止於巴士。他寫道：「我們要做的是消滅那個制度。」[11]而當年美國南部當局拒絕讓步的強硬立場則反映出他們全都明白，看似有限的改革其實涉及巨大的利害得失。

金恩否認實施種族隔離的美國值得尊重，而他也表示，階級制度是「不義」和「邪惡」的。[12]眾所周知的是，金恩在「來自伯明翰監獄的信」中堅稱，公民抗命表達了「對法律的最高敬意」。但是，此言廣遭誤解。那句話的脈絡是金恩討論自然法（natural law）的原則「不公正的法律根本不是法律」，其正確的意思只能是我們必須尊重公正的法律，而非只是因為法律是法律就服從它。因此，公民抗命者堅持非暴力只是一種策略抉擇，並非反映絕對的道德原則或對法律的忠誠。金恩承認憤怒有時是恰當的，而自衛時適當動用武力是正當的，但他認為民權運動必須堅定地堅持非暴力原則，以免嚇壞居多數地位的白人（他認為恐懼是反黑人種族歧視的一個核心情感因素）。[13]他否定非暴力等同非強制的標準觀念，因為他注意到，非暴力的公民抗命可以「製造出一種危機和確立創造性的緊張關係，迫使一再拒絕談判的社會面對問題」。[14]金恩也重視抗命者接受被捕和受罰作為一種「有力和正義武器」的象徵意義，而且他認為既然公民抗命者在人數和武器方面都明顯處於劣勢，接受被捕和受罰是審慎明智的做法。[15]

---

10. 我這看法同樣是受萊恩斯啟發：Lyons, "Moral Judgment, Historical Reality, and Civil Disobedience."
11. Martin Luther King Jr., *Testament of Hope: The Essential Writings and Speeches of Martin Luther King, Jr.*, ed. James M. Washington (New York: HarperCollins, 2003 [1986]), 47.
12. 同上，頁四七、三六〇、四二九。
13. 例如參見Martha Nussbaum, *Anger and Forgiveness: Resentment, Generosity, Justice* (New York: Oxford University Press, 2016), chap. 7; and Brandon M. Terry, "MLK Now," in *Fifty Years Since MLK*, ed. Brandon M. Terry (Boston Review Forum 5, 43.1, 2017)。
14. King, *Testament of Hope*, 291. 羅爾斯認為強制基本上等同使用武力：強制是國家做的事，是國家壟斷的。但如果我們將強制界定為利用造成代價的策略施壓，則強制與公民抗命可以是相容的。
15. King, *Testament of Hope*, 348.

簡而言之，民權組織採用其特殊的公民抗命方式，是出於因脈絡而異的策略目的。但是，理論家和「權威人士」將這些策略說成是抗命行動者深刻的道德堅持（而且這些抗命者亟欲展現他們對國家正當性的認可），並將這些主觀要求作為他們替現實中公民抗命行動辯護的核心理由。

羅爾斯的理論

我們先來考慮羅爾斯可能提出的反對意見，然後再討論民權式公民抗命的標準概念在意識形態方面的影響。羅爾斯的追隨者強調，羅爾斯明確表示，他的公民抗命論述僅適用於近乎公正社會那種特殊脈絡。近乎公正的社會公開支持正義原則——例如羅爾斯在《正義論》（*A Theory of Justice*）中捍衛的原則，並根據這些原則治理社會。它們是民主的。這種社會產生守法的道德義務，而這種守法義務的基礎是要求人民支持公正制度的正義義務（duty of justice；第三章將檢視此一論述）。公民抗命者只有在事實如此的情況下接受政治體制是近乎公正的，而根據羅爾斯自己提出的近乎公正的標準，他那年代的美國顯然不能說是近乎公正的國家。[16]

我承認，認真閱讀羅爾斯理論可以得出這個結論：他的理論不應該用來審視梭羅、甘地和金恩的抗命行為。但是，人們還是這麼做了，而且該理論顯然促成了我剛批評的公民抗命標準論述。羅爾斯將他的公民抗命論述描述為對「部分服從理論」（partial compliance theory）的介入，也就鼓勵人們應用他的理論審視他那年代的行動主義。所謂部分服從理論是研究「規管我們如何處理不義狀況的原則」。他強調這種探索非常重要：「部分服從理論的問題顯然是當務之急，是我們在日常生活中面對的事。」[17]因此，如果羅爾斯有關「當務之急」的公民抗命問題的討論並不適用於現實中的公民抗命行動，我們或許大有理由覺得奇怪。羅爾斯看來也認為美國社會是近乎公正的。一九六四年，美國尚未在法律上終止種族隔離的時候，羅爾斯寫道：「我將假定，至少在像我們這樣的社會裡，人有守法的道德義務；這是不必爭論的。」社會必須近乎公正，這假設才成立。[18]

---

16. 我要感謝William Smith向我指出羅爾斯的一些評論，使我注意到羅爾斯對此問題的觀點可作較為寬厚（以及或許較為基進）的理解。此外也感謝Robert Jubb闡明羅爾斯狹隘進路一些有問題的涵義。
17. Rawls, *Theory*, 8.
18. John Rawls, "Legal Obligation and the Duty of Fair Play," in *John Rawls: Collected Papers*, ed. Samuel Freeman (Cambridge, MA: Harvard University Press, 2001), 117-129. Erin Pineda利用羅爾斯的私人信件，進一步證明這確實是羅爾斯的信念，並強調這觀點當年在哲學家（和享有優勢社會地位的其他白人）當中非常主流。參見Pineda, *The Awful Roar*.

無論如何，《正義論》確實具有解放潛力。在這本書中，羅爾斯並不否定在不公正和近乎公正的社會裡，公民抗命以外的有原則抗命形式可能是正當的。他認為如果政治體制以有問題的正義觀念為原則，「人們可能別無選擇，只能反對主流觀念和靠這些觀念支撐的制度，並選擇有望取得一定成果的行動方式。」[19]他也寫道，「有時候」，如果公民抗命者對多數人的呼籲「未能達成目的，一段時間之後或許可以考慮採用強力抵抗手段」。[20]而在《作為公平的正義：正義新論》（*Justice as Fairness: A Restatement*）中，羅爾斯指出，即使是秩序井然、近乎公正的社會也有一種風險：「當我們覺得信守的壓力（strains of commitment）太大時，我們變得憂鬱和憤恨，並已做好準備在時機出現時採取暴力行動，抗議我們的處境。」[21]但是，羅爾斯並未討論從公民抗命到非文明抗命的可接受升級路徑，也未討論或許足以證明後者正當的理由。因此，我們必須更全面地探索部分服從理論。

歷史與意識形態

民權運動官方敘事的問題，並非只是對行動者的態度和理想描述不實。這種敘事還成了一種產生反抵抗作用的意識形態，而這某種程度上是拜這種不實描述所賜。

首先，官方敘事錯誤地將民權運動等同金恩和南方基督教領袖會議（Southern Christian

Leadership Conference）領導的運動，因此貶損了政治基進派。這種敘事忽略了其他意識形態、團體和運動的貢獻，例如黑人民族主義、黑豹黨、伊斯蘭國度（Nation of Islam）、泛非洲主義、黑人勞工運動、囚犯權利運動、黑人女性主義、第三世界主義，以及各種馬克思主義解放運動。在這些相對不知名的團體當中，有些團體的追隨者訴諸暴力手段，並呼籲推翻那個奉行種族主義和帝國主義的體制。但官方歷史敘事漠視這些基進行動者。或許當中有些行動可能導致民權運動失敗，但如果不是有這些基進運動作為陪襯，金恩的運動就不會顯得那麼溫和，因此也就可能無法得到白人自由主義者的支持。[22]在「來自伯明翰監獄的信」中，金恩將他的非暴力直接行動說成是黑人暴力的唯一替代選擇。他強調，如果不是有他的運動，「南方的街道將血流成河。」

19. Rawls, *Theory*, 310.

20. Rawls, *Theory*, 321-322.

21. John Rawls, *Justice as Fairness: A Restatement*, ed. Erin Kelly (Cambridge, MA: Belknap Press of Harvard University Press, 2001), 128.

22. 社會科學家稱之為「正面的基進側翼效應」（positive radical flank effect）。基進側翼效應也可以是負面的。例子參見 Herbert H. Haines, "Radical Flank Effects," *The Wiley-Blackwell Encyclopedia of Social and Political Movements* (Blackwell, 2013) 和Kurt Schock, *Civil Resistance Today*, chap. 1: esp. 27-29.

我非常確信，如果我們的白人兄弟將我們這些致力於非暴力直接行動的人貶為「暴民煽動者」和「外部煽動者」，並因此對我們不屑一顧……數以百萬計的黑人出於沮喪和絕望，將在黑人意識形態中尋求慰藉和安全，而這種發展將無可避免地導致一場可怕的種族噩夢。23

因此，在我們所講的歷史中，一場非暴力、承認國家正當的公民抗命運動獨力贏得民權鬥爭。比較廣泛、漫長和勇武的政治抵抗過程被忽略了，以免有人對如何保護自己和維護自身權利產生錯誤的想法。

第二，人們普遍接受的敘事誇大了民權運動的成就（彰顯在一九六四年《民權法》、一九六五年《選舉權法》和一九六八年《聯邦住宅法》上），因此阻礙了進一步的行動。五十年後，引發這場運動的許多社會弊病仍未消除：美國人仍受住宅和學校方面的種族隔離現象困擾；許多州藉由重劃選區、制定選民身分法和剝奪重罪犯公民權等手段，阻礙黑人選民參與政治選舉；黑人受貧困問題和教育、就業與醫療機會不平等困擾的情況多得不成比例；種族歧視仍然普遍，以「另類右派」（alt-right）為名的白人至上主義和國族主義運動公然歧視少數族裔；法院和公眾反對具種族意識的反歧視政策，認為這種政策過時和不必要；警察任意攔查、傷害或甚至殺害黑人，幾乎完全不必付出代價。民權運動取得重要成就，但藉由誇大這些成就，我們將美國社會說成已滿足正義的要求，因此成功地產生了守法的道德義務。

第三，強調民權運動行動者的非暴力表現，是勸告人們面對黑人受傷害的情況時仍選擇服從。在《在世界與我之間》（*Between the World and Me*）這本書中，科茨（Ta-Nehisi Coates）談到「黑人歷史月」（Black History Month）：

> 每年二月，我和我的同學都會被安排參加集會，例行回顧民權運動。老師敦促我們學習華盛頓大遊行參與者、自由乘客、自由之夏（Freedom Summers）參與者的榜樣，而如果不播放歌頌在鏡頭前挨打的榮耀的一系列電影，這個月彷彿就不會結束。**他們為什麼要播這些東西給我們看呢**？為什麼只有我們的英雄是非暴力的？當年我能做的就是以我所知的事物衡量這些熱愛自由的人。也就是說，我以在便利商店（7-Eleven）停車場

23. — King, "Letter from Birmingham City Jail."

拔出槍來的小孩，以揮舞電源延長線的家長，以持有武器、語帶威脅地說「喂，黑鬼，現在怎樣？」的黑人幫會成員為比較對象，衡量這些熱愛自由的人。我以我所知的這個國家為標準評斷他們：這個國家藉由謀殺取得國土，以奴役手段加以馴服，其軍隊散布世界各地以擴大勢力範圍。世界，這個真實的世界，是靠野蠻手段建立文明和維持統治的。學校怎麼能歌頌那些堅持非暴力的人呢，明明社會其實十分鄙視他們的價值觀？他們怎麼可以將我們送到巴爾的摩的街道上，明明知道那個世界很可怕，然後還告訴我們要堅持非暴力？[24]

科茨強調的是，在一個靠暴力建立並繼續採用暴力手段的國家，敦促日常生活受暴力支配的兒童堅持非暴力原則，是何其偽善甚至荒謬的事。在上述那本書和他的其他文章中，科茨說明了官方敘事如何讚揚服從和阻礙人民（尤其是黑人）採取難駕馭的抵抗方式。他在另一處寫道：「國家大舉動用暴力手段對付國民，國家的代表卻同時鼓吹非暴力，這個騙局也就自我暴露出來了。」[25]

第四，官方敘事對暴力抵抗的明確譴責，掩護了國家發起和國家寬恕的暴力。安吉拉．戴維斯（Angela Davis）一九七二年被瑞典記者問到是否贊成使用槍械和暴力時，強調了這一點。她回應時質疑問題背後的假設，描述了針對黑人「隨處可見的暴力」，而她在洛杉磯就親身經歷了這種暴力：經常被投以懷疑的目光，不時被攔截搜身，被當成罪犯或煽動者。她接著說：

> 然後你問我是否贊成暴力……這問題真的毫無意義。我贊成使用槍械嗎？我在阿拉巴馬州伯明翰市長大。我有些非常非常好的朋友死於爆炸案——炸彈是種族主義者設置的。我從很小的時候起，就記得對街炸彈爆炸的聲音，我家的房子隨之震動。我記得我父親必須隨時準備好可用的槍，因為我們可能隨時受到攻擊。當時完全控制市政府的人，他的名字是康納（Bull Connor），經常上電臺說這種話：「黑鬼已進入了白人社區。今晚可能發生流血事件，我們最好做好準備！」而當然真的會有流血事件。[26]

---

24. Ta-Nehisi Coates, *Between the World and Me* (New York: Spiegel and Grau, 2015), 30-32.
25. Ta-Nehisi Coates, "Nonviolence as Compliance," *The Atlantic* (April 27, 2015), http://www.theatlantic.com/politics/archive/2015/04/nonviolence-as-compliance/391640/ (二〇一六年九月二十三日查閱).
26. 訪問出現在Göran Olsson導演的電影*The Black Power Mixtape 1967–1975*裡（IFC Films, 2011）。

面對恐怖的制度，一些黑人武裝起來保護自己。戴維斯的分析顯示，譴責黑人（多數出於自衛的）暴力的人往往完全忽視相關脈絡，不考慮國家本身鼓勵和施行針對黑人的暴力，而且他們譴責黑人暴力的方式往往掩護了國家的這種表現。

第五點與上一點有關：無處不在的文明呼籲掩蓋了哈考特（Bernard Harcourt）所講的「政治不文明」（政治運作經常對公民造成的傷害），使人難以注意到這問題。民權運動官方歷史敘事隱含的這種文明要求，太常被當權者虛偽地用來嚇阻抗命行為，甚至是嚇阻守法的異見。[27]撒拉特（Austin Sarat）認為，一九六三年美國最高法院在沃克訴伯明翰市案（*Walker vs. Birmingham*）中裁定伯明翰市對民權運動行動者的禁令有效，是「文明要求極端化的一個可怕例子」，其極端程度甚至到一個「病態」的程度。[28]該裁決指行動者「沒耐心」，而撒拉特發現，這是暗示行動者「不文明、無禮和危險」。[29]法院將「尊重司法程序」置於最高地位：它維護當局逮捕行動者——包括金恩和阿伯內西（Ralph Abernathy）——的決定，理由是他們不應該違抗禁令，即使該禁令其實經不起憲法審查。法院將文明等同守法和服從——遵守一道不公正和不合法的法院命令，服從一個公然違抗聯邦法律、種族歧視的市政府。

沃克訴伯明翰市案並非政治體生病的一個孤例，而是反映廣泛的社會弊病。金恩的民權運動就曾被白人牧師說是「煽動暴徒」。哈考特分析文明與不文明概念的政治用途時指出：

將某些言論界定為不文明，抨擊某名演講者，呼籲、敦促或要求文明論述（並避免因為做這些事而受到打擊）的能力與當事人在政治領域中的地位密切相關。這種行為無疑也是一種政治策略……在政治論述中譴責不文明的表現和敦促提高文明程度，是政治技藝箭袋裡的箭。雖然這種意見呈現出來像是中性的，但事實不然。它們其實代表一種搶占政治高地的努力。因此，它們往往有利於政治地位較強的人。它們往往替比較占優勢或主流的政治主張服務。[30]

---

27. Bernard Harcourt, "The Politics of Incivility," *Arizona Law Review* 54, 2 (2012): 345-373.
28. 388 U.S. 307 (1967). Austin Sarat, "Keeping Civility in Its Place: Dissent, Injustice, and the Lessons of History," in *Law, Society, and Community: Sociolegal Essays in Honour of Roger Cotterrell*, eds. Richard Nobes and David Schiff (New York: Routledge, 2016), 293-308, 294.
29. Sarat, "Keeping Civility in Its Place," 304.
30. Harcourt, "Politics of Incivility," 348.

有權有勢者經常藉由呼籲文明來控制和壓制行動主義者，貶損他們的活動，使公眾對行動主義者產生偏見。呼籲文明這做法忽視和掩蓋了權力的差異——事實就是掌權者要講話並得到聆聽比較容易，因此可以輕鬆地展現文明的舉止，而這對根深柢固的弱勢來說無疑困難得多。前者可以輕鬆地進入公共領域，後者不但欠缺這種門路，還容易受歧視、偏見和知識不義傷害（所謂知識不義〔epistemic injustice〕，是指對知情者不公正，例如未能真正聆聽他們的說法，或是貶低其證詞的可信或真誠程度）。[31]

公民抗命的歷史敘事和理論藉由歪曲社會變革的歷史事實，以及提出一組有關公民抗命的信念和判斷，扭曲了公眾對解放鬥爭的理解。必須釐清的是，黑人自由運動官方敘事涉及的利害並非只是歷史準確性：此一敘事和它賦予理據的公民抗命理論，提供了人們用來評斷其他社會和政治運動的基準。這些運動得到的評價通常是嚴苛的——什麼運動可以符合那麼理想的要求呢？——因此常被視為不文明和危險的。

因此，民權運動官方敘事和公民抗命標準理論提供了一種類似意識形態的東西，包括利用一系列的順從舉動（確認我們的社會近乎公正，漠視國家發起的暴力，以及讚揚服從和馴服）捍衛現狀。因應這種含蓄的反抵抗意識形態，我們有必要提出有關民權鬥爭的準確歷史敘事，取代「經消毒」和扭曲的官方敘事，以及提出一種有關政治抵抗的改良式論述。

包容型公民抗命論述

對羅爾斯標準論述不滿的理論家提出了「極簡式」（minimalist）或「包容型」（inclusive）公民抗命概念，可以將所有類型的有原則違法行為納入其中。

布朗利就提出了這種論述。她質疑公民抗命與其他異見類型之間的標準概念區別，指出公民抗命者可能想發動革命，而出於良心拒服兵役者往往尋求廣泛的改革，而非只是個人免服兵役。對布朗利來說，公民抗命「必須包括基於堅定的個人承擔故意違法的行為，而這是為了向相關的受眾傳達我們對特定法律或政策的譴責」。[32] 這種公民抗命不必是公開或非暴力的。它與普通犯罪、激進抗議和私人出於良心的反抗（布朗利使用「個人抗命」〔personal disobedience〕一詞）

31. 特別值得參考的是Miranda Fricker, *Epistemic Injustice: Power and the Ethics of Knowing* (Oxford: Oxford University Press, 2007).

32. Brownlee, *Conscience and Conviction*, chap. 1.

不同之處，在於它有節制、尋求溝通和不逃避責任的特質——這些特質標誌著行動者尋求與目標群眾對話。布朗利因此認為爭取女性參政權運動採用的手段是公民抗命，而她也指出，史諾登的行為在她的論述中是公民抗命，但在羅爾斯的論述中則不是。[33]

基進民主進路的先鋒塞利凱斯也直言批評有關公民抗命的標準自由主義論述。他質疑該論述提出的標準（行動公開、非暴力、願意接受懲罰、訴諸公認的正義原則、憑良心）的狹隘性和意識形態基礎。為了以反例駁斥最後一個標準，他指出一些出於自利動機的公民抗命例子，例如居民抗議當局計畫興建穿過其社區的高速公路。[34] 塞利凱斯所理解的公民抗命是：

> 故意違法和有原則的集體抗議行為（不同於合法的抗議、「一般」刑事犯罪或「無動機的」騷亂），公民（廣義而言，並非僅限於特定國家承認的公民）藉此以可視為文明（而非軍事）的方式，追求實現改變特定法律、政策或制度的政治目標（不同於出於良心的反抗——在某些國家，這種反抗被視為一種基本人權而獲得保護，而它不追求改變法律、政策或制度）。[35]

此一廣闊的概念對行動者對體制的態度、針對的對象或訴諸的原則並無要求。這種文明的抗命行為不必公開進行。塞利凱斯也否定非暴力要求，理由是這要求令公民抗命變成僅為象徵性抗議（一種言語行為），因此忽略了它無可避免產生的對抗。[36] 塞利凱斯和布朗利的包容型概念均保留羅爾斯的核心洞見（公民抗命本質上是一種追求政治變革的溝通行為），除此之外對公民抗命並無太多要求。

根據我稍早的解釋，塞利凱斯和布朗利的公民抗命論述是改良式的：它們是替解放型抵抗辯護的一種努力，而且明確地展現這種意圖。兩者均將爭取女性參政權人士、庇護所工作人員和其他人士從事的有爭議行動納入公民抗命的類別中。在其著作《良心與信念：公民抗命的理由》

---

33. Brownlee, "Civil Disobedience"; Brownlee, "The Civil Disobedience of Edward Snowden: A Reply to William Scheuerman," *Philosophy and Social Criticism* 42, 10 (2016): 965-970.

34. 他的反對意見假定憑良心等同無私，而這假設在某些方面是有問題的。參見Robin Celikates, "Civil Disobedience as Practice of Civic Freedom," in *On Global Citizenship James Tully in Dialogue*, ed. David Owen (London: Bloomsbury Press, 2014), 207-228.

35. Robin Celikates, "Democratizing Civil Disobedience," *Philosophy and Social Criticism* 42, 10 (2016): 982-994, esp. 985.

36. Robin Celikates, "La désobéissance civile: entre nonviolence et violence," *Rue Descartes* 77, 1 (2013): 35-51.

（*Conscience and Conviction: The Case for Civil Disobedience*），布朗利主要想說的是：公民抗命者比出於良心拒服兵役者有更強的理由要求法律保護——這種保護在自由社會裡是相當可觀的。她也替公民抗命者逃避法律懲罰的道德權利辯護。塞利凱斯則提供了一種對抗命的基進民主理解，視抗命為對政治過程的一種動態貢獻，而他認為主流的自由主義論述對公民抗命的理解「過度拘束、馴化和消毒」。[37]

我贊同這兩種論述，但我認為相對於這些公民抗命的改良式概念，我將闡述的有原則抵抗在政治上比較有用，在現象上比較準確。

首先，布朗利和塞利凱斯將公民抗命這概念延伸得面目全非，將以前被視為不相容的特徵也納入其中。例如布朗利的公民抗命論述容得下破壞財物和暴力行為。[38]而塞利凱斯在與人合寫的一篇文章中，認為駭客團體「匿名者」是公民抗命者，即使其成員隱瞞身分，利用強制的殭屍網路（botnets）發動DDoS攻擊，並承認他們動機混雜——包括只是熱愛惡作劇。[39]這兩位學者承認，這些特徵通常被視為與公民抗命不同，或甚至是相反的。因此，公民抗命的包容型論述令公眾信服的可能性微乎其微，它們在政治上因此作用不大。

包容型論述的第二個問題，是它們忽略了許多抗命行動的一個要旨——抗命者**拒絕**遵循公民抗命的標準劇本。潘克斯特替爭取女性參政權人士使用「勇武手段」（包括激烈質問、砸爛櫥窗、破壞財物和絕食抗議）辯護，並形容她自己是對抗國家的「內戰」中的一名「士兵」。烏克蘭和法國女權運動組織「費曼」就自稱其抗命行為是激進和挑釁而不是文明的，並將其戰術稱為「**女性極端主義**」（sextremism）——手段包括「性攻擊」（sex attacks）、「性轉換」（sex diversions）和「性破壞」（sex sabotage）。[40]文化評論人戴利（Mark Dery）將「文化干擾者」（culture jammers）——例如廣告牌強盜（billboard bandits）、駭客行動主義者和媒體惡作劇者——視為「藝術恐怖分子」（artistic terrorists）和「傳播游擊戰士」。[41]「黑人的命也是命」的行動者喊出「不是你祖父的民權運動」這口號，暗示他們的工作絕不符合大眾對公民抗命的普

---

37. Brownlee, *Conscience and Conviction*; Celikates, "Democratizing Civil Disobedience."
38. Brownlee, *Conscience and Conviction*, 20.
39. Robin Celikates and Daniel De Zeeuw, "Botnet Politics, Algorithmic Resistance and Hacking Society," *Hacking Habitat* (Rotterdam: nai010, 2016): 209-217, 213. 我在這篇文章中檢視將DDoS攻擊和相關的駭客行動視為電子公民抗命的一些論點："Is Hacktivism the New Civil Disobedience?" *Raisons Politiques* 69, 1 (2018): 63-81.
40. Femen, "About Us," *Femen* blog, http://femen.org/about-us (二〇一六年十二月十日查閱).
41. Mark Dery, "Culture Jamming: Hacking, Slashing and Sniping in the Empire of Signs," *Open Magazine Pamphlet Series* (Unknown, 1993).

遍理解。簡而言之，行動者可能認為自己是激進和挑釁而不是文明的，並希望外界如此看待他們。[42]

行動者可能也有其他好理由公開拒絕文明原則：非文明手段可作為一種策略，用來宣傳組織的理想。行動者也可能沒有條件選擇文明手段。雪比討論都市黑人貧民自發反抗行為時指出：

> 自發的反抗在城市騷亂中達到頂峰，此時搶掠、大規模破壞財物和野蠻的暴力公然上演。政治行動的正當管道未能產生效果或被堵塞時，這種公開的動亂就有可能看似貧民區窮人可集體動用、有機會迫使國家讓步的唯一力量。[43]

一如帕斯塔納克（Avia Pasternak）寫道，因為欠缺組織合法抗爭或甚至是公民抗命行動所需的政治資本，「政治騷亂可能是社會中遭嚴重邊緣化的成員參與政治唯一可用的方式，至少在抗爭非常初期的階段是這樣。」[44] 遭邊緣化的其他群體也可能無法採用公民抗命手段。囚犯常被剝奪公民與政治權利（被剝奪公民權利也稱為「公民之死」〔civic death〕），無法進行有效的溝通傳播行動，即使有意願也無法參與公民抗命。此外，有些行動者可能明確抵制文明原則，希望藉此暴露這一點：公民抗命標準概念中的平等地位假設是錯誤的。

以現狀而言，我們沒有能力分析這些偏離公民抗命標準的情況並替它們辯解：公眾對公民抗命的理解將非文明抗命排除在正當抗命的範圍之外，羅爾斯僅討論近乎公正社會裡的公民抗命，布朗利和塞利凱斯的包容型論述將非文明抗命方式納入公民抗命中，抹殺了非文明抗命的獨特性和根本意圖。在我看來，多數改良行動發生在公民抗命之外：我們應該將或許可接受的有原則抗命方式擴展至公民抗命以外，爽快地承認某些抗命行為不是文明的，但同時認清一件事：某些類型的非文明抗命可能是正當的。

抵抗的矩陣

因此，我們如何理解公民抗命，如何區分公民抗命與其他抵抗形式，是有重要意義的。我們應該如何理解公民抗命？對於特定的抵抗行為算不算是公民抗命，支持與反對兩方常爭持不下。

---

42. Tony Milligan討論了或多或少比較激進的多個運動，它們因為刻意偏離公民抗命的標準概念，拒絕形容其手段為「公民抗命」。參見Tony Milligan, *Civil Disobedience: Protest, Justification and the Law* (New York: Bloomsbury 2013).
43. Shelby, *Dark Ghettos*, 223.
44. Avia Pasternak, "Political Rioting: A Moral Assessment" (未出版的手稿).

打破這種僵局的方式，在於將或許可接受的違法抗命方式擴展至公民抗命以外。我們應該爽快地承認某些抗命行為不是文明的，但同時認清一件事：某些非文明抗命行為可能是正當的。構想一個抵抗的矩陣（matrix of resistance）就是希望對此有幫助。這個矩陣並不為其核心概念（抵抗、有原則的抗命、公民抗命和非文明抗命）提供必要和充分條件，只是突顯這些概念的一些特徵，例如概念之間互有重疊而非截然分明。

我用「抵抗」一詞，是指廣泛的異見者活動，其範圍和影響各有不同，但都是表達對一個居主導地位的價值觀、規範、規則和實踐系統之反對（可能還有拒絕服從的立場）。那些規則和實踐可能已經寫進了法律。根據我們的定義，抵抗必然是有原則的——也就是出於道德或政治動機。抵抗者基本上都迫切希望回應他們看到的不義狀況，很可能也希望改變這些狀況。他們可能承認體制的正當性，也可能不承認。抵抗者訴諸的原則可能值得公眾支持，也可能不值得（例如追求白人民族主義的抵抗就是無理的）。

抵抗者針對的對象可以是民間或公共部門的行為者，可以是國內、國外或全球層面的行為者。抵抗者可以追求各種各樣的目標，包括但不限於傳達他們對公認的規範、法律、法院判決、警方命令或實踐方式的譴責，譴責不義和民主赤字，提醒公眾注意某種不義狀況，維護權利，保護自己和他人，保護動物和環境，宣揚重要的價值觀如自由和透明，尋求法律改革，尋求改變文化，維護尊嚴，爭取集體自決權，表示團結，阻止不義，要求分離，拒絕參與不義的活動，抗議歷史上的罪惡，以及報復作惡者。這個多樣的目標清單打破了公民抗命與造反型抵抗（resistance-as-rebellion）之間的傳統二分法，提出了一個寬廣的抵抗概念，將合法的異見活動、有原則抗命和（最極端的）革命納入其中。必須釐清的是，抵抗者對罪惡和不義的評估可能是錯誤的，而他們追求的目標可能合理也可能不合理：此處提出的抵抗矩陣對特定行為並無預設判斷。

其他理論也含有這個抵抗概念的要素，但它們都沒有這麼全面。另一方面，女性主義哲學家早就提出一種流動的抵抗概念，明白抵抗的作用，包括譴責不義的狀況、改變文化規範（例如藉由喚起意識和日常的抵抗），以及維護自尊。[45]但是，他們主要關注合法行為和社會運動。另一方面，公民抗命理論家則集中關注一種特殊的、嚴格受限的違法抗爭方式。

---

45. 例如參見Young, *Justice and the Politics of Difference*; Jean Harvey, *Civilized Oppression* (Lanham, MD: Rowman and Littlefield, 1999); Ann Cudd, *Analyzing Oppression* (Oxford: Oxford University Press, 2006); Carol Hay, *Kantian, Liberalism, and Feminism: Resisting Oppression* (New York: Palgrave Macmillan, 2013).

我未見過有人提出論述討論旨在報復不義的抵抗。但是，奴隸的許多抵抗行為可能屬於這一類——例如怠工，以及藉由摻入石頭或將棉花泡水，誇大作物收成的重量。[46]陪審團無視法律（jury nullification）有時也屬於此類抵抗，例如辛普森（O. J. Simpson）謀殺案的一些陪審員就承認，他們判辛普森無罪是為了報復警方的暴虐行為。[47]而在「為亞桑傑復仇行動」（Operation Avenge Assange）中，駭客團體「匿名者」對十多家公司（包括Visa和PayPal）的網站發動DDoS攻擊，報復它們在維基解密（WikiLeaks）公布曼寧（Chelsea Manning）洩露的國家機密文件之後，（在政府施壓下）凍結人們對維基解密的捐款。[48]簡而言之，目前有關抵抗的討論留下許多空白，這是我提出的抵抗矩陣希望填補的部分。

抵抗不義涉及拒絕配合產生和維持不義的機制，並嘗試破壞這種機制。行動者可以選擇合法手段，例如遊行、譴責不義、口頭或象徵性表示團結、倡導、利用律師專業維護人權、靜默抗議，以及線上行動主義。合法抵抗可以是非文明的：想想威斯特布路浸信會（Westboro Baptist Church）成員在同性戀士兵喪禮上充滿仇恨的抗議，網路酸民（internet trolls）的行為，又或者具政治意識但冒犯人的嘻哈歌曲，例如N.W.A.樂團一九八八年的〈操你媽的警察〉（Fuck Tha Police）——雪比視之為一種「不純淨的政治異議」。[49]布曼波森（Jessica Bulman-Pozen）和波森（David Pozen）最近提出理論，將另一類合法抵抗稱為「非文明服從」（uncivil obedience），將其界定為誇張、刻板或出乎意料地遵守法律制度的正式規則的行為。[50]例子包括機車騎士嚴格遵守速度限制以抗議這種限制，以及美國電視節目主持人荷伯（Stephen Colbert）成立一個政治行動委員會以嘲笑聯邦選舉委員會的規則。

在違法的抵抗行為中，我關注的是「有原則的抗命」（principled disobedience）。這個類別包含公民抗命和非文明抗命，以及可以恰當地說是兩者皆非的違法行為（例如恐怖主義行動）。[51] 有原則的抗命是指出於政治或道德動機，訴諸違法行為以反抗或拒絕服從體制的主導規範。違法

---

46. 例如參見Edward E. Baptist, *The Half Has Never Been Told: Slavery and the Making of American Capitalism* (New York: Basic Books, 2014).

47. 見Ezra Edelman導演的*O.J. Simpson: Made in America* (ESPN, 2016).

48. 「為亞桑傑復仇行動」是名為「報復行動」（Operation: Payback）的連串DDoS攻擊的一部分，報復動機因此非常明確。參見Gabriella Coleman, *Hacker, Hoaxer, Whistleblower, Spy: The Many Faces of Anonymous* (London: Verso, 2014).

49. Shelby, *Dark Ghettos*, chap. 9.

50. 參見Jessica Bulman-Pozen and David Pozen, "Uncivil Obedience," *Columbia Law Review* 115 (2015): 809-872. 對「非文明服從」這個類別的批評，可參見Daniel Markovits, "Civility, Rule-Following, and the Authority of Law," *Columbia Law Review* 116 (2016): 32-43.

51. 我認為恐怖主義是在非文明（和有原則）抗命的邊緣之外。有原則抗命之外的其他違法抵抗類別包括革命和犯罪抗命（criminal disobedience）。例如雪比就認為物質匱乏和制度性種族歧視下的犯罪活動，是對貧民區困境的一種可理解的反應，而這種反抗未必反映人格缺陷或對道德權威的蔑視。參見Shelby, *Dark Ghettos*, chap. 7. 有關殖民脈絡下的革命，可參考Frantz Fanon, *The Wretched of the Earth*, trans. Richard Philcox (New York: Grove Press, 2004 [1963]). 感謝Alex Gourevitch提醒我注意抵抗之內、有原則抗命之外的這一塊。

造成特別問題，因為國家要求國民服從，違法抗命者必須面對法律制裁，而且人們普遍認為違法照理說是不對的。為了解開這些問題，我決定集中探討有原則的抗命，尤其是公民抗命和非文明抗命。

公民抗命是有原則抗命的一個類別。它是指一種故意的違法行為，旨在抗議不義的法律、政策、制度或實踐，而抗命者大致堅持基本的文明規範。與公民抗命有關的四項規範為公開、不逃避責任、非暴力，以及禮儀。

如前所述，根據公民抗命的標準論述，公開（抗命行為是公開的）、不逃避責任（抗命者接受法律制裁）和非暴力（禁止使用武力和造成傷害），對抗命行為向外界傳達訊息的目的（其言語行為的本質）和文明特質是必要的。但問題沒那麼簡單。想想俄羅斯女子樂團暴動小貓的「龐克祈禱」：這是公開、不逃避責任和非暴力的行為，但她們在俄羅斯一個主教座堂的這次游擊式抗議表演仍不被承認為公民抗命，因為反對者聲稱，這褻瀆了宗教場所並玷汙了國家。該樂團的成員被判「有預謀流氓罪」，其定義為「藉由對社會明顯不敬的行為，公然破壞公共秩序」。美國的校園抗議無論是否涉及違法行為，即使符合文明的三項規範，仍往往被視為「非文明」。許多記者和民眾並不認為學生抗議是非暴力的言語行為（即使它們通常是），因為他們把注意力集中在被視為粗野以至「歇斯底里的」的大聲吼叫、以音量壓倒對手的手段。此外，公開、不逃避責任和非暴力的有原則違法行為，可能因為造成太大的破壞而不被承認為公民抗命。根據評論者的說法，褻瀆宗教、拒絕聆聽對手的意見，以及造成嚴重破壞，就是不尊重受眾，因此不符合公民抗命的文明要求。

這些批評指向文明的第四項規範，我視之為禮儀。對自由主義者來說，文明禮儀（civility-as-decorum）是我們與異見者（我們無法認同其觀點的人）好好相處所需要的。它關乎公民討論政治問題時，在公共領域彼此應該如何互動。具體而言，公民應撇開綜合的（宗教與道德）價值觀，訴諸公共理性價值觀，以尊重和公平的態度聆聽其他人的觀點。[52]根據標準的自由主義觀點，希望進入公共領域的公民行為舉止必須莊重和禮貌，避免冒犯他人。公民抗命者尤其應該尊重其受眾，視之為他們希望說服的人。暴動小貓對宗教的攻擊激怒了許多人；大聲吼叫、以音量壓倒對手，違反我們必須以尊重的態度聆聽異見者觀點的要求；即使是和平的堵路行動，也可能因為對公眾造成極大的不便，被視為不顧後果和不尊重。三者都可能被視為冒犯和不尊重的行為（雖然方式不同），因此不符合文明禮儀。

---

52. John Rawls, *Political Liberalism* (New York: Columbia University Press, 1993), 217. Linda Zerilli將文明的自由主義概念稱為「迴避的方法」（the method of avoidance），我則喜歡稱之為「禮儀」，藉此強調它的一些要求說到底是禮貌和態度問題。參見Linda M. G. Zerilli, "Against Civility: A Feminist Perspective," *Civility, Legality, and Justice in America*, ed. Austin Sarat (Cambridge: Cambridge University Press, 2014), 107-131.

但是，一如撒拉特對沃克訴伯明翰市案的分析顯示，這並不意味著只要有人拒絕文明禮儀，我們就應該僅關注表面的不禮貌行為。舊金山四十九人隊四分衛卡佩尼克（Colin Kaepernick）二〇一六年在奏國歌時拒絕起立，以靜默方式抗議種族壓迫，結果激怒了許多美國民眾。卡佩尼克被譴責為不尊重國旗的「叛徒」。[53]但是，他的抗議，以及隨後一年的「單膝跪地」行動，是合法和莊重的。視之為違反文明禮儀，似乎是誇張和虛偽的。掌權者經常不公正地指責抗爭者不文明，希望藉此抹黑他們並壓制他們的意見——在美國，如果抗爭者是黑人，這種情況更是常見。

將公民抗命界定為以說服大多數人為目的，公開、非暴力、不逃避責任和莊重的有原則違法行為，很好地反映了公眾對可接受政治抗爭的界限相當狹隘的理解。這可視為羅爾斯標準論述的簡化版本，因為它並不包含任何主觀要求，例如抗命者認同體制是正當的，並且接受守法的道德義務。

根據位處公民抗命核心的基本文明規範，非文明抗命應該有以下特徵：暗中進行、逃避法律責任、採用武力，以及冒犯人。我們或許可以將非文明抗命視為一個群集概念（cluster concept），也就是只要出現暗中進行、逃避法律責任、採用武力和冒犯人這四個特徵的其中一個，就足以成為非文明抗命。但是，有鑑於政治行動的複雜性和明確定義的困難，我寧願只是說：暗中進行、逃避法律責任、匿名、造成的破壞超過最低限度或故意冒犯人的有原則抗命行為，**一般是**非文明的，特別是如果它們展現超過一項這些特徵的話。有些非文明抗命行為主要是為了傳達訊息，但許多這種行為並不是要說服受眾，而是希望預防或糾正不義，雖然它們仍可能含有傳達訊息的元素。例子包括強制罷工、騷亂、游擊街頭藝術、DDoS行動、絕食抗議、暗中協助無證移民、未經授權爆料、自行執法的自警行為，以及常被稱為「直接行動」的策略，例如旨在保護生態的破壞行為（ecosabotage），以及拯救動物的行動。

如果罷工參與者採用武力對付在罷工期間堅持工作的員工和公司請來維持生產的人，罷工就是強制和暴力的。騷亂涉及集體的公開暴力，例如搶掠、毀壞財物，以及傷害人身。游擊街頭藝術是暗中進行和逃避責任的，往往是在夜色掩護下進行。DDoS行動通常是匿名和逃避責任的，其強制性在於利用惡意程式徵用非自願的電腦殭屍網路。絕食抗議是逃避責任和強制性的，涉及自殺威脅和一再故意違抗官方命令，對行動針對的當局構成沉重的負擔。未經授權爆料可能嚴重危及某些人（例如臥底和線人）的人身安全，甚至可能危害國家安全。自警行為通常包括對人施用暴力。旨在保護生態的破壞行為涉及超過最低限度的故意毀壞財物，例如搗鬼（monkey-wrenching）；有時也危及人身安全，例如釘樹（tree spiking）。

53. 例如參見"Colin Kaepernick Branded a 'Traitor' by NFL Executives over Anthem Protest," *The Guardian* (August 31, 2016), https://www.theguardian.com/sport/2016/aug/31/colin-kaepernick-traitor-national-anthem-protest-nfl (二〇一七年十月六日查閱).

出於良心的反抗行為如果是違法的（這種行為在自由社會通常受法律保護），那就屬於有原則抗命，而視行動的形式而定，它可能是文明的，也可能是非文明的。例如越戰期間，在美國被徵召入伍的人如果出於良心反對越戰，可以選擇參與公開的抗爭和公民抗命，又或者採用暗中進行和逃避責任的方式，例如逃避兵役（譬如逃往加拿大）。

我們針對抵抗和抗命的概念探討到此為止。如我們所見，對公民抗命的標準理解結合了主要是羅爾斯提出的公民抗命哲學概念以及美國民權運動的官方敘事，變成一種不切實際和頗有問題的民權式公民抗命概念，產生嚇阻異見和抵抗行為的作用。公民抗命的極簡式論述，則有政治上無用和現象描述不準確的問題。我因此提出一個寬廣的多面向政治抵抗矩陣，將文明和非文明的有原則抗命都納入其中。

Chapter 2
In Defense of Uncivil Disobedience

第二章
為非文明抗命辯護

巴黎郊區奧奈叢林（Aulnay-sous-Bois）某個一如往常的夜晚：警察攔下年輕人，要求檢查身分證，懷疑他們買賣毒品。西奧（Théo L.）被捕，他是二十二歲的黑人社工，沒有犯罪紀錄。一名旁觀者拍下了西奧被捕過程，影片顯示西奧被警察施以催淚彈，被壓在地上，遭四名警察毆打。西奧後來接受電視臺記者訪問時表示，警察一再打他，而且以種族歧視言語侮辱他。後來一名警員拿出他的伸縮警棍，「將警棍插進我的肛門……我渾身無力，覺得身體已經離開了我。我覺得自己快要死了。」西奧在他接受「肛門深度撕裂」治療的醫院這麼說。那些警員給他戴上手銬，帶他上一輛警車，而他在車上再度受辱，遭吐口水，而且「私處受攻擊」。

西奧被捕和慘遭蹂躪這件事發生在二〇一七年二月，法國警方稱之為「一宗意外」，結果在幾個巴黎郊區引發針對廣泛和系統性警察暴力的激烈抗議。在博比尼（Bobigny）、阿讓特伊（Argenteuil）和聖但尼（Saint-Denis），抗爭者與防暴警察衝突：警察對抗爭者發射催淚彈，抗爭者對警察投擲瓶子和石塊。一名居民描述：「街上有蒙面的年輕人手持鐵棒，地上有反轉和冒煙的垃圾桶。」年輕人燒毀汽車和巴士，洗劫商店，並攻擊巡邏警員。一名公車司機和一名報導這場示威的記者受傷。警方逮捕數十名抗爭者，包括未成年人。

即使抗爭者宣稱他們是回應社會不義，騷亂（以及當中的搶掠、破壞公物、毀壞財物和暴力行為）仍往往被視為政治上適得其反和道德上不可容忍。政治騷亂，例如二〇一七年巴黎郊區騷亂和法國二〇〇五年兩名青少年在警方追捕過程中死亡後引發的騷亂，是非文明有原則抗命的原型。我將致力於證明某些類型的非文明抗命，包括政治騷亂、武裝自衛、爆料揭弊、協助無證移民和街頭塗鴉藝術，可以是正當的——而且並非僅限於特殊情況，而是具有系統性的正當性，甚至在理應正當的自由民主國家也是這樣。

約束

大家都說，在正當的國家，我們有守法的道德義務，而這項義務是以公認的規範原則為基礎。我認為同樣的原則可以支持我們在面對不義時訴諸抵抗，甚至要求我們這麼做，包括採用有原則抗命手段。在後面各章中，我將檢視這四個理由（正義義務、公平義務、撒瑪利亞人義務和關聯義務）如何證成（justify）和約束藉由有原則抗命抵抗不義。但在此我希望先討論適用於有原則違法行為（尤其是非文明抗命）的一些基本約束。這些約束使我們得以區分一些本質不同的行為，例如三K黨的自發恐怖主義行為相對於美國種族隔離年代「防衛與正義之師」（Deacons for Defense and Justice）的武裝自衛行為，又或者英國女性主義街頭藝術家班比（Bambi）具政治意識的塗鴉相對於突顯納粹標誌的破壞行為。

抵抗者的行動必須尊重其他人的利益，包括但不限於生命和人身不受侵犯的基本利益；不受宰制和可以選擇塑造自身人生的價值觀之利益；以及受一個穩定和可靠的權利體系保護的利益。

也就是說，這些基本的人類利益約束抵抗的正當目標和適當手段，而我們從事有原則抗命時應該承認和尋求保護這些基本利益。

當然，抵抗者總是為了某些利益而採取行動，問題在於：他們追求什麼類型的利益（是人類的基本利益還是特權群體的特殊利益）？這些利益與其他重要利益產生衝突時，我們應該如何權衡？因此，抗命可能影響多數人在一個穩定的法律制度中的利益，但為了保護人們生命和人身不受侵犯的基本利益，有原則的違法行為有時可能是必要的。我們有時也可能必須使用武力保護自己或他人。而有些武力，例如目標明確地毀壞財物，或罷工期間強行制止堅持工作的員工，整體而言可能是正當的，因為只有這樣才可以保護人們不受宰制（也就是對影響自己的決定有某程度的控制權）的基本利益。[1]

一般而言，抵抗者應該尋求以造成最少傷害的行動方案去達成他們（正當）的目標，也就是從那些有合理成功機會的行動方案中選一個最無害的。這項約束未必會成為有原則抗命的必要條件，部分原因在於抗命者可能有正當的理由選擇次佳或第三好的方案，例如在最無害的方案要求抗命者做出太大犧牲的情況下。至於行動方案必須有合理的機會達成抵抗的目標，我們不應對此有誤解：這並不要求每一次行動都可以直接造就改革或減少壓迫。別忘了可能激發抵抗的目標非常多樣。微小的日常抵抗行為，例如嚴厲質問某個男人在推特上的厭女貼文，可能只會騷擾到一個人，肯定無法改變性別歧視觀念。但是，此舉的目的可能只是迫使這個男人反省他對待女性的方式。此外，激烈的對抗雖然很可能進一步刺激那個男人，但或許不會有合理的機會促使他好好反省；不過，如果做這件事的女性只是希望藉此維護她的尊嚴，以及表達她對女性遭物化的憤怒，則行動可說是成功的。簡而言之，抵抗是否成功不應該只看它產生的（良好）社會影響（由直接行動或政策改革造就），可能應該看它是否有效地將其訊息傳達給目標受眾（最極端的情況是向自己傳達訊息）。

注意，尊重別人的基本利益並不要求抗命者以尊重的語氣表達意見，展現道德嚴肅性或自我克制。這些是文明規範的要求（也可能是政治效率的問題）。我們不顧文明規範，例如以冒犯的語氣表達意見、使用粗俗或幽默的話語，或展現憤怒以至狂怒，仍有可能尊重別人的基本利益。非文明的行動方式未必會侵犯別人的基本利益。

---

1. 參見Alex Gourevitch, "The Right to Strike: A Radical View" (未出版的手稿)。Elizabeth Anderson對許多工作場所暴虐一面的研究在此特別有參考價值。參見Elizabeth Anderson, *Private Government: How Employers Rule Our Lives (and Why We Don't Talk about It)* (Princeton, NJ: Princeton University Press, 2017).

為（非）文明抗命辯護

抗命（即使是有原則和文明的公民抗命）通常被認為是不對的，原因至少有四個。首先，抗命者違反守法的道德義務（這項義務約束正當國家的公民）；第二，抗命損害法律與秩序，因此破壞社會穩定；第三，抗命者藐視民主程序；第四，抗命者危及凝聚社會的「公民友誼」（civic friendship）。公民抗命的倡導者有效地回應了這四個反對理由：如今極少人否定公民抗命可以是正當的，而且在自由民主國家有其作用。但他們的理據適用範圍超越文明的界限，可用來證成某些類型的非文明抗命。

守法的義務

許多理論家認為抗命違反我們的政治義務，也就是守法的道德義務。他們認為在人們對正義問題持不同意見的多元社會裡，公民承認這項義務是必要的。但哲學界則認為守法的義務（如果真的有）是可作廢的。尤其是在不義嚴重且持續時，公民沒有守法的義務。因此，至少在守法的道德義務失去約束力時，公民抗命可以是正當的。

但不僅如此，許多理論家認為公民抗命與守法的道德義務是相容的。例如列夫科維茨

（David Lefkowitz）就提出一種有關政治義務的析取式（disjunctive）論述；根據該論述，正當的自由民主國家的公民有守法或以文明方式抗命的道德義務。[2]此一論述所含的公民抗命道德權利，是以公民參與政治的基本權利為基礎。

很重要的是，在某些情況下，公民要回應支持守法義務的規範原則，比較好的做法是從事有原則的抗命（以文明或非文明的方式），而非守法。這是我在第三章至第六章將證明的，也就是我們應該擴展政治義務的概念，納入抵抗不義、不惜違法的義務，即使在自由民主國家也不例外；以及，這些義務是以常被用來支持守法道德義務的理由為基礎。

搭便車

反對抗命的第二個理由是抗命乃道德上的一種自我放縱，類似搭便車：抗命者賦予自己在公共事務上更大的發言權，令人反感地容許自己不受普遍的規則約束。[3]抗命者形同宣稱自己比其

2. David Lefkowitz, "On a Moral Right to Civil Disobedience," *Ethics* 117, 2 (2007): 202-233.
3. 例如參見Daniel Weinstock, "How Democratic Is Civil Disobedience?," *Criminal Law and Philosophy* 10, 4 (2016): 707-720。

他公民更了解公共利益要求我們做什麼。堅持這種特權實際上違反了公平或相互（reciprocity）原則。

但公民抗命的倡導者已提出充分的理據反駁這種指責，而這些理據或許也可以用來替非文明抗命辯護：抗命者並未因為違法而得益，反而要承受相當大的負擔和風險，包括受社會制裁、被捕和受罰。[4]在此我想指出，抗命者個人不可以因為抗命得益的要求其實很有問題。建立正義對人們有很多好處，對受壓迫者尤其如此，包括生活前景和物質條件改善，以及自尊增強。個人投資在反壓迫鬥爭上，顯然是完全沒問題的。

無論如何，以下這種反對意見經不起審視：違法抵抗使抗命者成為例外，或占了守法者便宜，因此未能平等地對待他人。抗命者訴諸抗命，往往正是因為他們，或他們所代表的人，或與他們團結一致的人，在社會中被邊緣化和排斥，在影響他們的決策中被剝奪了發言權。被壓迫者才是未能獲得平等待遇的人，因此，將旨在抗議這種次等待遇的抗命行為視為違反公平或相互原則是不合理的。

不過，並非旨在傳達訊息的非文明抗命，例如直接行動，則需要以另一種方式回應搭便車的指控，因為這種抗命未必尋求譴責社會某些成員遭邊緣化的問題。例如抗命者暗中協助無證移民，或從事武裝自衛，首要目標是防止傷害。他們明顯漠視法律和民主程序結果的表現，可能看似在展現自己的道德優越感，藉此告訴世人：「我比所有人更懂得分辨是非。」

但這種反對意見掩蓋了國家或政府當局對抗命者希望防止的傷害之責任。如果抗命有充分的理由，那往往是因為國家危害或傷害某些人，或不公正地未能保護他們不受傷害。因此，當年之所以有薰衣草黑豹（Lavender Panthers），只是因為舊金山警方未能保護同性戀者免受恐同暴力傷害。美國第一次庇護運動在一九八〇年代壯大，是為了幫助來自中美洲的難民；他們逃避自身國家的內部衝突，而雖然美國對這些衝突有一定的責任，但拒絕庇護他們。斷定那些抗命者放肆和自以為是，看來是錯誤和沒有根據的。

如果這是正確的，則合理的非文明抗命例子並不涉及抗命者令自己成為例外，或是占了守法者便宜。事實上，我將在第四章指出，在不公正的社會政治狀況下，公民守法不抗命反而像搭便車。

4. 例如參見Carl Cohen, *Civil Disobedience: Conscience, Tactics, and the Law* (New York: Columbia University, 1971), chap. 6。

另一個反對理由是：任何抗命——無論是犯罪的（criminal）還是有原則的，無論是採用文明還是非文明手段——都會播下無政府狀態的種子，並且誘發暴力。如果人人都不遵守他們認為不義的法律，這樣的社會不會好過每一個人各自決定何謂對錯的自然狀態（the state of nature）。[5]國家不能容許這種自由裁量的判斷。如果公民每次遇到他認為不公正的法律就可以不服從，社會將變得動盪，法律與秩序將受損。這種行為之所以不對，是因為它妨礙法律制度發揮其保護權利的基本功能。

共和主義和自由主義理論家對此的回應是：公民抗命不但不會損害穩定的權利體系，實際上還將強化它。對鄂蘭（Hannah Arendt）來說，大規模的公民抗命總是發生在不穩定的政治狀況下，藉由重新制定水平的（horizontal）社會契約（群眾因此成為一個民族）和強化公民紐帶（公民之間的凝聚力），最終使社會恢復穩定。[6]德沃金視公民抗命為憲法層面的法律爭論，以這種方式促進法律的健全性。[7]謝爾曼則表示，公民抗命不但不會破壞法治，還可以「支撐法治」，因為「對法律忠誠」要求「有良知的政治行動者推動戲劇性變革，增強法律的正當性和效能」。[8]在這些論點的細節之外，公民抗命保護而非損害法治的潛力，如今在文獻中已獲廣泛接受，在公共論述中的接受度則低一些。

那麼，非文明抗命又如何？它可以體現對法治的尊重和增強法律的健全性嗎？我認為可以。想想一種旨在維護法治的非文明有原則抗命：針對政府的爆料，也就是未經授權取得和揭露國家機密資料。

美國曾出現許多可能強化了法治的爆料事件：艾斯柏格（Daniel Ellsberg）洩露「五角大廈文件」，揭露美國在越南、柬埔寨和寮國的戰爭罪行，以及對本國人民的欺騙；「深喉嚨」揭露水門醜聞，使違法者受到懲罰；史諾登揭露美國國家安全局違憲的大規模國內監控計畫。

這種性質的爆料暴露了嚴重的違法和濫權行為，促進了法治。雖然許多人將他們支持的針對政府的爆料行為稱為公民抗命（部分原因在於兩者都有支持法治的潛力），避免混淆兩者是很重要的。針對政府的爆料通常未能遵守文明規範（尤其是行動公開和不逃避責任這兩點），而且不可逆轉地破壞了國家認為適當或必要的保密措施，因此可能危及國家安全。藉由洩密，爆料者奪

---

5. 參見Jeremy Waldron, *The Dignity of Legislation* (Cambridge: Cambridge University Press, 1999), 59-62。
6. Hannah Arendt, "Reflections on Civil Disobedience," *The New Yorker* (September 12, 1970), 70-105.
7. Ronald Dworkin, "On Not Prosecuting Civil Disobedience," *The New York Review of Books* (June 6, 1968).
8. William E. Scheuerman, "Recent Theories of Civil disobedience: An Anti-Legalistic Turn?," *The Journal of Political Philosophy* 23, 4 (2015): 427-449, 431.

取了國家決定國家機密界限的獨有權力。這種爆料行為因此在某些方面往往是非文明的，但一如堅持文明規範的公民抗命，它們可以是正當的，理由是它們可以強化法治。（在第三章，我將基於正義義務，提出支持爆料的較廣泛理由。）

民主

反對抗命的第四個理由是抗命侵蝕民主權威。抗命者藐視民主立法程序並拒絕服從其結果，使自己成為民主理想的敵人，損害了民主和諧（democratic concord）的條件。

自由主義哲學家如羅爾斯一般都承認，公民抗命本質上是反民主的，但他們也強調，公民抗命有促進正義的潛力，可以對抗有問題的多數派決定。這些理論家強調，抗命者藉由以文明方式抗命告訴外界：她並非輕率地抗命，也沒有占守法者便宜。

共和與民主理論家提出了他們的另類抗命論述，主要是回應以民主為理由反對抗命的意見。他們已經證明，許多公民抗命不但並未危及民主，還希望激發民主制度的活力，例如訴諸對抗國家制度的僵化傾向和突顯民主赤字這些手段。[9]這些理論家常以另類全球化、反核及占領運動說明公民抗命的這種潛力。他們提出兩個重要觀點。第一，公民抗命者所抗議的往往恰恰是欠缺民主的問題（例如他們被排除在集體決策程序之外），抗命因此可以促進民主事業。第二，公民抗命應視為一種政治參與行為，而不是一種在正常政治程序失靈時才適用的體制外行動方式。

本章稍後，我將討論某些旨在傳播訊息的非文明抗命行為是否應該視為一種政治參與。但目前我只想指出，有關公民抗命的民主潛力的第一個觀點，也可以適用於非文明抗命。克萊頓（Cornell Clayton）就此提出了令人信服的觀點：不文明行為是「社會分裂的症狀」而非根源。否定不文明行為、視之為對原本穩定的民主體制的威脅，往往就是在體制已失去穩定性的情況下堅持要穩定（這種穩定源自大眾對相互原則的共同承諾）。克萊頓還指出，在社會分裂的情況下，「不文明的行為往往促進了民主事業。」[10]

檢視歷史上和當前的抵抗方式，我們確實可以看到，行動者選擇非文明抗命方式可以達到的民主效果，可能一如理論家認為公民抗命可以達到的。爭取女性參政權的人從言論升級至行動，先採用文明抗命方式，再採用非文明方式，要求賦予女性民主選舉權。她們的一些非文明行為，

9. 參見Daniel Markovits, "Democratic Disobedience," *The Yale Law Review* 114, 8 (2005): 1897-1952; Celikates, "Civil Disobedience as Practice of Civic Freedom"; William Smith, *Civil Disobedience and Deliberative Democracy* (Abingdon, UK: Routledge, 2013), chap. 3.

10. Cornell Clayton, "Incivility Crisis of Politics Is Just a Symptom of Division," *The Seattle Times* (October 27, 2012), http://old.seattletimes.com/html/opinion/2019534569_cornellclaytonopedxml.html.

例如衝擊立法議會和選區，以及用酸性液體破壞國會議員常去的高爾夫球場和草地保齡球場的草皮，顯然是為了展現政治能動性和抗議被剝奪了民主選舉權。在當代的例子中，駭客行動主義者如已故的史瓦茲（Aaron Swartz）利用數位抗命戰術（多數是非文明的），抗議不正當的線上治理，並鼓勵其他公民來了解、關心和參與促進網路民主化的努力。一些游擊式傳播戰術也可視為非文明抗爭，例如愛滋平權聯盟（ACT UP）的一些行動，就是以非文明方式抗議政府面對愛滋病危機的冷淡態度，以及大眾對性少數群體錯誤的冷漠態度（違背了充分關懷、和平等對待每一個人的民主義務）。愛滋平權聯盟於一九八九年在紐約證交所交易大廳抗議藥廠哄抬藥價，就史無前例地中斷了證券交易。那一年稍後，近五千名抗議者站在紐約聖巴德利爵主教座堂外面，譴責天主教會反對安全性行為教育。數十名愛滋平權聯盟和女性健康行動與動員組織（WHAM!）的成員更進入教堂打斷彌撒，呼喊口號，躺在通道上，甚至褻瀆聖餐餅。這些例子顯示，可能會有人以非文明手段追求民主包容性、設定議程，以及其他增強民主正當性的措施。

總括而言，上述四個理由（守法義務、搭便車、法治、民主）都無法支持我們在道德上禁止有原則的抗命。與此同時，公民抗命倡導者回應這些反對意見提出的理據，其實可以用來證成某些非文明的有原則違法行為。但是，可能會有人提出反對意見，認為將公民抗命的工具價值擴展至非文明抗命，是忽略了文明規範的道德意義。在下一章，我回應認為以文明方式抗命比較好的論點，並指出非文明手段的一些寶貴用途。

誰怕不文明？

效能

認為採用不文明的手段會產生反效果，幾乎已成為一個信條。一般人（近乎一致）贊同非暴力抵抗並反對暴力抵抗，最清楚反映了這一點。若干實證證據也支持這一點。切諾維斯（Erica Chenoweth）和史蒂芬（Maria Stephan）分析二十世紀三百二十三場暴力與非暴力公民抵抗運動，發現達到顯著規模的非暴力運動的成功率是暴力運動的兩倍。（但值得注意的是，他們歸類為非暴力的多數公民抵抗運動，從南非的反種族隔離鬥爭到第一次巴勒斯坦大起義，其實往往含有暴力側翼。他們認為主要仰賴武裝起義的運動才算是暴力的。）雖然一九七〇和一九八〇年代許多暴力的去殖民運動成功了，暴力抵抗運動的成功率隨後降低了。自一九五〇年代以來，非暴力運動則是越來越成功，尤其是在冷戰結束之後。[11]

11. Erica Chenoweth and Maria Stephan, *Why Civil Resistance Works: The Strategic Logic of Nonviolent Conflict* (New York: Columbia University Press, 2011).

雖然支持非暴力的這個統計論據在各種社會政治脈絡下均成立，政治學家認為暴力手段在自由社會尤其容易產生反效果。切諾維斯最近就警告，利用不文明的「黑群」戰術——例如拳打納粹分子（Nazi punching）、街頭鬥毆和騷亂——從事反川普抵抗，可能產生反效果。[12] 主要理由是公眾對暴力抗爭反感，原本非暴力的運動可能因此無法達成目標。切諾維斯和史蒂芬估計，現有的社會科學和歷史證據支持「負面基進側翼效應」多過「正面基進側翼效應」，也就是暴力手段因為妨礙動員群眾，結果減弱而非增強了抗爭者的影響力。[13]

這些發現相當重要。但注意，上述論點將文明規範等同非暴力。如果我們堅持區分兩者，我們就能看到，不涉及暴力的非文明有原則抗命行為——例如洩密（川普的白宮常見）和游擊式傳播——並未被批評為有問題，對公民抗爭可能有用。此外，並非所有的有原則抗命都旨在傳播訊息，而非暴力和暗中進行的抗命行為不大可能被公眾發現，因此也就不大可能產生不文明手段據稱會產生的負面效果。

較廣泛而言，行動的效能或許不能僅以它對大型公民抵抗運動的貢獻來衡量。個別的行動無論是否造就改革，都可能是對社會有益的（也就是「有效」）。因此，薰衣草黑豹一九七〇年代在舊金山組織武力自衛，保護同性戀者免受恐同暴力傷害，就可說是正當的，即使爭取同性戀權利的廣泛政治鬥爭不應使用暴力。暗中進行的（非文明）抗命，例如庇護所人員為非法移民提供食物、住所和法律援助，可以直接阻止不義發生，嘉惠迫切需要援助的人，而這是堅持文明手段的公民抗命做不到的。

因此，有關非暴力抵抗和公民抗命在大型運動中效能較佳的實證論據，不足以證明非文明抗命無效或適得其反。事實上，非文明抗命或許能有效達到其他目的。

前瞻考量

為什麼堅持文明手段的公民抗命好過非文明抗命？另一個工具性或實用主義理據指出，相對於非文明抗命，公民抗命對社會比較有益。這理據有兩個版本，都是基於前瞻考量，歸結為這個概念：抵抗者選擇的行動路線，應該有助於成就他們渴望實現的公正社會。

---

12. Erica Chenoweth, "Violence Will Only Hurt the Trump Resistance," *New Republic* (February 7, 2017); Erica Chenoweth and Kurt Schock, "Do Contemporaneous Armed Challenges Affect the Outcomes of Mass Nonviolent Campaigns?," *Mobilization: An International Quarterly* 2, 4 (2015): 427-451.

13. Chenoweth and Stephan, *Why Civil Resistance Works*, 42-46.

這種實用主義理據的其中一個版本，可概括為「手段應該反映目的」這一原則。根據這個通常被認為是政治無政府主義者提出的原則，指導解放鬥爭中抵抗行為的價值觀，應該是賦予理想世界活力的價值觀。此處的「應該」是務實或謹慎的：我們不可能藉由一場倚賴層級式組織和使用暴力支配他人的運動，實現一個公正、平等、沒有壓迫和國家暴力的社會。巴枯寧（Mikhail Bakunin）的朋友暨合作者季佑姆（James Guillaume）這麼說：「我們怎麼可以期望一個威權組織締造一個平等和自由的社會？這是不可能的。」[14]根據此一觀點，「手段反映目的」是解放運動成功的必要條件（至少就正義、自由和平等這些理想而言是這樣）。更基本而言，如果一場鬥爭的參與者經常違背它宣揚的理想，就會被指責前後矛盾和虛偽，而這很可能將削弱公眾的支持，並影響運動的正當性。這種手段目的論因此支持以文明手段抗命比較好的觀點——假設我們追求的是以民主和諧為特徵、彼此文明相待的未來。

根據這種實用主義理據的另一個版本，即使統治集團虐待某個群體足以支持抵抗者訴諸革命，而且即使革命可以成功（這假設與手段目的論相反），抵抗者仍有很好的前瞻理由保持克制和選擇堅持文明手段的公民抗命。薩波爾（Andrew Sabl）在「逐步公正社會」（piecewise-just society）的脈絡下提出支持公民抗命的這種論據。在他構想的那種社會中，「統治集團公平對待其成員，他們互相合作，彼此間有一種公正感，但同時對統治集團以外的人施以殘忍和近乎絕對的暴政。」[15]社會中有權有勢的人宰制和殘酷對待其他人，大有可能因此遭遇暴力抵抗。但既然他們已證明有能力在統治集團內部以公平合作的方式進行治理，我們也就有理由相信他們有能力「將這種習慣擴展至他們與其他人的關係上」，我們因此也就有理由堅持文明抗命方式，將目前的壓迫者當作未來彼此平等的人對待。[16]薩波爾舉例指出，「重視未來的可能」，尤其是「避免扼殺未來合作可能的渴望」，支撐了金恩的民權運動。[17]簡而言之，公民抗命因為展現對所有人的平等關懷和對鬥爭過程中公平合作的堅持，最有機會造就鬥爭之後的民主和諧（或許還是唯一可行的手段）。我將在下一節再討論這觀點，屆時我將指出，有時候掌權者雖然證明有能力在統治集團內部以公平合作的方式進行治理，但並不願意將這種能力擴展至統治集團以外。

---

14. K. J. Kenafick's 1950 "Foreword" to Mikhail Bakunin, *Marxism, Freedom, and The State* (Whitefish, MT: Kessinger, 2010), 4.
15. 薩波爾認為「逐步公正社會」是理解羅爾斯的「近乎公正社會」的最佳途徑。Andrew Sabl, "Looking Forward to Justice: Rawlsian Civil Disobedience and Its Non-Rawlsian Lessons," *The Journal of Political Philosophy* 9, 3 (2001): 307-330, 311.
16. 同上，頁三一〇。
17. 同上。我重構了薩波爾的論點：他泛論美國黑人的抵抗運動，我改為專指金恩的民權運動，因為許多黑人行動主義者實際上傾向訴諸革命。

回應支持公民抗命的手段目的論的策略之一，是否定抵抗必須以抵抗者希望發揚的價值觀為指導。無政府主義者認為，除非抵抗者堅持促使他們抵抗的理想所要求的行為規範，擺脫壓迫獲得自由是不可能的，但歷史經驗令人懷疑這種觀點，因為許多成功的去殖民運動都涉及暴力手段（我們也沒有理由將部分此類運動未能建立穩定的民主政權歸咎於它們在鬥爭中使用暴力）。傑拉斯（Norman Geras）替革命暴力辯護，理由是暴力手段「反映其起源」——也就是革命者希望推翻的壓迫和暴政。[18]泰絲曼（Lisa Tessman）則指出，抵抗壓迫可能必須借助我們通常會譴責的一些東西（例如狂怒和仇恨），方可最終成就一個公正和沒有仇恨的社會。[19]安吉拉．戴維斯替美國黑人武裝自衛、抵抗種族主義暴力辯護，科茨對於一個建基於暴力並繼續施行暴力的社會普遍呼籲非暴力深感懷疑，都是應用了這種回應手段目的論的策略。

行動者在解放鬥爭中傾向使用某些非文明手段（包括暴力），是否就因此顯得前後矛盾或違背了他們的目的，其實也並不明確。例如爭取女性參政權的女性以強酸燒毀高爾夫球場的草皮，並且從事其他破壞活動，是否就證明她們沒有能力在她們構想的性別平等社會中與男性合作？反對女性參政的人認為是，他們指爭取女性參政權的女性「不像淑女」和「不自然」，並成功將一些抗爭者關進精神病院。這些反對者表示，女性的非文明抗命活生生地否定了她們追求性別平等的女性主義理想。但這種判斷其實毫無根據。非文明抗命未必反映有問題的理想和目標，也未必會破壞未來與其他公民合作的可能。

文不文明與公民友誼

堅持文明規範的公民抗命據稱優於非文明抗命，不但是因為公民抗命造就較好的結果（如前所述），還因為堅持文明規範是自由民主國家公民的一種道德義務。自由民主國家的公民有一種特殊義務：他們的行為舉止應該有助於孕育和保護公民紐帶。亞里斯多德曾談論「公民友誼」，藉此描述公正政體中公民之間的紐帶、他們對彼此福祉的關心（他們「希望其他公民幸福」），以及他們共同的價值觀與正義感。[20]公民友誼的現代自由主義版本較為薄弱，但仍然重要：它在於公民願意一起生活（儘管彼此之間有差異和分歧），以及都支持相互原則。[21]

---

18. Norman Geras, "Our Morals: The Ethics of Revolution," *The Socialist Register* 25 (1989): 185-211, 188.
19. Lisa Tessman, *Burdened Virtues: Virtue Ethics for Liberatory Struggles* (New York: Oxford University Press, 2005).
20. Aristotle, *Nicomachean Ethics*, Terence Irwin (trans.), second edition, Indianapolis, IN: Hackett Publishing, 1999.
21. Rawls, *Theory of Justice*, 5, and *Political Liberalism* (New York: Columbia University Press, 1993), xlix and 253.

在現代大國，文明有禮的人際關係和遵守法律可以鞏固公民友誼的紐帶，而拒絕守法和違反文明規範則會破壞這種紐帶。羅爾斯這麼說：「抵抗切斷共同體的紐帶。」[22] 但自由主義理論家指出，抗命者藉由堅持文明的抗命方式，仍展現出他們堅持相互原則的決心。簡而言之，公民抗命因為堅守文明規範，消除了抗命侵蝕公民紐帶和破壞社會穩定的傾向。這些理論家因此替公民抗命創造了一種特殊地位：自由民主國家的生活對公民有一定的要求，公民抗命是唯一不違反這種要求的違法抵抗方式。（出於良心的反抗如拒服兵役，或許可視為不違反那種要求的另一種抵抗方式，但因為許多自由社會不但包容這種反抗，還在法律上賦予保護，它因此不應視為違法抵抗。）

顧名思義，非文明抗命必然違反文明規範，因此可能損害公民友誼。對這個問題，我們或許可以檢視不大可能損害公民友誼的非文明抗命的脈絡和類型，例如暗中協助無證移民。但我們暫且承認，旨在傳播訊息的某些非文明抗命——例如城市騷亂和反警察集會——確實很可能損害公民友誼。我想指出的是，這可能是好事：在某些情況下，非文明抗命可能恰當地突顯了公民友誼太脆弱或虛假的問題，而且確實會損害這種友誼。在這種情況下，非文明抗命最終可能促進了正義和民主事業。但即使社會政治改革或道德勸說都沒有希望，非文明抗命仍可能有其內在價值，例如這種行為有意義地表達了政治團結和面對不義的能動性。

在以下條件成立的情況下，非文明抗命在自由民主社會有其角色：公眾確信國家承諾尊重每一個人完整和平等的地位——這承諾往往體現在指導制度設計和立法的憲法或其他基本法律上；部分公民實際上（事實上而非法律上）被剝奪了完整和平等的地位；公眾並未普遍認清這種不義，可能是因為這種不義不是故意的，而是社會實踐與制度結構相互影響的結果——結構性不義就是這樣。在這種情況下，多數人或許受公民友誼約束，但對被壓迫的少數人來說，公民友誼只是一種假象。

在這種情況下，被壓迫的少數人或許可以訴諸公民抗命並獲得成果，而觀察家無疑將表示，根據前述的前瞻考量，這種文明的抗命方式最有希望贏得多數人的支持。但是，非文明抗命可能更有效，因為它可以根本地打破現狀。非文明抗命迫使社會正視現實與社會宣稱追求的理想脫節的問題。換句話說，藉由質疑公民友誼，非文明抗命實際上質疑社會是否真的重視這種友誼。非文明手段戳破了文明規範的牛皮。

22. — Rawls, *Theory of Justice*, 337.

非文明抗命也質疑公眾參與的規則，以及文明規範和公共理性的標準與界限：誰可以發言？在哪裡、何時及如何發言？非文明抗命因此有助於將公民友誼的欺詐隔離出來。暴動小貓和女權運動組織費曼有力地示範了這一點。她們轟動的「女性極端主義」行為揭露了現實中公民友誼包容的父權體制，並將這種禍害當成我們應該對抗和冒犯的敵人呈現出來。藉由不守規則，非文明抗命者指出既有規則排斥部分人的問題，鼓勵大家檢討這些規則。他們質疑和破壞道德與政治共識。

民主理論家如塞利凱斯堅持認為，納入非文明抗命的廣義公民抗命也可以做到這一點。但我認為，區分公民抗命與非文明抗命相當重要，因為這樣我們才可以譴責所謂文明規範之虛偽，並探索非文明抗命行為的獨特潛力。「黑人的命也是命」運動的抗議者遊行時擺出投降的姿勢，並高喊：「手已舉起來，別開槍！」他們被稱為「麻煩製造者」，被視為不文明。社會斷定反對現狀者不文明，清楚展現了公民友誼之虛假。如果社會中的多數人不願意聆聽被壓迫少數人的想法，即使後者遵循文明規範的所有限制，這個社會還有什麼共同體的紐帶可言？

我們來比較一下這些文明的抗議與一些不文明的事件，例如與「黑人生命運動」（Movement for Black Lives）有鬆散的關係但並非該團體組織的，在警察針對黑人的暴力導致有人死亡之後，（密蘇里州）佛格森、巴爾的摩、（北卡州）夏洛特和密爾瓦基等地出現的丟石頭、搶掠和騷亂事件。帕斯塔納克將這些美國城市的動盪，以及巴黎郊區二〇〇五年的暴動稱為「政治騷亂」

（political rioting），其定義是：「一種針對不義的政治抗議形式，涉及公開和非法使用集體暴力，旨在表達憤怒、沮喪和對法律之藐視。」[23]帕斯塔納克指出，面對嚴重和持續的不義，政治騷亂有某種程度的正當性，因為它們有助於我們達成一些有價值的目標，包括民主包容、表達對體制的集體反抗和藐視，以及法律改革。佛格森、巴爾的摩和法國巴黎郊區的騷亂或許可視為追求全部三個目標：公共領域包容貧窮的黑人和深膚色都市青年；群眾表達對國家的沮喪和不信任；以及社區對執法機關的直接民主控制。

騷亂者質疑社會是否真的堅持它宣稱奉行的相互原則，迫使大眾審視公民友誼的紐帶確切連結哪些人，藉此要求結束警察的暴行。從這些騷亂看來，誠實的人只能說：有一些人被排斥在公民友誼的紐帶之外。那些被排斥的人必須使用公民友誼厭惡的手段，因為社會不容許他們以文明的方式參與公共事務。「黑人的命也是命」運動的文明抗議很可能也表達了相同的主張，但政

23. — Pasternak, "Political Rioting."

治騷亂可以更有效地反映問題的嚴重程度——部分原因在於這種騷亂威脅將造成更多破壞。文明的公民抗命就無法以相同方式擾亂現狀。如畢福德（Susan Bickford）指出，文明有禮（或「友善」）的抗議方式「可能令人比較不容易察覺到實際的不義和壓迫」[24]——而且如我想補充，也可能令人比較不容易察覺到某些權利主張的急迫性。

社會注意到騷亂，並不意味著騷亂者達成了目標。騷亂表達的沮喪並未促使美國（或法國）白人認清問題，也未能使他們感到羞恥。事實上，美國民眾如今對抗議警察暴力的活動看法比二〇一四年（「黑人的命也是命」運動開始的時候）更負面。二〇一七年七月哈佛——哈里斯（Harvard-Harris）一項民調顯示，多數美國人（五七％）「對『黑人的命也是命』的抗議反感」。只有三五％的白人對這項運動有好感。[25]問題並非只是多數人仍然無動於衷；很多人其實沒聽到騷亂者的話——他們認為除了暴力，騷亂並未傳達任何訊息。這種麻木往往是那些人在道德和認知上對黑人的苦難「失聰」造成的，米爾斯（Charles Mills）稱之為「白人的無知」，而這問題有助說明為什麼我們不應該優先維護公民友誼：即使受壓迫者已經採用激烈手段直接控訴不義，社會大眾仍未能認清問題，這正是政體內部分裂的症狀。[26]在騷亂者前來埋葬它之前，公民友誼早就死了。

因此，我替非文明抗命（包括一些政治騷亂）辯護，並不仰賴社會大眾成功接收到以非文明手段傳播的訊息，遑論政治或道德層面出現轉變。非文明抗命者對促成改變可能根本不抱希望。

他們可能完全沒有理由相信居主導地位的群體願意將被邊緣化的弱勢群體納入社會合作事業。稍早我們提到，公民抗命的前瞻論是基於壓迫者已證明有能力在統治集團內部尊重彼此完整和平等的地位，以及預期他們有能力將這種治理方式擴展至所有人。但是，如果壓迫者有公平治理的能力但沒有**意願**這麼做，這將阻礙而非造就未來的社會和諧。不過，非文明抗命者表達他們對大眾並不真誠奉行相互原則的憤慨，還是值得的，即使這麼做的結果是對達成說服大眾的目標有反效果。

抗爭者的核心目標往往是擴大抗爭運動的基礎，而非獲得一般民眾支持。阿克巴（Amna A. Akbar）談論與「黑人生命運動」相關的抗爭時表示：「最可能加入這場運動的受眾不是白人，

---

24. Susan Bickford, "Emotion Talk and Political Judgment," *Journal of Politics* 73, 4 (2011): 1025-1037, 1032.
25. 參見National Poll, July 2017, http://harvardharrispoll.com/（二〇一七年九月五日查閱）. 相對之下，一九六六年的蓋洛普民意調查顯示，六三%的美國人給馬丁．路德．金恩負面評價。
26. 感謝Juliet Hooker敦促我提出這一點。Charles Mills, "White Ignorance," in *Race and Epistemologies of Ignorance*, eds. N. Tuana and S. Sullivan (Albany: State University of New York Press, 2007), 21.

而是其他黑人。」[27]我們把焦點放在向大眾傳播的訊息時，很容易忽略這種「內部受眾」。政治騷亂也有一種內部受眾，那就是其他受壓迫者。騷亂者突顯公民友誼紐帶之虛假，並抨擊社會不公平對待某些群體，是在向其他受壓迫者傳播訊息。藉由指出共同受壓迫的情況，非文明抗命者表達了他們與其他受壓迫者的團結。最後，他們表達對體制的藐視和憤怒，或許可視為在能動性和尊嚴受威脅時維護這兩者。因此，某些類型的非文明抗命作為對社會失敗的恰當判斷，作為表達團結和確認能動性的方式，並不具有工具價值。

概括一下：非文明抗命行為未必會侵蝕公民友誼，但即使會，根據自由與民主的理由，這種行為仍有可能是正當的，因為合理的非文明抗命可以刺激公眾認清迫切的壓迫問題，有助於促進正義和民主。而即使非文明抗命行為對造就社會政治變革的較大目標有反效果，它們仍可能具有表達異見、團結與能動性的內在價值。因此，在某些情況下，非文明抗命行為雖然危及社會和諧，但因為那種和諧錯誤地排斥一部分人，這種抗命仍有充分的理由。

傳統的自由主義理論家將文明有禮理解為好事並沒有錯。我們不應低估平等尊重他人或堅持奉行相互原則的重要性。問題是，即使在民主社會，我們也不是活在人人平等的世界裡。在基本平等的情況下，例如在享有特權、有權有勢的人之間，多元現代社會對公民的文明規範約束是合理的（雖然有權有勢者有時可能選擇——或甚至是應該——與受壓迫者一起參與非文明抗爭）。事實上，文明規範合理地約束社會中享有穩固特權或權力者的行為，尤其是他們與社會弱勢群體往來的表現。但我們不能合理地期望受壓迫者滿足文明規範的要求，因為這些要求旨在保護排斥受壓迫者的公民友誼，甚至可能有助維持壓迫（想想我在第一章指出的廣泛呼籲文明有禮的意識形態功能）。因此，在抗命者受壓迫、被邊緣化和意見遭壓制的情況下，訴諸非文明手段可能是恰當的，非文明抗命可能是正當的。

涵義

為非文明抗命辯護的以上論點有何涵義？從事正當的非文明抗命的人，是在做正確的事。他們所做的事看似不對（違法、冒犯人、訴諸武力或強制手段），但在那種情況下，他們整體而言並沒有做錯。或許會有人忍不住說：非文明抗命者替他們所做的事找了個藉口。但使用「藉口」

27. Amna A. Akbar, "On the Memory, Mechanics, and Imagination of Protest," (在APSA會議上發表，舊金山，二〇一七年八月).

一詞，形同承認行為不對。替某些行為找藉口是向人解釋，雖然那些行為不對，但當事人相信自己在做正確的事是有原因的。證成（justification）與找藉口不同，是說明行動者做那些事確實有正當的理由。接下來四章將闡述那些理由，將說明常被用來替守法服從辯解的正義義務、公平處事義務、撒瑪利亞人義務和政治關聯義務，為抵抗不義（包括藉由有原則抗命——無論是公民抗命或非文明抗命）提供了有力和必須遵從的理由。

考慮到在不義的情況下履行政治義務之困難（第七章將討論這些困難），從事正當的非文明抗命的人值得稱讚。這對國家應該如何對待這些人有何涵義？這問題很重要，但我不想多說，主要是因為我認為我們必須先改變人們對非文明抗命的觀感和想法，才有希望改變法律。這正是本書致力於探討政治倫理而非法律問題的原因。

但簡略談談這問題：我認為國家對待非文明抗命的方式，應該與對待公民抗命不同。最近理論家捍衛從事公民抗命的道德權利，而在此基礎上，公民抗命者值得國家予以特別待遇。列夫科維茨從較廣泛的政治參與權利中推出公民抗命的道德權利，他認為公民抗命者有不受譴責的道德權利，但沒有免受刑罰的道德權利——刑罰是國家為了嚇阻某些行為而施加的。[28]威廉·史密斯（William Smith）也提出類似觀點：他認為從事公民抗命的道德權利是「合理的正義觀念會確認的政治參與權利的重要成分」，並認為這權利保護公民抗命者免受譴責，但與國家施加適當的刑罰相容。[29]布朗利則是以尊重能動性和尊嚴的人道主義原則為基礎，支持從事公民抗命的道德權利；對她來說，這權利意味著公民抗命者有不受譴責和免受刑罰的權利。她捍衛有原則抗命的兩個刑事抗辯理由——「信念要求抗辯」（demands-of-conviction defense）是免責性的（exculpatory），「必要性抗辯」（necessity defense）是證成性的（justificatory）。[30]

從事公民抗命的道德權利無論是以什麼為基礎，都意味著公民抗命行為是可容許的——無論其正當理由是什麼。我並不主張我們有從事非文明抗命的道德權利，因為有些非文明抗命行為並無正當的理由，此時這種行為往往是道德上不容許的。但如果非文明抗命行為在道德上是正當的，我認為抗命者不應該受國家懲罰。這並不意味著抗命者應享有不服從的法律權利，但這意味著執法人員應選擇不逮捕抗命者，檢察官應撤銷對抗命者的刑事起訴，法官應從寬量刑，以及陪審團應該（無視法律）判抗命者無罪。

28. Lefkowitz, "On a Moral Right to Civil Disobedience."
29. Smith, *Civil Disobedience and Deliberative Democracy*, 85.
30. Brownlee, *Conscience and Conviction*, chaps. 5-6.

這不大可能理所當然地發生，尤其是在政治道德原則有問題的政體中。但自由民主社會至少必須給予所有的有原則抗命者在審訊中替自身行為辯護的機會。他們並非總是享有這種機會。例如史諾登如果回美國面對有關他洩露機密資料的審訊，《間諜法》（Espionage Act）的條款將阻止他嘗試替自己的行為辯護。即使抗命者有機會替自己的行為辯護，成功的機會仍相當渺茫，因為抗命者原本針對的不義情況很可能也影響法庭——往往是藉由偏見和隨之產生的聽證不公正（testimonial injustice）。[31]

無論如何，隨後幾章闡述的抗命理由可以支持替所有類型的有原則抗命（無論是否選擇文明的手段）辯護的證成性抗辯：正義義務支持公共利益抗辯；撒瑪利亞人義務支持（類似布朗利提出的）必要性抗辯；公平處事義務支持基於公平的抗辯；政治連繫支持尊嚴抗辯。雖然我不再進一步討論，這些都是這種抵抗的政治義務論述可能產生的法律涵義。

31. 參見Miranda Fricker, *Epistemic Injustice: Power and the Ethics of Knowing* (Oxford: Oxford University Press, 2007), 23-29（以哈波．李〔Harper Lee〕小說《梅岡城故事》〔*To Kill a Mockingbird*〕中黑人被告Tom Robinson經歷的審訊說明聽證不公正）。在Fricker看來，如果偏見導致聆聽者貶低證詞的可信度，聽證不公正就發生了。

Chapter 3
Justice and Democracy

第三章
正義與民主

二〇一六和二〇一七年，兩批巨量的文件揭露了陰暗的離岸金融世界。第一批被稱為「巴拿馬文件」（Panama Papers），暴露了巴拿馬律師事務所莫薩克·馮賽卡（Mossack Fonseca）的運作：該公司替客戶創立「離岸避風港」，以便「政客、詐欺者、毒販、富豪、名人和運動明星」逃稅。[1]第二批被稱為「天堂文件」（*Paradise Papers*），名稱使人聯想到離岸避風港一詞的法文「paradis fiscal」，以及多數離岸金融公司所在的美麗島嶼。天堂文件從總部設在百慕達的毅柏律師事務所（Appleby）流出，證實了富豪逃稅非常普遍和容易。

這些外洩的文件顯示，億萬富翁、企業、大學、寡頭執政者、罪犯、藝人、高級官員和至少一名國家元首利用離岸空殼公司隱藏他們的資產，藉此逃稅和逃避審視，以及投資在公眾反感的產業上。例如英女王伊莉莎白二世的私人財產就利用離岸公司投資了以百萬英鎊計的資金，包括投資在被指控經營方式不負責任的放貸公司Brighthouse。美國東北大學因為校園重視環保而在「世界大學綠色指標排名」居第四位（在美國大學中高居第一），但其捐贈基金有一部分投資在化石燃料上。此外，一些制定法律規管離岸資金的政客原來是離岸金融公司的重要客戶。

毅柏表示，該公司為客戶提供銀行和稅務服務，完全不涉及違法行為。但一切保密的離岸金融運作，仍然危及正義和民主。有錢人系統性逃稅不但藐視法律精神，破壞民主的平等（democratic equality），還令一般民眾感到沮喪。法國《世界報》（*Le Monde*）社論作者明白這層道理，他們將天堂文件揭露的地下世界描述為「民主的地獄」。[2]

巴拿馬文件和天堂文件是匿名的人非法洩露的。這些爆料者是否在履行他們的正義義務？我認為是。許多人以正義的自然義務作為守法道德義務的基礎。我在本章將指出，正義義務也支持抵抗不義的政治義務，包括藉由有原則、非文明和暗中進行的抗命行為（例如洩密）抵抗不義。

我們說正義義務是自然的，是指該義務以人類作為道德存有者的本質為基礎，而且平等地約束我們所有人，無論我們的關係如何或自願做些什麼。羅爾斯指出，正義義務有兩部分：「第一，如果公正的制度存在並適用於我們，我們就遵守制度的安排，並做好自己分內的事；第二，如果公正的安排不存在，我們就協助建立這種安排，至少在我們以很小的代價就能做到這件事的情況下是這樣。」[3] 正義義務的第一部分意味著如果國家是公正或接近公正的，我們就有守法的

1. The International Consortium of Investigative Journalists (ICIJ), *The Panama Papers* (二〇一六年四月三日), https://panamapapers.icij.org/20160403-panama-papers-global-overview.html.
2. Le Monde, " 'Paradise Papers': paradisfiscal, enfer démocratique" (二〇一七年十一月十日), http://www.lemonde.fr/evasion-fiscale/article/2017/11/10/paradise-papers-l-egalite-devant-l-impot-pilier-essentiel-du-contrat-democratique_5213081_4862750.html#u74WBQjMkzh91mJT.99.
3. Rawls, *Theory of Justice*, 308.

道德義務。而在制度不公正的情況下，正義義務的第二部分暗示我們有糾正或更換制度的義務。

自從受康德啟發的羅爾斯在《正義論》中闡述這種義務以來，它是人們最廣泛接受的政治義務來源。華德朗（Jeremy Waldron）、克里斯第安諾（Thomas Christiano）、史蒂茨（Anna Stilz）、史密斯和威爾霍夫（Daniel Viehoff）等人提出了自己的論述。[4]雖然這些理論家的政治義務論述各有不同，他們的論點結構相似。他們都認為正義的自然義務要求我們服從國家，但也都認為守法的義務僅限於正當的（自由、民主）國家之內。也就是說，正義義務既是守法義務的基礎，但也限制守法義務。正義義務視個體為自由與平等的公民，因此不能要求他們維持剝奪人們自由與平等地位的法律與社會政治安排。

不義的脈絡

如果嚴重的不義解除了服從的義務，我們必須知道何謂嚴重不義。既有理論提供了一些邊界條件（boundary conditions）。羅爾斯強調，服從的道德義務延伸至不公正的法律，除非那些法律嚴重不義和根深柢固。史蒂茨認為公民有遵守他們認為不公正的法律之道德義務，「只要這些法律不侵犯外在自由（external freedom）的核心部分」——她認為這些核心的外在自由是攸關個人能否獨立和自決的基本權利。[5]史密斯則表示，只要不公正的法律「可以用合理的說法替其辯護」，也就是只要法律並非公然無理，公民就有服從的義務。[6]無論界限怎麼畫，只要超出這些界限，不義就解除了服從的義務。而在這些界限之內，我們有服從的義務。

我們如何知道自己身處界限的哪一邊？對於特定的法律是否不公正以及有多不公正，各人當然會有不同的看法。但我們可以試著釐清不義的內容。我們可以藉此確定抵抗的目標，而這對評估具體的有原則抗命行為是必要的。因此，不義的分類研究是我們檢視大致正當社會中的政治義務的一項重要工具。

---

4. Jeremy Waldron, "Special Ties and Natural Duties," *Philosophy and Public Affairs* 22 (1993): 3-30; Smith, *Civil Disobedience and Deliberative Democracy*, chap. 1; Thomas Christiano, *The Constitution of Equality: Democratic Authority and Its Limits* (Oxford: Oxford University Press, 2008); Anna Stilz, *Liberal Loyalty: Freedom, Obligation, andthe State* (Princeton, NJ: Princeton University Press, 2009); Anna Stilz, "Why Does the State Matter Morally? Political Obligation and Particularity," in *Varieties of Sovereignty and Citizenship*, eds. S. R. Ben-Porath and R. M. Smith (Philadelphia: University of Pennsylvania Press, 2013), 244-264; Daniel Viehoff, "Democratic Equality and Political Authority," *Philosophy and Public Affairs* 42, 4 (2014): 337-375.
5. Stilz, "Why Does the State Matter Morally?," 257.
6. Smith, *Civil Disobedience and Deliberative Democracy*, 29.

史密斯的著作《公民抗命與審議式民主》（*Civil Disobedience and Deliberative Democracy*）就含有對不義的分類研究。他區分三種不義，它們在正當的民主國家可以成為公民抗命針對的恰當對象。**審議式不尊重**（deliberative disrespect）是指「民主的多數（democratic majority）容許或製造明目張膽的不義」，公然否定某些公民自由與平等的地位。**審議式分歧**（deliberative disagreement）是指既非「明目張膽」也非「顯而易見」的不公正結果。**審議式惰性**（deliberative inertia）則是某些議題或論述被排除在公共領域之外。[7]史密斯認為羅爾斯僅考慮審議式不尊重，因為忽略了一種可能：公民抗命以並非明顯和驚人的不義為抗爭對象，也有可能是正當的。針對頭兩種不義的公民抗命可以守護和增強正義，針對第三種不義的抗命則可以促進民主。

但是，因為人們對不義的嚴重程度難免有不同的看法，史密斯區分審議式不尊重和審議式分歧也就沒那麼有用。我建議合併這兩個類別，簡單稱之為「不尊重」，並創立「**針對非公民的不義**」（wrongs to nonmembers）這個類別，專指國家針對國內外非公民的不義行為。史密斯的不義分類也是不完整的，因為它強調民主議會，忽略了其他政府機關。我們必須注意另一種不義脈絡，也就是我將闡述的「**官員瀆職**」（official misconduct）。我還提出我稱為「**公眾無知**」（public ignorance）的第五種不義脈絡，專指公共領域中與審議式惰性不同的認知缺陷。

不尊重

根據史密斯的說法，審議式不尊重是指民主的多數制定或容許惡法，公然粗暴地否定某些公民自由與平等的地位。這個類別涵蓋阻礙公民參與公共生活的個別惡法和系統性不義。史密斯提出的審議式不尊重案例，是某些公民被剝奪投票權或競選公職的權利，以及未能得到法律的平等保護。這些不義——例如奴役、種族隔離、剝奪女性的公民權——是無理的，它們因此消除了服從的義務。[8]

史密斯提出的第二種不義脈絡是審議式分歧，指不公正（甚至嚴重不公正）但並非那麼顯而易見的民主辯論結果。這種不義因此並不推翻服從的義務。[9]審議式分歧的例子包括性別不平等、制度化恐同，以及對勞工和移民保護不足。針對這些不義進行公民抗命是可容許和恰當的，但通常不是人人都覺得這種不義明目張膽，而且它們可以用合理的說法加以辯護。相對之下，審議式不尊重則藉由無可辯解的法律，產生明確的壓迫案例。

7. 同上，第二章。
8. 同上，頁三九—四一。
9. 同上，頁四一—四三。

但歷史經驗顯示，這種判斷標準有問題。在奴隸制、剝奪女性公民權和種族隔離等制度廢除的過程中，它們都有許多能言善辯和貌似明理的支持者。美國最高法院在一八九六年的普萊西訴弗格森案（*Plessy v. Ferguson*）中，以看似合理的說法維護種族隔離安排。種族隔離法律在美國屹立數十年，恰恰是因為它們表面上種族中立，因此可說是不違反《美國憲法》第十四修正案。現在我們都認為這些不義是明目張膽和令人震驚的，但當年的人們大有可能認為它們只是審議式分歧。當然，時間的考驗不是有用的標準，因為我們希望評估現行不義的嚴重程度。

因為這個原因，我們應該將審議式分歧這個類別併入「不尊重」中，並將不尊重理解為公然否定公民的自由與平等地位。我們也應該去掉「審議式」一詞，因為它錯誤地暗示這些不義源自決心促進公益的平等公民自由審議的過程。尊重公民的自由與平等地位，意味著視他們為完整的道德行為者（moral agents），在社會制度和政治過程中享有平等的地位，而且天生具有尊嚴（第六章將提出基於尊嚴的抵抗不義的政治關聯義務論述）。

有些不尊重的情況比較嚴重和顯著，雖然顯著性與嚴重性未必亦步亦趨。根據我較為寬廣的定義，當代的不尊重案例包括美國一九九六年的《捍衛婚姻法》（Defense of Marriage Act）——該法剝奪同性伴侶結婚的權利，直到美國最高法院在奧貝格費爾訴霍奇斯案（*Obergefell v. Hodges*）中裁定同性結婚權利受憲法保護；[10]反跨性別廁所政策，例如北卡州的HB2法案（規定人們只能按出生時的生理性別選擇廁所）；法國蔚藍海岸的「布基尼」（burkini）禁令（禁止某些女性穆斯林在海灘穿著的覆蓋全身肌膚的泳裝）；[11]單獨囚禁犯人（包括少年犯）；以及剝削監獄勞工。如果公民可以證明他們自由與平等的地位受威脅或侵犯，則經濟方面的嚴重不義，包括最低工資太低（或根本不設最低工資）、工會力量遭削弱，以及促使財富和權力集中的法律，也可以歸入不尊重這個類別。

針對非公民的不義

我們也必須創立一個類別以容納不涉及否定公民自由與平等地位的嚴重不義。我們需要這樣一個類別，因為國家可能製造或容許針對非公民的驚人不義。有些政策蔑視人的完整性，看來非

11.10

10. *Obergefell v. Hodges*, 135 S. Ct. 2071 (2015).

11. 法國最高行政法院很快就裁定這些市政府禁令違憲，但禁令仍維持了整個夏天。參見Conseil d'Etat statuant au contentieux, ordonnance du 26 août 2016, ligue des droits de l'homme et autres l association de défense des droits de l'homme collectif contre l'islamophobie en France, Nos 402742, 402777。

常不正當，例如它們漠視合法或非法移民的基本利益，長期拘留一些人但不起訴，以輕微的罪行為理由驅逐一些人出境，又或者拆散核心家庭。[12]近年中東地區的衝突導致許多人流離失所，但已開發國家只願意庇護極少數難民，或許是這種不義的另一個例子。[13]國家經由民主程序，製造或容許侵犯國內外非公民的基本權利與尊嚴，我稱之為**針對非公民的不義**。這種侮辱也可能施加在動物身上，例如一些被困在水上樂園的鯨魚和海豚。容許這些做法的民主國家可能就是做了對非公民不義的事。

可能會有人說，就政治正當性和守法的道德義務而言，重要的是國家如何對待本國公民，而非如何對待國內的移民和動物或國外的其他人。但這一點是可爭論的。梭羅認為自己有違抗美國法律的道德義務，是因為美國以殘忍的手段宰制美洲原住民和奴隸這些非公民。正義並不要求梭羅那年代的美洲原住民擁有完整的美國公民身分，正義反而禁止殖民美洲、逼走或屠殺那些原住民。簡而言之，對非公民不義的嚴重程度和這種不義損害政治正當性的程度，與民主排斥（democratic exclusion）未必有關，而是與對特定群體造成多大的傷害有關。

審議式惰性

審議式惰性是我借用自史密斯的概念，是指公共審議因為公共領域未能處理某些議程和討論而失靈（那些議題遭封殺，又或者因為其他原因而未能出現在公共領域）。[14]這種惰性激發早期的環保、動物權利和另類全球化運動，以及占領運動——該運動抗議公眾對經濟不平等關注不足，同時呼籲就該議題展開民主審議。史密斯認為審議式惰性並不消除守法的義務，但它是公民抗命的恰當對象。

在其他方面，數位權利提供了當前一個重要的審議式惰性案例。目前越來越多抗命行動針對版權法、數位監控和侵犯隱私等問題，而這些問題滿大程度上是因為企業和政府不怎麼考慮民主意見就決定了網際網路的結構（因為民意代表對相關問題欠缺基本認識，問題即使經歷民主審

---

12. 我們可以用間接的理由反對移民政策，例如證明它侵犯公民的權利，譬如父母、子女和配偶因為驅逐令而被拆散。但重點是，移民政策即使與公民無關，也可能涉及嚴重的不義。

13. 參見Serena Parekh, *Refugees and the Ethics of Forced Displacement* (New York: Routledge, 2016)。

14. Smith, *Civil Disobedience and Deliberative Democracy*, 68-70. 在此之前，Markovits, "Democratic Disobedience"將公民抗命的這種對象概念化。

議，因此產生的民主意見也往往頗有問題）[15]。雷席格（Lawrence Lessig）說明了美國如何藉由銷售科技產品，輸出一種「方便控制的架構」，將數位世界塑造成為一個方便監控和做生意的空間。[16]哈考特最近指出，網際網路是由一個「有觸手的寡頭集團」（tentacular oligarchy）統治，它將民間和公共機構繫在國家那樣的「權力結」（knots of power）中，並且以越來越精細的方式監控人們線上和線下的行為。[17]

言論自由並未延伸至線上世界，因為言論受中介企業的決策束縛；這些中介企業包括網路服務業者（ISP），網站代管公司，以及社群網路營運者如臉書、亞馬遜、PayPal和蘋果。祖克曼（Ethan Zuckerman）將這現象稱為「中介審查威脅」：在線上發言的能力總是以商業機構為中介，而它們的服務條款通常給予內容主機業者（content host）很多裁量權，但不怎麼保護最終用戶。[18]在《連線者的同意》（*Consent of the Networked*）一書中，麥康瑞（Rebecca MacKinnon）令人信服地說明了規管網路空間的法律之民主缺陷，但同時表示，相信網際網路有望振興民主，而網路本身也將接受民主控管。[19]

官員瀆職

在史密斯提出的不義類別之外，我認為我們應該再加官員瀆職這個類別。所謂官員瀆職，是指掌握國家權力的人經常違反與其職務有關的責任。官員瀆職是當年美國種族隔離制度的核心支柱之一：包括警察、檢察官和法官在內的地方掌握權力者都沒有盡其職責，利用法律保護和造福美國黑人。警察施暴是系統性製造恐怖不可或缺的要素。針對黑人的炸彈攻擊、襲擊和謀殺，或多或少是官方容許的，往往還是當局慫恿的。許多政府官員、法官和警察本身是三K黨徒，參與私刑殺害黑人的暴行。雖然當年的種族隔離制度禁止這些和其他針對黑人的暴力，但施暴者極少遭起訴。黑人無法擔任陪審員，而如果白人因為對黑人犯罪而被起訴，他們可以放心相信白人

---

15. 參見Sheheryar T. Sardar and Benish A. Shah, "Social Media, Censorship, and Control: Beyond SOPA, PIPA, and the Arab Spring," *University of Pennsylvania Journal of Law and Social Change* 15, 4 (2012): 577-585. Available at http://scholarship.law.upenn.edu/jlasc/vol15/iss4/10.
16. Lawrence Lessig, *Code and Other Laws of Cyberspace* (New York: Basic Books, 1999).
17. Bernard Harcourt, *Exposed: Desire and Disobedience in the Digital Age* (Cambridge, MA: Harvard University Press, 2015).
18. Ethan Zuckerman, "Intermediary Censorship," in *Access Controlled: The Shaping of Power, Rights, and Rule in Cyberspace*, eds. R. J. Deibert, J. G. Palfrey, R. Rohozinski, and J. Zittrain (Cambridge, MA: MIT Press, 2009), 71-85.
19. Rebecca MacKinnon, *Consent of the Networked: The Worldwide Struggle for Internet Freedom* (New York: Basic Books, 2009).

陪審員將判他們無罪。這些非法行徑屢見不鮮，而且公然發生。拒絕同流合汙的官員遭恐嚇、騷擾，有時甚至遇到更可怕的事。有些人致力將這些非法行徑變成法律，有時還成功了。[20]萊恩斯稱之為「以法律鞏固確立不法行為」（the legal entrenchment of illegality）。[21]我則將這些錯誤的行政和司法行為簡單稱為「官員瀆職」。

可能會有人提出反對意見，認為官員瀆職就是不尊重的其中一面，因為根據史密斯的說法，不尊重包括容許（而非只是製造）公然的不義和未能確保法治保護所有人。但官員瀆職的非法或法外（extralegal）性質，超出了多數勢力製造或容許公然不義的範圍。因此，官員瀆職作為一個獨立類別，突顯了在種族隔離之類的脈絡下，不義的不同軌跡和機制。當然，劃出這個類別並不妨礙我們考慮不義的不同機制如何共同產生作用。

在美國，與種族隔離年代相似的官員瀆職如今猶存。警察施暴相當常見，或許可以合理地說是官方容許的，因為警方傾向保護自己人，而檢方也不大願意起訴警察。美國司法統計局估計，二〇一五年六月至二〇一六年五月期間，警察殺死約一千兩百人。[22]「記錄警察暴力」（Mapping Police Violence）這個組織的數據顯示，二〇一四年已知有一、一六七人被警察殺死（其中一、〇六七人之死與逮捕有關，一〇〇人之死屬無意、非當值或在囚事件），二〇一三年則有一、一二三人被警察殺死。[23]二〇一五年被視為清算警察年，超過十二名警察因為當值期間的致命開槍事件，被起訴謀殺或過失殺人罪，遠高於之前十年的年均五名。但是，自二〇〇五年以來，被判謀殺或過失殺人罪名成立的警察只有十三名。二〇一四和二〇一五年都沒有警察被判謀殺或過失殺人罪名成立：在絕大多數案件中，法院最終裁定警察殺人是合法使用致命武力。

定罪率這麼低並不令人意外，因為法律要求採用事發現場警察的主觀觀點以決定他們使用致命武力是否合理。[24]這種法律標準要求（白）人代入警察的角色，想像他們面對看似犯罪和危險

20. 美國訴克魯克香克案（*U.S. v. Cruikshank*, 92 U.S. 542, 1875）一案就是個好例子。此案法庭推翻兩名白人參與一八七三年科爾法克斯（Colfax）屠殺（約一〇五名黑人遭殺害）的有罪判決，並終止針對三K黨的起訴。法律學者認為該判決在司法上限制了《美國憲法》第十四修正案的平等保護原則，影響至今仍未消除。參見Charles Lane, *The Day Freedom Died: The Colfax Massacre, the Supreme Court, and the Betrayal of Reconstruction* (New York: Henry Holt, 2008); William J. Stuntz, *The Collapse of American Criminal Justice* (Cambridge, MA: Belknap Press of Harvard University Press, 2011)。

21. David Lyons, "The Legal Entrenchment of Illegality," in *The Legacy of H. L. A. Hart: Legal, Political, and Moral Philosophy*, eds. Matthew H. Kramer, Claire Grant, Ben Colburn, and Antony Hatzistavrou (Oxford: Oxford University Press, 2008), 29-43.

22. Bureau of Justice Statistics, *Arrest-Related Deaths Program Redesign Study, 2015-16: Preliminary Findings* (December 15, 2016), NCJ 250112: https://www.bjs.gov/index.cfm?ty=pbdetail&iid=5864.

23. Mapping Police Violence, https://mappingpoliceviolence.org/aboutthedata/ (二〇一七年十一月二十一日查閱).

24. *Graham v. Connor*, 490 U.S. 386 (1989).

的（黑）人時產生的「合理」恐懼。因此，植根於不公正刻板印象的一面倒同理想像，被用來合理化殺人行為。問題是結構性和複雜的：官員瀆職與不尊重共同產生作用（從不成比例地針對黑人和其他深膚色人種的攔截搜身政策，到規管警察問責的法律），（意識形態上）種族主義文化刻板印象影響警察、他們的上司和同儕，以及必須評斷警察行為的法官和陪審員，替警察暴行開脫，並使問題延續下去。

國家在戰爭中違反國際法，是官員瀆職的另一種情況。在「反恐戰爭」中，尤其是在小布希總統任內，美國經常非法動用酷刑，並設法將這種行為合法化，就是官員瀆職的好例子。[25]

最後，貪腐是一種典型的官員瀆職。根據奈伊（Joseph Nye）備受重視的概念，貪腐是「出於私人（個人、近親、私人團體）財富或地位方面的利益考量，偏離（選舉或任命性質的）公職正式職責的行為」。[26]不過，就我們討論的問題而言，貪腐必須相當普遍。個別的貪腐行為，例如前伊利諾州州長布拉戈耶維奇（Rod Blagojevich）以政治任命權力索賄，雖然不對，但公眾必須覺得貪腐行為普遍，而且或多或少是官方容許的，官員瀆職的脈絡才算確立。[27]

官員瀆職的不同脈絡涉及不同的錯誤：違法的官員有時合謀剝奪公民的自由與平等地位，美國當年的種族隔離制度就是這樣；普遍的貪腐破壞法律制度的健全性，因此損害每一個人受公正制度規管和保護的基本利益；國家在國外侵犯人權，是陷本國國民於不義。官員瀆職敗壞政治正當性，削弱（或甚至是消除）了守法的義務。

公眾無知

最後一種不義是政府隱瞞公眾有關施政計畫和政策的某些事實，並試圖掩蓋官員的不當行為。將這種不義稱為公眾無知，是強調這種保密涉及的民主錯誤：公眾理應知道政府以其名義做了什麼。政府隱瞞公眾的事可能顯然是錯誤和／或違法的，又或者是否錯誤或違法是有爭議的。無論是否違法，美國政府隱瞞公眾令人反感的例子包括：聯邦調查局監控、滲透和破壞國內異見組織的「**反情報計畫**」（COINTELPRO）；中央情報局在反恐戰爭中利用「黑據點」（Black sites）對被拘留者施以酷刑；國家安全局的拖網（dragnet）監控計畫。伊拉克阿布賈里布（Abu

25. 例如參見John Yoo, "Memorandum for Department of Defense Re: Application of Treaties and Laws to al Qaeda and Taliban Detainees" (二〇〇二年一月九日). 草稿見http://nsarchive.gwu.edu/NSAEBB/NSAEBB127/02.01.09.pdf.
26. Joseph Nye, "Corruption and Political Development: A Cost-Benefit Analysis," *American Political Science Review* 61, 2 (1967): 417-427.
27. 國際透明組織（Transparency International）的貪腐印象指數見http://www.transparency.org/cpi2015.

Ghraib）和戰後波士尼亞都曾發生官員不當行為但被掩蓋起來，而外洩的資料顯示，美國人在這兩個地方曾參與國際人口販運集團的運作。

就公共領域認知缺陷的成因而言，公眾無知與審議式惰性不同。惰性問題往往是影響審議環境的許多因素所造成，公眾無知則是政府刻意保密和／或隱瞞的結果，是國家官員引起和維持的。雖然因為政府在保密方面有真實和重大的利益，評估公眾無知的脈絡相當棘手，但一如我們很快將看到的，真實的公眾無知案例因為損害民主權威，嚴重削弱理論上的守法道德義務。[28] 換句話說，公民如果覺得（和有理由相信）政府一邊做壞事，一邊刻意隱瞞公眾，他們對國家的信任和尊重就會減少。直覺而言，我們或許可以說，資訊不足的問題越嚴重，公眾無知的不義就越嚴重，國家的可信和正當程度也就越低。

巴拿馬文件和天堂文件揭露的問題跨越審議式惰性和公眾無知：拜離岸金融作業所賜，有錢有勢的人，包括政府官員和國家元首，得以隱藏財富，逃避國民和財政當局的審視，同時隱瞞公眾理應了解的利益衝突。這些利益衝突發生在多個層面，妨礙民主治理。在基本層面上，離岸金融作業造福有錢有勢者；在美國和其他地方，有錢人可以花錢換取影響力和權力；而掌握權力者往往是富有的（四四％的美國國會議員財富淨值超過一百萬美元）。因此，國會沒興趣規管離岸金融業務；事實上，川普總統的政府已決定進一步解除對銀行業的管制。站在這個角度，我們或許可以說，莫薩克馮賽卡和毅柏律師事務所外洩文件暴露的問題，是靠公眾無知維持的審議式惰性。此外，公職人員利用離岸金融作業掩蓋他們的利益衝突，而這種利益衝突是公眾理應了解的。例如天堂文件就揭露了川普總統任命的商務部長羅斯（Wilbur Ross）與普京（Putin）家族有廣泛的商業關係，而根據美國政府的道德標準，羅斯上任之前就應該切斷這些關係。[29]這種利益衝突是可以歸入公眾無知這個類別的一種貪腐。

概括本節要點：不尊重在於公然否定公民的自由與平等地位；針對非公民的不義涉及民主制度認可的、國家侵犯國內外非公民基本權利和尊嚴的問題；審議式惰性是指某些議題和論述被排除在審議議程之外；官員瀆職是指官員慣常地利用職權從事非法行為；公眾無知則是因為國家阻止民眾了解他們應該了解和審議的國家行為、計畫和政策。這些類型的不義可能出現、也經常發生在正當的民主國家。以上分類是泛泛而言，絕非詳盡無遺，例如我們可以增添歷史上的不義這

---

28. 我其實並不主張政府所有領域都不惜代價地公開透明。有關保密、透明和民主問責有實證資料支持的細緻討論，參見 Rahul Sagar, *Secrets and Leaks: The Dilemma of State Secrecy* (Princeton, NJ: Princeton University Press, 2013) 和 Michael P. Colaresi, *Democracy Declassified: The Secrecy Dilemma in National Security* (Oxford: Oxford University Press, 2014).

29. Jon Swaine and Luke Harding, "Trump Commerce Secretary's Business Links with Putin Family Laid Out in Leaked Files," *The Guardian* (二〇一七年十一月五日), https://www.theguardian.com/news/2017/nov/05/trump-commerce-secretary-wilbur-ross-business-links-putin-family-paradise-papers (二〇一七年十一月二十四日查閱).

個類別。不過，以上分類足以幫助我們檢視在大致正當的社會裡，不義脈絡下正義義務的若干涵義。

（不）服從與民主權威

但在檢視這些涵義之前，我必須處理一個反對意見，它認為抗命的政治義務根本不可能以正義的自然義務為基礎。我們談論政治義務時，是在講個人的義務。但多數理論家設想的正義自然義務，是適用於公共機構／制度而非個人行為。果真如此，正義義務對公民本身並無要求。

這種反對意見是基於羅爾斯等人的理論對正義義務的理解，這種理解集中關注社會基本結構（對公民生活前景有重大影響的機構／制度）的重要性。但是，雖然這種立場對正義理想理論化這目的或許是恰當的，這並不意味著對正義重要的只有機構／制度。如果認為只有機構／制度對正義重要，那是對追求正義任意設限，排除了非制度的公民行動路線。如墨菲（Liam Murphy）指出：

> 在實踐上，機構／制度對達成正義的目標通常極其重要，但我們不應因此看不清這個事實：說到底，對我們重要的不是機構／制度是否公正（公正是指達成我們的目標），而

是我們在多大程度上達成了那些目標——無論那是怎麼做到的。[30]

雖然機構／制度是實踐正義的關鍵工具，甚至不可或缺，社會運動和有良知的個人也可以產生作用。

但制度論者真正的反對意見，其實不是正義義務對公民沒有要求：他們認為正義義務對公民是有要求的，但它要求的是公民服從法律。正義義務的擁護者認為，如果個體私自決定實踐正義必須怎麼做，正義就無法實踐；他們認為個體必須撇開自己對事情的判斷並服從國家的決定，認同國家的指令提供了哲學家所講的「獨立於內容」（content-independent）和「優先」（preemptive）的理由。如果賦予行動理由的是法律的來源（法律由權力機關制定頒布的這個事實）而非其內容，我們就說法律提供了獨立於內容的行動理由。法律提供了優先的行動理由，則是指它要求人們不考慮其他的行動理由。

30. | Liam Murphy, "The Case of Required Rescue: Beneficence, Law and Liberty," *Georgetown Law Review* (2001): 647.

他們的論點並非只是正義和穩定需要人們服從單一套權威規則。人們非常關注這些規則是怎麼產生的。人們有理由認同法律具約束力（也就是認同法律提供了獨立於內容和優先的行動理由），往往是因為法律是人人享有平等決定權的民主程序產生的。民主程序的權威源自政治平等。這正是為什麼正義義務要求我們建立公正的民主制度，而且正義義務也令公民有道德義務服從民主程序產生的法律——即使他們覺得法律不公正。

但是，因為現代自由民主國家受前述的各種不義和民主赤字影響，它們未能產生全面的守法道德義務。民主國家極少決策程序稱得上可以產生具道德權威的結果。威爾霍夫的民主權威論述特別有助於我們了解此中原因。[31]在他看來，是民主程序和制度的平等性質（也就是它們不受制於不平等的權力優勢）使我們有理由尊重其結果的權威。根據民主權威的標準論述，民主的平等要求各方具有平等的權利，而且認同各方的利益同等重要；但除此之外，民主的平等還要求各方對彼此的關係具有平等的控制權，並且排除不平等權力優勢的影響——威爾霍夫稱之為**非征服**（nonsubjection）的要求。[32]但許多民主國家的制度和程序不夠平等，受制於不平等的權力，公民因此有理由審視這些程序產生的結果內容如何（而非盲目接受它們獨立於內容的權威），並且考慮法律要求以外的行動理由（也就是質疑法律要求的優先性）。

但是，這並不意味著只要制度欠缺政治權威，我們怎麼做都可以。為了接近民主平等的理想，我們往往有理由服從不完美制度的指令，而非根據自己的判斷行事。對威爾霍夫來說，之所以如此，部分原因在於抗命行為（真的付諸行動或威脅將要抗命）展現了違抗法律的意願，因此危及民主的平等。但他也承認，有原則的抗命有時或許更能夠促進正義。[33]

事實上，如我們稍後將看到，有原則的抗命不但可以促進正義，還可以促進民主平等本身。威爾霍夫根據他稱為「關係平等」的理想構想民主平等，該理想要求我們「在塑造我們的互動和左右這些互動的規範與期望時，避免運用不平等的權力優勢」。[34]確切而言，有原則的抗命可以揭露和提醒公眾注意危及關係平等的權力差異。這正是「占領運動」和「黑人的命也是命運動」的核心目標。因此，這種有原則的抗命以正義義務為基礎，並作為對民主權威表達尊重的行為，可說是正當的。

有原則抗命行為要以正義義務為基礎確立其正當性，抗命者致力於促進民主價值的實踐是不夠的，抗命行為還必須以符合民主平等原則的方式受約束。抗命者必須證明他們關注可能受影響

31. Viehoff, "Democratic Equality and Political Authority." 這篇文章先說明為什麼在以民主程序制定法律的國家，常見的基於正義義務支持守法義務的理由不成立。
32. 同上，頁三五二—三五九。
33. 威爾霍夫提出以下檢驗標準：「為了評斷抗命是否合理，我們首先該問的不是在某種具體情況下抗命將如何促進正義，而是在特定情況下抗命的一般道德規則促進正義的作用，是否足以補償這對關係平等的威脅。」同上，頁三七四。
34. 同上，頁三五二。

的各方利益，而且並不試圖宰制或恐嚇可能受影響的各方。特別值得注意的是，試圖報復權力差異的贏家無法以正義義務辯解，而且抗命應優先考慮非暴力手段。但是，針對性和選擇性使用強制手段並不違背非征服原則：例如有組織的勞工罷工時，可以合理地使用適度武力以抵消資方不平等的權力優勢。而如我們將看到的，非文明的有原則抗命，例如自警行為和針對政府的爆料，雖然看似危及關係平等，在某些不公正的情況下可能是完全合理的。

了解這些目標和限制之後，我們來探討面對不義和民主赤字時，我們基於正義義務的政治義務。

政治義務

那麼，出於正義的自然義務，公民可以如何（在某些情況下是應該如何）抵抗前述那些不義？方法包括教育、抗議（包括公民抗命）、暗中抗命、自警行為，以及針對政府的爆料。

教育

公民可以致力促使社會大眾了解正義的要求，藉此促進正義。在審議式惰性的脈絡下，因為這種問題可能製造出無知或被誤導的公眾，教育尤其重要。以人為的氣候變遷和經濟不平等加劇為例，兩者的不義都並非顯而易見。公民要察覺當中的不義，必須對複雜的自然科學和社會科學問題有基本認識，尤其是必須排除另類說法（例如其實沒有氣候變遷，又或者氣候變遷不是人類造成的）。為了建立這種基本認識，公眾必須掌握一些事實資料。就氣候變遷而言，高爾（Al Gore）二〇〇六年的紀錄片《不願面對的真相》（*An Inconvenient Truth*）和狄卡皮歐（Leonardo DiCaprio）二〇一六年的《洪水來臨前》（*Before the Flood*）是大眾重要的資訊來源。但事實本身不是決定性的。人們用來解釋經濟不平等這種不義的社會科學和經濟事實，既非價值中立，在專家之間也並非沒有爭議，甚至充分知情的公民對不平等是否不義也有嚴重分歧。此外，人們往往只聽到自己想聽的話：我們傾向與世界觀相近、志趣相投的人往來。網路世界增強了這種傾向：我們接收的社群媒體和新聞資訊不斷確認我們的信念和偏見，而Google之類的搜尋引擎則引導我們接觸很可能增強我們既有想法的資料。35

35. 例如參見Eli Pariser, *The Filter Bubble: What the Internet Is Hiding from You* (New York: Penguin, 2011) 和Jessica Clark and Tracy Van Slyke, *Beyond the Echo Chamber: Reshaping Politics through Networked Progressive Media* (New York: The New Press, 2010)。

網路治理是教育既重要又困難的另一種不義脈絡。相關問題的複雜性，加上社會大眾和他們的民意代表多數對問題無知，顯著損害網路治理的民主審議和爭取數位權利的鬥爭。非營利組織電子前線基金會（Electronic Frontier Foundation）是這場鬥爭的先鋒：它致力於捍衛線上言論自由，對抗非法監控，並為用戶和創新者仗義執言。經營維基百科（Wikipedia）的維基媒體基金會也為此努力。該組織曾關閉維基百科網站以抗議《禁止網路盜版法案》（SOPA）和《保護智慧財產權法案》（PIPA），並貼出文章解釋這些法案如何限制電腦使用和資訊取得。[36]這些教育性質的行動對增進大眾對數位世界正義要求的認識至為重要。

教育方面的努力往往完全合法，但正義義務並不排斥與教育公民有關的違法活動。因此，駭客行動主義者——塞利凱斯稱之為「數位大眾的先鋒」（the avant-garde of the digital publics）——在這方面訴諸有原則的抗命是可接受的，包括藉由數位侵權（digital trespass）和DDoS行動，在數位權利問題上表達抗議和教育大眾。[37]他們確實曾這麼做。史瓦茲從學術期刊在線系統JSTOR下載了數百萬篇學術文章，藉此譴責利用付費牆（paywall）限制公帑資助的學術研究成果流傳。駭客團體「匿名者」曾對倡導和仰賴嚴厲版權法的組織發動DDoS攻擊，包括針對美國電影協會（MPAA）。我們可以訴諸正義義務替史瓦茲和匿名者的行動辯護，即使這些行動可算是非文明抗命。[38]

在某些不義脈絡下，大眾欠缺和教育必須彌補的主要不是（或並非只是）資訊，而是同理想像。反移民政策涉及的不義可說就是這樣。我們或許可以合理地認為，有關移民如何破壞地方和國家社群的錯誤觀念，以及將移民和難民視為寄生蟲、罪犯和恐怖分子的負面刻板印象，使民眾無法想像移民的處境。這種認知問題使針對非公民的不義比較容易發生。有些人已挺身而出，揭露自己曾是無證移民，希望能使更多人了解移民的苦境和同情他們。例如曾榮獲普立茲獎的記者安東尼奧（Jose Antonio Vargas）就在《紐約時報》撰文講述自己的故事，寫出了他的慘痛經歷：「雖然我認為自己是美國人，認為美國是我的國家，但這個國家並不認為我是它的一分子。」[39]

---

36. Wikipedia contributors, "Protests against SOPA and PIPA," *Wikipedia, The Free Encyclopedia*, https://en.wikipedia.org/w/index.php?title=Protests_against_SOPA_and_PIPA&oldid=760306719（二〇一七年一月十二日查閱）.
37. Robin Celikates, "Digital Publics, Digital Contestations," in *Transformations of Democracy*, eds. R. Celikates, R. Kreide, and T. Wesche (Lanham, MD: Rowman and Littlefield, 2015), chap. 8.
38. 必須注意的是，史瓦茲的律師、麻省理工本身和傑出學者如雷席格（Lawrence Lessig）均表示，史瓦茲其實並未違反任何法律。例如參見Lawrence Lessig, "Aaron's Laws | Law and Justice in a Digital Age," public talk (2013), available at http://www.youtube.com/watch?v=9HAw1i4gOU4.
39. Jose Antonio Vargas, "My Life as an Undocumented Immigrant," *New York Times* online（二〇一一年六月二十二日）, http://www.nytimes.com/2011/06/26/magazine/my-life-as-an-undocumented-immigrant.html?ref=magazine.

與教育有關的最後一個例子，是我在討論不尊重的不義時談到的法國蔚藍海岸的「布基尼」禁令。雖然法國最高行政法院最終裁定這些市政府禁令違憲，但多數法國人支持這種禁令，並希望可以重新實施。從這種民意看來，抵抗這種禁令應該致力於闡明它們如何損害正義。這既需要資訊，也需要同理想像。穆斯林婦女對此有力地表達了抗議，解釋了為什麼她們選擇在海灘適度穿衣，並指出法律剝奪她們這種權利是不義的。[40]這個例子也顯示，教育大眾認識與法治有關的價值觀以及合法的必要條件十分重要，包括法律必須具有普遍性和適用性——布基尼禁令公然違反這兩點，例如該禁令在執行上並不禁止防晒衣（rash guards）和連體緊身衣（bodysuits）。

抗議

因為正義義務是約束自由與平等的道德行為者，它不能要求人們服從侵犯自己或其他人自由與平等地位的法律、政策、做法或制度——服從等同支持不尊重某些公民和違反民主平等，而這是正義義務禁止的。除了拒絕服從，我們還可以公開抗議不義，並尋求法律與結構改革。抗議和公民抗命往往是關鍵手段，可以用來表達對不公正法律的異議，表達對自身和他人尊嚴的尊重，譴責扭曲立法過程的不平等權力優勢，以及呼籲改革。因此，正義義務為抗議和有時以文明方式抗命的義務提供了理由，其基礎是這些行為傳播訊息的性質和促成改革的潛力（在下一章，我將提出一些社會科學證據，證明抗議和公民抗命行動有時可以有效地促成改革）。

馬丁・路德・金恩那種民權運動體現了堅守正義義務的決心，這不但支持該運動的制度改革要求，也證明它在制度嚴重違反民主平等的情況下，維護黑人的尊嚴是正確的。但我們來看當前一個比較有爭議的案例：反跨性別廁所法案。無論真正動機是什麼（檯面上的理由是保護女性和兒童的安全），這種法案不尊重跨性別和性別不一致（gender-nonconforming）的人，使他們更容易受針對跨性別和同性戀人士的暴力傷害。正義義務要求公民抗議這種法案，而事實上，如今已經有一場值得重視的運動譴責這種法律歧視某些人和滿懷恨意，並呼籲廢除這些法律。雖然順性別者（cisgender）很可能不假思索地遵守這種廁所法規，如果一場大型的運動敦促他們抗命，他們可能有義務這麼做。無論如何，在這個例子中，公開表達意見、連署請願、參與主題標籤表

40. 例如參見Carmen Fishwick, "Why We Wear the Burkini: Five Women on Dressing Modestly at the Beach," *The Guardian* (August 31, 2016); Margaux Mazellier, "Interdiction du burkini: paroles de musulmanes" RFI (二〇一六年八月十九日，最後修改於八月二十四日); Asma Fares, "Touche pas à mon burkini!" (二〇一六年八月五日), available at https://www.youtube.com/watch?v=lpjSZJDY8Pw (二〇一七年二月十三日查閱).

態行動（hashtag activism）和遊行示威，是公民履行正義義務可用的手段。

我們決定如何履行抵抗和抗議不義的義務時，應該考慮實證因素。就此而言，抵制行動應審慎評估。有些強大的公司如Google正抵制北卡州，拒絕在那裡開設商店或舉辦活動，藉此抗議該州通過規定人們只能按出生時的生理性別選擇廁所的ＨＢ２法案。除了直接的經濟影響，這種抵制行動可以吸引媒體注意，使更多人認識跨性別恐懼（transphobia），而且有譴責反跨性別法律的作用。但消費者抵制行動，也就是呼籲人們取消前往北卡州的行程和避免在當地消費，則可能比較無效。這種抵制對小企業有負面影響，包括影響性少數群體擁有的商店和對性少數群體友善的商店。這些負面影響看來與譴責ＨＢ２法案的目標沒什麼關係。就此而言，消費者抵制行動對實現正義的要求效果不佳，雖然它對改善社群的正義觀念可能有重要貢獻。[41] 這些不同的影響必須放在一起權衡，以便決定最佳行動方案。

暗中抗命

抗議是為了促成法律和結構改革，藉此糾正民主赤字和實現正義。但在正義尚未實現、不義的安排繼續傷害人之際，我們應該怎麼做？想想當年的奴隸制。在一些行動者終身致力於廢奴運動之際，無數非洲人後裔遭奴役、虐待、謀殺或被迫勞動至死。正義義務並非只要求我們反對和抗議奴隸制。在能力許可的情況下，我們有援救奴隸的道德義務，即使這意味著必須違抗惡法，例如《逃亡奴隸法》（Fugitive Slave Act）。當年在美國，許多主張廢奴的人明白這一點；他們協助黑人利用「地下鐵路」（Underground Railroad）逃往禁止蓄奴的北方各州和加拿大。大家應注意援救與抗議的差別：地下鐵路的目的是確保個別黑人獲得自由，不是廢除奴隸制。援救滿足了正義義務的一項非制度要求。它是暗中進行的，並非旨在傳播訊息，因此違反公民抗命要求行動公開的規範。

庇護運動則是當代的例子，同樣是藉由暗中進行的有原則抗命行動，滿足正義義務在制度之外的要求。這是美國一九八〇和一九九〇年代的一場大型政治與宗教運動，為逃避國內衝突的中美洲難民提供避難所，違反美國聯邦移民法。美國嚴格的移民政策使這些難民無法獲得庇護，庇護運動於是為這些難民提供住所、物資和法律意見。[42]因應全球難民危機，類似的庇護運動近年

41. 有關北卡洲Asheville小企業（包括性少數群體商店）受到的經濟影響，請參考https://www.washingtonpost.com/lifestyle/style/how-north-carolinas-idyllic-hipster-haven-is-being-hurt-by-the-bathroom-bill-boycott/2016/06/28/28fc707a-33d4-11e6-8758-d58e76e11b12_story.html.

42. 有關這場運動，參見Susan Bibler Coutin, *The Culture of Protest: Religious Activism and the U.S. Sanctuary Movement* (Boulder, CO: Westview Press, 1993).

在歐洲興起。例如在接近義大利邊境的魯瓦亞河畔布雷伊（Breil-sur-Roya），法國居民協助無證移民跨越國界進入法國，並為他們提供食物和住所。如本書第五章將指出，非法移民和逃亡奴隸受到的威脅，也要求我們履行撒瑪利亞人義務，對亟需救濟的人伸出援手。法國法院區分撒瑪利亞人援助和基於正義的行動主義，體諒前者但堅決禁止後者。艾胡二〇一六年八月因為協助一群厄利垂亞人進入法國而被捕，但迅速獲得釋放，因為法官裁定他的行為是出於人道主義理由。但他十月中因為在一個廢棄的度假營開設避難所而再度被捕，這一次檢察官堅持認為其行為應視為一種行動主義，而非出於人道主義的舉動。

正義義務至少禁止我們服從令我們成為不義行為者的法律。亞利桑那、阿拉巴馬和美國另一些州越來越重視徵召公民協助執行移民法，藉由立法要求公民監測和舉報非法移民（包括兒童），並禁止僱用、載送或協助非法移民。[43] 倘若如某些人所言，這些法律不公正，而且侵犯移民的權利，則服從這些法律的公民是參與了侵犯移民的權利。因為正義義務禁止我們參與侵犯人權，它禁止公民服從這種移民法，反而要求我們抗命。[44]

違反移民法是有原則的行為，但不是符合文明規範的行為。它必須暗中進行才可以成功。公然抗命無法保護非法移民免受被捕、拘留和驅逐出境等傷害。雖然這些有原則抗命者可以同時直言批判不義的移民法律，他們暗中抗命，而且首要目標不是要譴責那些法律（這種傳播訊息的目的要靠公開行動才可以達成）。他們違抗法律是因為他們希望照顧弱勢者的需求，同時表達對這些弱勢者的尊嚴和自由之尊重（法律剝奪了這些人平等的道德地位）。這是正義義務所要求的，而該義務要求我們必要時訴諸非文明抗命，藉此阻止不尊重某些公民和針對非公民的不義。

自警行為

面對官員瀆職時，例如在不尊重某些公民和針對非公民不義那種脈絡下，抗議和公民抗命可能是促成改革的有效手段。而為了阻止不義繼續發生，某些形式的非文明抗命（包括暗中進行的

---

43. 特別值得注意的是亞利桑那州的SB 1070 (2010) 和阿拉巴馬州的HB 56 (AL Act 2011-535)。美國司法部和包括美國公民自由聯盟（American Civil Liberties Union）在內的多個組織，在法律上成功地挑戰了這些法律最有害的條款，例如將協助、照顧或租地方給無證人士變成刑事罪行的條款。但是，這些法律仍然存在，關鍵條款依然有效。例如要求出示證件的條款就將未攜帶證明文件變成罪行，並強制要求執法人員查問懷疑非法入境者的身分狀態，而且容許在沒有逮捕令的情況下逮捕疑似非法移民。HB 56甚至有條款賦予公民控告逃避執法職責的個別執法人員。

44. Javier Hidalgo最近提出了這種論點，雖然並未訴諸正義義務。他對我在這問題上的想法有很大的影響。Javier S. Hidalgo, "The Duty to Disobey Immigration Law," *Moral Philosophy & Politics* 3, 2 (2016): 165-186.

抗命）可能是恰當的。在某些官員瀆職的脈絡下，自警行為（vigilantism）是正義義務可以證成的非文明抗命類型之一。所謂自警行為，是指非國家行為者使用武力或威脅使用武力，藉此控制（防止和／或懲罰）被視為犯罪或不道德的行為。自警行為者篡奪執法職能。他們錯誤地握住懲罰他人的自然權利不放——洛克（John Locke）堅持認為，人一旦進入文明社會，就必須放棄此一權利，將它交給國家。自警行為者因此錯誤地侵犯了國家對暴力的壟斷，自警行為的顛覆性因此特別強。

多數自警行為是不正當的。三K黨的自警行為就極其不道德。他們以不正當的手段（謀殺、酷刑和恐怖行為）追求不正當的目的（維持白人的權力）。一群自稱「死亡天使」的黑人穆斯林一九七〇年代在加州舊金山的自警殺人行為，也是無法辯解的。他們謀殺了至少十五人（實際遇害者可能接近一百人），只是因為那些人是白人。[45]但在官員嚴重瀆職的脈絡下，因為國家動用武力對付部分民眾，同時未能保護他們免受另一些民眾的致命武力傷害，一些自警群體的行為可說是正當的——「防衛與正義之師」就是一個例子，它挺身而出，保護美國黑人免受種族隔離制度下的白人至上主義暴力傷害。[46]該團體的成員行使他們自衛和保護他人的基本權利。在一九六〇年代，「防衛與正義之師」曾擴張至數百人之眾，在美國南部有二十一個分會。他們保護種族平等大會的成員、前往登記為選民的黑人，以及民權組織的白人和黑人員工。他們也為金恩在美國各地的演講活動提供保安服務。

麥爾坎．X（Malcolm X）替自警行為辯護，認為這是在當局未能保護黑人的情況下，一種正當的自衛力量：

> 在政府已證明它不願意或沒能力保護黑人的生命和財產的地方，黑人是時候保護自己了……如果白人不想黑人買步槍和霰彈槍，那就讓政府盡其職責吧。[47]

因此，如果制度出現根深柢固的效率不彰問題，以致某些人容易受到嚴重傷害，有組織地使用自衛武力的自警行為就可能是正當的，只要它是合理地使用武力自衛或保護他人——美國種族

---

45. 參見Prentice Earl Sanders and Ben Cohen, *The Zebra Murders: A Season of Killing, Racial Madness and Civil Rights* (New York: Arcade Publishing, 2011).

46. 有關那場運動，請參見Lance Hill, The Deacons for Defense: Armed Resistance and the Civil Rights Movement (Chapel Hill: University of North Carolina Press, 2006).

47. 麥爾坎．X於一九六四年四月三日在俄亥俄州克里夫蘭市柯瑞衛理公會教堂發表題為「選票或子彈」（The Ballot or the Bullet）的演講。麥爾坎．X此處論點有一部分也是用來捍衛黑人在《美國憲法第二修正案》下取得槍械的權利。

隔離制度下的「防衛與正義之師」和黑豹黨，以及一九七〇年代舊金山的薰衣草黑豹就是例子。自警行為者造成的傷害，必須是對迫在眉睫的威脅合乎比例（必要和適當）的反應。打傷或殺死一名準備行私刑的三K黨徒是正當的（在那種情況下，逃走和報警並不恰當）；拿著武器遊行，公開展現以暴力回應暴力的意志和能力，也可能是正當的；但我們不可以先發制人、不分青紅皂白或因應未來可能出現的威脅而使用致命武力。我們也不可以在受到攻擊之後，以致命武力報復他人。

自警行為往往與報復或復仇有關：蝙蝠俠不但保護無辜者免受罪犯傷害，還以懲惡和嚇阻惡行的名義懲罰罪犯。三K黨徒宣稱，他們行私刑殺死黑人，是懲罰他們犯罪（這是捏造的藉口）。昆汀・塔倫提諾（Quentin Tarantino）的復仇三部曲——二〇〇九年的《惡棍特工》（*Inglorious Basterds*）、二〇一二年的《決殺令》（*Django Unchained*）、二〇一五年的《八惡人》（*The Hateful Eight*）——講述復仇性質的自警使命，復仇目標是虐待狂惡棍——分別為納粹官員、奴隸主和南方聯盟的將領。正義義務並不支持自警行為者使用致命武力作為懲罰或復仇手段。但我們來想想**數位自警**行為。在「報復行動」（Operation: Payback）中，駭客團體「匿名者」針對他們認為妨礙數位權利的多個組織，發動了一系列的DDoS攻擊，藉此提醒公眾注意對線上資訊自由流通的一些不公正限制。

作為提醒大眾注意相關問題的抗議行動，這項行動可以靠正義義務證成。但是，參與行動的駭客行動主義者希望令支持嚴厲版權法和反盜版的組織遭受嚴重的經濟損失，藉此報復BT網站（torrent sites）之前受到的網路攻擊。英國唱片業協會（BPI）、國際唱片業協會（IFPI）和英國娛樂集團Ministry of Sound估計，「報復行動」對它們造成的財務損失總計三萬三千英鎊。[48]正義義務能否證成這項行動，取決於行動的目標是否正當（以抗議為目標是正當的，以懲罰為目標則不正當）和手段是否合理。具體而言，我們必須審視行動造成的損失：那些公司是否高估了這次攻擊造成的財務損失？它們是否不公平地將間接費用（例如更新保安系統的相關費用）計入其中？行動造成的損失是否合理——受攻擊者可以輕鬆吸收，但又足以引起公眾注意？這三個問題的答案都必須是肯定的，「報復行動」才可說是正當的——簡而言之，要得出答案必須澈底審視具體情況，而我不想在這裡做這件事。

---

48. 其中一名參與者在網路聊天中誇口：「我們很可能令萬事達卡損失了約一百萬英鎊。」PayPal宣稱這次攻擊令該公司損失三百五十萬英鎊。Ministry of Sound估計，他們經營的四個網站損失九千英鎊，IFPI估計損失超過兩萬英鎊，而BPI估計損失超過四千英鎊。萬事達卡和Visa並沒揭露它們的財務損失。Lauren Turner, "Anonymous Hackers Jailed for DDoS Attacks on Visa, MasterCard, and Paypal," The Independent (二〇一三年一月二十四日), http://www.independent.co.uk/news/uk/crime/anonymous-hackers-jailed-for-ddos-attacks-on-visa- mastercard-and-paypal-8465791.html.

不過，正義義務不能支持「佛格森行動」（Operation Ferguson）。在這次行動中，「匿名者」發出威脅，然後駭入聖路易警局，公布了他們誤以為在二〇一四年八月槍殺麥克·布朗（Michael Brown）的警員的身分。他們使那名無辜的警員及其家人遭受死亡威脅，可能被暴民傷害——這是「匿名者」盜取和公布個人保密資料可預期但不可接受的結果，而即使他們公布的正是他們想針對的警員的資料，這麼做也是不對的。即使那個人犯了罪，令他的家人受到那麼嚴重的傷害威脅，仍是無法以正義義務辯解的。

針對政府的爆料

在公眾無知的情況下，也就是政府刻意隱瞞，以致公眾無法了解官員瀆職問題或他們理應了解的特定施政計畫或政策，正義義務使了解情況或參與其事的人肩負特殊義務。公眾無知嚴重阻礙民主審議。如果你掌握政府不當隱瞞的資料，你應該將這些資料公諸於眾。有條件診斷公眾無知及其不義的人，通常（但未必）是因為專業或公務資格，參與了政府隱瞞公眾的事。

根據許多職業的倫理規範（尤其是公務員的倫理規範），舉報所屬組織裡的罪行和貪腐行為，已經是雇員的一項責任。但我希望提出這個比較強烈的主張：如果政府隱瞞的資料攸關公共利益，而且官員制止知情者藉由既定管道揭弊，知情者或許有道德義務擅自將相關資料公諸於眾，不惜違法揭弊，而這種義務源自正義義務。

譴責和舉報貪腐及其他惡行，對促進公正的民主制度確實非常重要，因為公開譴責對我們重視的幾個目的有幫助，包括改善社會大眾的正義觀念和對民主平等的理解、表達抗議，以及藉由暴露惡行終止不義。因此，正義義務可以支持在公眾無知的情況下爆料揭弊的特殊義務，即使這涉及違法洩露國家機密。史諾登洩密使公眾了解政府監控如何侵犯人民的數位權利，巴拿馬文件和天堂文件則暴露了有錢人系統性逃稅和政客利益衝突的問題。針對政府的爆料可以糾正公共領域顯著的認知缺陷，從而促成民主審議需要的環境。它也可以藉由終止或減少所暴露的惡行糾正不義。因為這些作用，針對政府的爆料可以特別有效地處理（以公眾無知的形式呈現出來的）民主赤字，並（在國家藉由保密掩蓋自身惡行時）促進正義和法治。針對政府的爆料者因此可以訴諸正義義務以證成其行為。

當然，針對政府的爆料必須具有充分的理由，才是我們必須做的，而且手段必須適度節制：爆料者必須是希望揭露嚴重的政府惡行，或公眾必須了解和審議的政府計畫或政策；爆料者必須先嘗試藉由合法的內部管道揭露相關資訊；他們必須審慎行事，採取必要的預防措施，儘可能減少爆料可能造成的傷害，包括慎選接收機密資料的人或機構，以及對公布的資料做必要的編輯。爆料者洩密成功對抗公眾無知問題、適度節制、看來履行了正義義務的案例包括艾斯柏格洩露五角大廈文件給《紐約時報》，揭露了美國在越南的戰爭罪行和政府欺騙本國民眾；「調查ＦＢＩ

公民委員會」揭露美國聯邦調查局監控、滲透和破壞國內異見組織的「反情報計畫」；以及史諾登針對美國國家安全局的爆料。曼寧洩露的伊拉克和阿富汗戰爭紀錄雖然暴露了戰爭罪行（公眾顯然對此無知），維基解密決定在未經編輯的情況下公布這些機密文件，可說是損害了曼寧此次爆料的正當性。

艾斯柏格和史諾登常被稱讚為公民抗命者。將針對政府的爆料視為公民抗命，正確地看到了抗命者基於原則的動機和溝通意圖：一如公民抗命者，爆料者希望向公眾傳播訊息。但是，將針對政府的爆料視為一種公民抗命是錯誤的。[49] 爆料者擅自暗中取得機密文件。他們往往匿名揭露他們取得的資料，雖然一些爆料者（例如史諾登）特地挺身而出，宣傳他們的發現。許多爆料者試圖逃避懲罰。針對政府的爆料者為了挑戰國家的保密作業，越過了國家機密的界線。擅自洩密不但挑戰政府對公眾隱瞞某些資訊的決定，還單方面推翻了這些決定。公民抗命者就做不到這一點：他們違法挑戰不公正的法律，但未能推翻那些法律。

反對意見

我已指出，正義義務並非只是要求我們服從公正民主制度產生的結果，它還要求我們肩負抵抗不義的義務，在法律違反正義或損害民主平等時，以文明和可能不文明的手段抗命。

我的論點引出了兩組反對意見。首先，可能有人認為，基於正義義務的政治義務太苛求、難以滿足和通常不可取。普通人可能誤解正義的要求，我們真的希望他們承擔這種義務嗎？也可能有人認為在基本正當的社會裡，我們在道德上必須承擔的僅限於合法的抗議，在極端情況下也只需要訴諸公民抗命。也就是說，我在前面捍衛的那些非文明的有原則抗命，不應該成為我們必須承擔的道德義務。

苛求、困難和不可取

我承認，基於正義義務的政治義務本質上是苛求的，履行這些義務因此相當困難。事實上，想想我們為了履行這些義務可能必須做的事，就足以令人畏懼，尤其是正義義務可能要求我們做

49. 我在以下文章中闡述了針對政府的爆料理論上可能不當之處，以及哪些條件可以證成這種行為：Candice Delmas, "The Ethics of Government Whistleblowing," *Social Theory and Practice* 41, 1 (2015): 77-105.

違法的事。對普通公民要求這麼多是否不切實際？更糟的是，正義義務的確切要求可能不容易釐清。羅爾斯對正義義務有所限制，認為我們僅在「自己只需要付出很小代價」的情況下必須履行這種義務。但採取行動必須付出時間和精力，有時還需要做出重大犧牲。而雖然守法的義務相對簡單（法律本身通常清楚說明了我們有哪些義務），抵抗不義的政治義務則可能造成沉重的負擔。為了履行這些義務，我們必須評估法律的道德得失（moral merits）、法律對人們地位的影響，以及法律制度的健全性，然後在多種抵抗方法中做出選擇。

每一個步驟都可能出問題。無論是評估法律的道德得失、其影響、這些影響如何不義，以及我們可以做出哪些適當的反應，我們都可能出錯。我們也可能未能察覺到不義。我們的錯誤可能反映我們有關正義的錯誤信念。但即使我們對情況如何不義理解正確，我們的解決方案也可能是錯誤的。簡而言之，行動者必須明智和正直，才可以在面對不義時履行政治義務，而守法的道德義務則應該是所有人都可以履行的。因為普通人很容易做出錯誤的判斷，結果好心做壞事，或許他們不應該自行評斷現實中是否出現了不義和應該如何因應。

這些反對意見也適用於本書所捍衛的、基於其他規範原則的政治義務，對本書的論述似乎造成重大打擊。本書第七章會處理這些問題，但我在這裡先簡單回應。

首先，面對不義時的政治義務是否太苛求？我們的時間、認知和財務資源確實都是有限的，而且我們可能有許多其他有價值的目標要追求。但這只是意味著我們不能投入自己的所有資源在為了正義和民主的鬥爭上。這並不意味著我們可以什麼事都不做、什麼政治義務都不理，並以這些義務太苛求作為藉口。守法義務也對公民造成繁重的負擔，包括納稅、擔任陪審員，以及在國家徵召時入伍服役。面對不義時的政治義務沒有理由不可以對公民有同樣高的要求。而一如我們可以合理地指責拒絕承受守法負擔的人（在道德義務要求他們守法的時候），我們也可以合理地指責拒絕承受抵抗不義負擔的人。

第二，這些政治義務（和衍生出它們的正義義務）可以指導行動嗎？應該指導行動嗎？在某些條件成立的情況下，答案是肯定的。行動者必須先察覺到不義，然後才有可能正確評估情況和採取行動。這假定他們資訊靈通、智力不錯，而且有一定的道德水準。在第七章，我提議以兩項額外的責任補充有關面對不義時的政治義務之論述：一是以負責任的方式形成個人的信念，並展現保持警惕的公民美德；二是與其他人對話，培養開明的公民美德。但這並不意味著我們可以什麼都不做，直到支持我們履行政治義務的所有條件均已具備。特別值得注意的是，如果你有能力協助改善其他人的正義觀念和評估不義的能力，你就肩負教育其他人和幫助他們了解情況的重大責任。

我也想強調，我並不支持以下觀點：所有公民都應該試著自行評估，然後決定正義義務（或其他重要的規範原則）要求他們在面對不義時做什麼。我想講的是：在像我們這樣的國家，假定正義義務僅要求我們守法是不對的。正義義務其實要求我們抵抗不義，以尊重人們的權利和提高制度的民主程度。滿足正義義務的這些要求無疑是複雜和困難的，但這並不意味著我們不必試著去做。

反對非文明抗命

有些人可能認為，以合法抗議和公民抗命行動促進正義和民主平等並無問題，但非文明抗命可能破壞社會穩定。他們認為暗中抗命可能使公民對違法習以為常，因此破壞法治。自警行為則篡奪國家最重要的其中一項特權：國家對暴力的壟斷（只有國家才可以使用或威脅使用暴力以保護人民）。針對政府的爆料可能危及國家安全。這些行動全都可能展現對民主制度的不尊重，很可能令多數人害怕和反感、侵蝕公民紐帶，並危及未來的社會合作。因此，我們必須審慎思考這問題：我們真的可以藉由非文明抗命履行支持公正制度的義務嗎？

但如我在上一章指出，非文明抗命未必損害民主權威，也未必表現出對民主權威的藐視。在國家縱容的暴力氾濫的情況下，正當的自警行為作為一種自衛行動，肯定了受攻擊者完整和平等的地位，從而促進民主平等。但是，我們不擔心暗中抗命使人們對非法行為習以為常，進而衍生完全不合理的無原則犯罪行為，以致我們違背正義義務嗎？這是個實證問題，而目前沒有證據支持這種恐懼。想想政府禁毒和禁酒的政策，這是民眾常暗中抗命的。一九一九至一九三三年間，美國人慣常地違反政府的禁酒令，但並沒有忽然變得喜歡犯罪。如今在美國和許多其他國家，許多人暗中違反禁用大麻的法律，但對民眾抗命沒有進一步的影響。禁毒確實滋生嚴重的不法行為，但這是因為禁毒助長黑市和有組織犯罪，不是因為抗命行為蔓延。

史諾登的批評者因為注意到他逃避懲罰，懷疑他對美國不忠，並否定他洩密是出於尊重法治與民主權威。[50]但這種譴責經不起推敲。史諾登選擇公開自己的身分，並未聽從記者的建議保持匿名以免受罰。自從挺身而出之後，他一直堅持仗義執言，倡導線上自由和隱私，展現他維護公共利益的真誠決心。他致力於強調民主理想對線上治理的重要性，藉此強化民主理想。不是每一名爆料者都像史諾登那麼有良心，但他的例子證明爆料揭弊並非必然不尊重民主制度、令公眾反感或破壞公民社會和諧。總而言之，我們不能低估有原則的抗命對履行正義義務的重要性。

50. 希拉蕊．柯林頓和許多其他政界人士與評論者均暗示史諾登對美國不忠。參見https://www.theatlantic.com/politics/archive/2014/04/hillary-clinton-edward-snowdens-leaks-helped-terrorists/455586/. 在其著作*How America Lost Its Secrets: Edward Snowden, the Man and the Theft* (New York: Alfred A. Knopf, 2017) 中，美國調查報導記者Edward Jay Epstein闡述了他為何認為史諾登是俄羅斯間諜。

跨國義務

本章集中探討在不完美的正當民主國家，正義義務如何影響我們的政治義務；在這種國家，替有原則的抗命辯護比較困難。但除此之外，我們也應該深思不正當國家公民的政治義務。在這種國家，公民的核心政治義務是抵抗不正當的權力（無論其背後是專制還是殖民政府），並建立一個以自決（self-determination）為基礎的政府取代原本的不正當政府。履行此一義務通常涉及群眾鬥爭和內部協調。但外部力量，包括正當國家的公民，可以施予援手。他們有義務這麼做嗎？

根據羅爾斯的論述，正義義務要求我們在沒有公正制度的地方協助建立這種制度。布坎南（Allen Buchanan）則主張「堅強的正義自然義務」（robust natural duty of justice），認為這種義務延伸至所有地方。[51] 根據這種義務論，生活在公正制度下的人必須幫助受制於不公正制度的人，無論後者在哪裡。我想提出三個主要的行動場域。

第一個是最重要的超國家（supranational）場域：國際組織如聯合國可以發揮關鍵作用，幫助受戰火蹂躪的國家和開發中國家結束衝突，建立可以順暢運作的制度。協助的方法包括人道主義干預、財政援助、諮詢、選舉監督，以及根據國際法進行刑事起訴。

第二，個別國家可以在國際人道努力中發揮自己的作用。無論是好是壞，美國正在國際間應用該國一九七七年的反賄賂法律《海外反腐敗法》（FCPA），藉此領導打擊跨國貪腐的努力。[52]如果我們認同貪腐損害法律制度的健全性，因此間接侵犯人們的尊嚴和關鍵利益，我們或許就可以合理地說：美國正在履行它支持世界各地公正制度的義務。[53]

第三，正義義務也可能要求個人協助在其他國家建立公正的制度。核心的跨國政治義務之一，是表達與其他國家從事民主運動者團結之意，並儘可能支援他們的民主運動。表達團結的例子包括示威抗議全球勞動方面的不義，以及消費者抵制其他國家走卑劣路線的廠商。財政和技術援助也可以幫助不正當國家的行動者和造反者從事爭取自由的鬥爭。例如駭客行動主義團體

---

51. 事實上，布坎南甚至說明了一件事：促進正義事業不必優先考慮國內法律。Allen Buchanan, *Justice, Legitimacy, and Self-Determination: Moral Foundations for International Law* (Oxford: Oxford University Press, 2004), 85-98.
52. 例如參見Kevin Davis and Stephen Choi, "Foreign Affairs and Enforcement of the Foreign Corrupt Practices Act," *Journal of Empirical Legal Studies* 11, 3 (2014) 409-445。
53. Jeremy Waldron, in conversation with Kevin Davis, New York University Colloquium in Social, Legal, and Political Philosophy, October 8, 2016.

Telecomix就為世界各地的民主運動團體提供「數位照護套裝」（Digital Care Packages），內含反審查、反監控和網路備分軟體。Telecomix最近找出了敘利亞網路和伺服器中的監控設備，建立了一些加密線路，協助當地的行動者防止線上活動遭監控。

人為什麼應該守法？正義義務的擁護者認為，公民必須守法，國家才可以有效地維持和平和保護人民的權利，而正義義務在道德上要求公民服從民主決策程序的結果。但如我們所見，正義義務也可以支持抵抗不義的政治義務，包括採用制度和非制度手段，無論不義發生在國內還是國外。即使在正當的民主國家，正義義務也不能要求人們服從不義的法律，因為服從這種法律等同支持否定某些公民自由和平等的地位，或支持腐敗的制度。正義義務要求我們抵抗不義、改善制度和阻止惡行；正義義務支持我們在這個過程從事有原則的抗命。因為我們的政體不完美，守法既非我們唯一的政治義務，也未必是我們最重要的政治義務。

在有關政治義務的標準論述中，正義的自然義務是政治義務極為重要的理據來源。因此，我們重新檢視這種標準論述時，正義義務是我們著眼的首要理據。但我們也可以訴諸其他理據。在下一章，我們來看公平。一如正義義務，公平競爭的義務也常被用來支持守法的政治義務。但出現系統性不義時，公平義務同樣可能要求我們承擔抵抗的義務。

Chapter 4
Fairness

第四章
公平

想像一下，你是一九五〇年代美國種族隔離制度下密西西比州的一名男性成年白人。你在那裡可說是根基深厚，而種族隔離制度對你來說是天經地義。你認為自己是愛國者，並相信自己在道德上有義務尊重國家並遵守其法律。大家都說你是個好人：你為人慷慨仁慈，深受家人和朋友愛戴，在社區裡受人尊敬。儘管如此，你是一個極其不義的制度的一部分，這個制度殘酷對待和歧視黑人。

你每天都以無數的方式受惠於歧視的制度，並目擊其不義。你搭車上班時，舒服地坐在公車前面部分的座位，黑人乘客則擠在後面。你的工作有趣又賺錢，而約一半的密西西比人沒有資格申請或不可能得到這種工作。無論你去哪裡，你都可以比黑人優先獲得服務，即使黑人比你先到。你總是得到尊重並被稱為「先生」（sir），而與你同齡的男性黑人則被稱為「男子」（boy）。你的孩子上很好的公立學校，可以使用很好的公共圖書館，夏天可以去寬敞乾淨的游泳池玩耍，去電影院坐什麼位置都可以。你清楚知道黑人的小孩上資金不足的學校，可以去的圖書館、游泳池和電影院都相當有限。

在這種極其不公平的環境下，你有什麼義務？哈特（H. L. A. Hart）、克洛斯科（George Klosko）、早期的羅爾斯等學者以公平原則作為社會合作方案中守法道德義務的基礎。[1]我將說明在不理想的情況下，例如在種族隔離制度下，公平原則對我們另有要求。對我們假想的密西西比人和處境相似的其他人來說，公平原則衍生抵抗不義的政治義務，即使為此必須藐視法律。

視脈絡而定，公平原則對我們的要求各有不同：公平的法官以相似的方式處理相似的案件；公平分享成果時，平等的夥伴應該獲得平等的報酬。公平原則應用在互利合作方案上，例如工會、鄰里協會（neighborhood associations）和國家，就產生了公平處事的義務，而這義務要求我們奉行相互原則。合作往往涉及遵循同一套規則，而經由合作，參與者公平地分攤與產生利益有關的負擔。公平處事的義務（或公平原則——我交替使用這兩個詞）禁止搭便車（free-riding）這種不公平的行為；所謂搭便車，就是利用別人為了所有人的利益而願意遵守規則這一點，占別人的便宜。公平原則要求我們警惕合作方案的參與者不遵守規則，因為搭便車可能影響利益之供

---

1. H. L. A. Hart, "Are There Any Natural Rights?," *Philosophical Review* 64, 2 (1955): 175-191; George Klosko, *The Principle of Fairness and Political Obligation* (Lanham, MD: Rowman and Littlefield, 1992); and John Rawls, "Legal Obligation and the Duty of Fair Play," in *John Rawls: Collected Papers*, ed. Samuel Freeman (Cambridge, MA: Harvard University Press, 2001): 117-129. 以公平原則替政治義務辯護的陳述，也出現在以下文章中：Garrett Cullity, "Moral Free Riding," *Philosophy and Public Affairs* 24, 1 (1995): 3-34; Richard Dagger, "Membership, Fair Play and Political Obligation," *Political Studies* 48, 1 (2000): 104-117; Norman Davis, "Nozick's Argument for the Legitimacy of the Welfare State," *Ethics* 97, 3 (1987): 576-594; David Lefkowitz, "The Nature of Fairness and Political Obligation: A Response to Carr," *Social Theory and Practice* 30, 1 (2004): 1-31; and Massimo Renzo, "Fairness, Self-Deception and Political Obligation," *Philosophical Studies* 169, 3 (2013): 467-488.

給和加重其他參與者的負擔。想像一下：沉船之後一些水手上了救生艇，必須划艇到岸邊，此時艇上只要有人搭便車不出力，其他水手的負擔就會加重。但即使部分參與者不遵守規則既不影響整體利益，也不會導致其他參與者必須承受更重的負擔，公平處事義務照理說仍約束我們。例如搭捷運的人跳過驗票閘門以逃票，只要這種搭便車行為相對罕見，其他乘客其實不受影響。

公平處事與不義

支持守法義務的公平原則論

政治義務的公平原則論者視良好（近乎公正、正當的）社會的公民為一個互利合作方案的參與者。社會提供穩定、和平、權利保障、安全的道路、乾淨的飲水、軍事保護和其他公共財（集體生產出來、所有人都可以用的東西），但這一切有賴守法的公民夠多——他們誠實納稅，避免犯罪，目擊犯罪願意作證，遵守交通規則，擔任陪審員，在選舉中投票，在軍隊裡服役，諸如此類（具體的義務內容因國家而異，我們不必為此費心）。因為（和只要）政治權威產生的好處是不可或缺的公共財、其代價合理而且由所有人公平分擔，人人都有道德義務盡其本分維持國家有效運作。這種道德義務是我們對其他公民的義務，不是對自己、國家或其他實體的義務，而履行義務的方式是守法。

這種政治義務論有其批評者，他們認為人必須先成為一個合作方案自願、知情和公認的參與者，才負有公平分擔合作代價的義務。這些批評者指出，公民一般不符合這個條件，除非他們像歸化的公民或國家官員那樣宣誓忠於國家。這種「自願論」批評是哲學無政府主義者諾齊克（Robert Nozick）和西蒙斯等人提出的，他們認為參與合作方案需要當事人同意；只有這樣，個人才負有公平處事的義務。此外，因為公民無法拒絕國家提供的某些好處（即使他們想拒絕也沒辦法），他們接受這些好處並不意味著他們同意參與合作方案。這就是自願論者針對公平原則的「非自願論者」如克洛斯科的反對意見。

理論家對公平處事義務在不公正社會的涵義也有不同看法。一些理論家（通常是非自願論者如羅爾斯和克洛斯科）認為，在充斥著嚴重不義的社會裡，公民不可以受守法義務約束，即使這種社會仍提供一些重要的公共財如安全和秩序。我同意這種我稱為「析取觀點」（the disjunctive view）的看法，但不同意因此衍生、人們廣為接受的以下觀點：不公正社會的公民免受任何基於公平原則的政治義務約束。另一些理論家，包括自願論者和非自願論者，則堅持認為即使合作方案不公正，其參與者可能仍負有公平處事的義務——如果他們同意參與方案（這是西蒙斯的看法）或從中得到好處（這是高力逖〔Garrett Cullity〕的看法）。我將這種看法稱為「統一觀點」（the unified view）。

這些觀點每一個都可以找到不同的、看似合理的直覺支持：析取觀點的支持者（簡稱「析取論者」）強調，人不可能有道德義務去做壞事；統一觀點的支持者（「統一論者」）則堅持認為盜賊之間也有榮譽這種東西，而任何人只要自願參與某個互利方案與其他人合作，就負有盡其本分的公平處事義務，即使那個方案是不道德的。不過，統一論者也指出，這種公平處事義務是脆弱的，往往（或總是）被與之衝突的道德考量蓋過。針對析取論者，我希望說明這一點：公平原則要求我們抵抗不義的方案，即使我們受惠於該方案（事實上，如果我們受惠於該方案，我們更應該抵抗它）。針對統一論者，我將指出，公平原則產生抵抗和改革不義方案的義務，即使我們已同意參與這種方案並與其他參與者合作。

不義

兩種不義的社會合作方案對理解公平原則如何影響抵抗義務相當重要，它們是**剝削和有害的方案**。剝削方案以有系統地令人反感的方式分配負擔和利益：一群人付出特別多，而他們辛苦勞動的成果無論如何還是流向另一群人。艾莉斯·楊視剝削為一組本質上不正當的結構，它使一個社會群體的勞動成果持續被拿來嘉惠另一個群體。[2] 根據馬克思的分析，資本主義經濟就是一個典型的例子：資產階級擁有生產工具，剝削必須出賣勞力才能生存的勞工。

有害的社會協調方案在其參與者之間公平地分配負擔和利益，同時強加負外部性或傷害在非參與者身上。在此我特別關心的是壓迫的傷害。根據艾莉斯．楊的分析，它們包括邊緣化（基本上就是社會排斥）、無能化（抑制個人自主能力的發展）、文化帝國主義（將優勢群體的經驗和文化普遍化），以及暴力（如果因為某些人屬於某個群體就對他們施加暴力，暴力就是系統性和制度化的）。殖民統治是有害社會方案的一個有力案例：殖民者將無能化、邊緣化、文化帝國主義、暴力和剝削手段，施加在被殖民者身上。順性別異性戀偏見是另一個例子。雖然通常沒有殖民主義那麼致命，異性戀主義往往也涉及這裡所講的四種壓迫傷害：藉由排斥性少數群體將他們邊緣化；藉由限制發展機會將性少數群體無能化；藉由將順性別異性戀經驗普遍化，實踐文化帝國主義；以及動用暴力手段，包括性侵害。

雖然區分剝削與傷害有助於突顯社會方案的某些問題，這兩種形式的壓迫其實頗大程度上是重疊的。例如受剝削的群體往往同時遭歧視、無能為力，而且容易受暴力傷害。根據我在此處的

2. Young, *Justice and the Politics of Difference*, 49.

設想，某種社會安排是屬於剝削還是有害的類型，有一部分取決於我們如何決定一個人是否為這種安排的參與者。因此，我們或許可以說資本主義經濟中的勞工是一種剝削方案的參與者，只要他們自己同意而非被迫替其雇主工作；我們也可以說他們是一種有害方案的受害者，如果他們為求生存被迫出賣勞力的話。[3]

但我並不是想說，社會方案的成員資格僅取決於其描述。一個人身分如何，大有可能顯而易見。例如人口販運的受害者就是受害者，不是人口販運集團的成員或參與者。庫德（Ann Cudd）認為在西方的勞動市場，決定退出勞動市場的女性（就她們的家庭而言，這是出於理性的理由），是性別主義剝削方案的自願參與者，而她們的抉擇使女性受壓迫的情況一直延續下去。[4] 因為我們在這裡著眼的協調方案涉及社會群體，這些群體一些個別成員或許可恰當地稱為自願和知情的參與者，而另一些成員則不是。我想指出的是：在這個框架裡，剝削與傷害之間「多孔的」界線不是一種缺陷，而是可取的。

在美國南方一八八〇至一九七〇年代盛行的種族隔離制度下，白人是受益者，黑人則遭受系統性壓迫。這種制度既是剝削的，也是有害的。為什麼兩者皆是？種族隔離制度是剝削的，因為它在白人與黑人之間不公正地分配負擔和利益。它是有害的，因為如果我們將該方案的成員限定為白人，則它使非成員（黑人）遭受宰制、羞辱、物化和暴力傷害。該方案因為界定成員的兩種方式而呈現的兩個面向，與道爾（Robert Dahl）認為種族隔離制度是一種「雙重系統」（dual system）的觀點契合；在這個雙重系統中，白人成員以公平的條件合作（該方案因此是內部公平的，但也是有害的），黑人非成員則被迫屈從於不公平的條件（該方案因此是剝削的，換個角度則是內部不公平的）。[5] 種族隔離制度因此使我們得以分析一種狀況下的兩種不公平。

搭便車

搭便車者選擇收取或接受一些有價值的東西，但不承擔生產這些東西的代價。搭便車的例子包括雙手空空去參加每人帶一道菜的聚餐，開車上公車專用車道以避開塞車，以及經常收聽公共電臺節目但從不捐助。（我們必須補充一些細節以說明搭便車問題，例如參加聚餐的那個人其實

3. 有關這種雙重面向的分析，參見G. A. Cohen, "The Structure of Proletarian Unfreedom," *Philosophy and Public Affairs* 12, 1 (1983): 3-33.
4. Ann E. Cudd, "Wanting Freedom," *Journal of Social Philosophy* 43, 4 (2012): 367-385.
5. Robert Dahl, *Polyarchy* (New Haven, CT: Yale University Press, 1971), 28-29, 93-94.

有能力做出貢獻，但選擇什麼都不做；開車上公車專用車道的人並非面臨足以支持他這麼做的緊急情況；經常收聽公共電臺節目的人有能力捐助他喜歡的節目。）

搭便車一般被認為是不對的。搭便車者得到利益，是仰賴其他人願意配合做出貢獻的要求，而這種要求是搭便車者不願意配合的。如高力逖觀察到：「如果一個人從某個方案中得到淨利益，而這有賴其他人滿足該方案的要求，但他自己卻不準備滿足這種要求，那是不公平的。」[6]這種不公平源自給予自己「令人反感的優待」——將自己的利益置於他人之上，使自己成為例外。[7]這是一種錯誤的（「反向」）歧視——犧牲其他人的利益以占得一種任意和不正當的優勢。

搭便車被視為是錯誤的，還因為它是一種剝削。[8]有關剝削，理論家有許多論述，而不是所有論述都認為剝削本質上不正當：有些論述認為剝削如果是強制的、有辱人格或未能保護弱勢者，那就是不對的。梅耶（Robert Mayer）認為剝削是不公平地占別人便宜，犧牲別人以獲取利益。[9]犧牲別人以獲取利益並非總是錯誤的（例如運動員就是利用對手的弱點贏得比賽），但剝削、盜竊和欺騙，都是以不正當的手段獲取利益。

我認為高力逖的論述優於梅耶的論述，原因有兩個。其一是並非所有形式的搭便車都必定是剝削的；也就是說，搭便車不一定是以不正當的手段**犧牲他人**以獲取利益。在許多情況下，搭便車的行為是其他人沒注意到的，並不影響他們的負擔（例如我從公車後門上車以逃避付費，而且沒有人注意到）。在這些情況下，不當得益並未損害其他人。但是，這種形式的搭便車仍構成令人反感的反向歧視。另一原因是我們可以提出這種看來合理的觀點：不正當地犧牲他人以獲取利益，這種行為的問題在於不公平地占得一種好處。因此，搭便車作為不當剝削這個概念，歸根結柢在於搭便車者令人反感地占得特殊利益。

不過，無論梅耶的論述說到底是否等同高力逖的論述，兩者均有助於說明搭便車為何該受指責。搭便車者令人反感地賦予自己他們沒有資格享受的特殊利益，利用其他人配合合作方案要求的意願，同時逃避自己配合合作方案的義務。釐清了搭便車為何不正當的基本要點之後，我們來看公平原則如何衍生抵抗的政治義務。

6. Cullity, "Moral Free Riding," 28.
7. 同上，頁一二一。
8. 例如參見Marc Fleurbaey, "The Facets of Exploitation," *Journal of Theoretical Politics* 26, 4 (2014): 653-676.
9. Robert Mayer, "What's Wrong with Exploitation?," *Journal of Applied Philosophy* 24, 2 (2007): 137-150.

反向論證

公平原則是否可以要求我們配合剝削或有害的協調方案？如前所述，析取論者認為不可以，統一論者則認為特別情況下可以。無論如何，公平原則容許所有參與者拒絕配合剝削或有害的方案：就析取論者而言，這是因為這種方案未能公正地分配負擔和利益，因此違反支持公平處事義務的必要條件之一；就統一論者而言，這是因為配合方案的公平處事義務是脆弱的，往往被其他道德要求（例如基於正義原則的要求）蓋過。

但我更進一步認為，在某些情況下，公平原則不但容許所有參與者拒絕配合剝削或有害的方案，還**禁止**這種方案的受益者配合方案。反向論證（Negative Argument）因此特別針對受益者（如我們很快將看到，是部分而非全部受益者），而我稍後將討論受害者的公平處事義務。公平原則禁止剝削或有害方案的受益者配合方案，這一點與統一論者認為不公正社會方案下仍可能有配合方案的公平處事義務是相容的：如果我們接受統一觀點，我們可以說公平原則有時可能產生互相衝突的義務（既可能要求我們配合方案，也可能要求我們拒絕合作），此時我們就必須加以權衡。

以下是反向論證的基本論點：

一、公平原則禁止搭便車，因為搭便車涉及道義錯誤。

二、在某些情況下，受惠於剝削或有害的方案，涉及與搭便車相同的道義錯誤。

三、因此，在那些情況下，公平原則禁止我們受惠於剝削或有害的方案。

我們剛看到，搭便車的錯誤可理解為一種令人反感的反向歧視或剝削與不當得益。不令人意外的是，某些社會政治不義狀況可說也是這樣，例如突顯不公平的剝削與歧視。此中要點是：受惠於不公平的社會方案和搭便車涉及相同的道義錯誤。根據定義，受惠於錯誤的剝削或傷害就是錯誤地犧牲他人以獲取利益。但是，如自願論者指出，這不足以使受益者在道德上如同搭便車者：他們還必須有意利用其他人受壓迫以獲取利益。這種意圖展現在當事人同意參與其事，而且知道相關利益涉及怎樣的不義上，又或者當事人所處的位置理應察覺那些不義。以意味著同意參與其事的方式接受一種利益，通常要求當事人收取和享受那些利益，而且有機會在承受合理代價的情況下拒絕那些利益。自願論者強調，因為在政治權威下生活理論上的好處是免費和非排他的（nonexcludable），國家並不符合後一個條件——國家並不提供行為者可以拒絕的利益。

但自願論者的檢驗標準——可稱為「排他性檢驗」（excludability test）——實際上認為我們不可能真正接受免費和非排他的好處，我們因此不可能因為接受了國家的好處而必須配合國家的要求。帕斯塔納克最近提出一個思考不當受益者的細緻框架，而根據該框架，以意味著同意參與其事的方式接受免費和非排他的好處是有可能的——這一點與排他性檢驗的結論相反。她根據四個因素，區分出從非自願到自願的五類不當受益者：

一、知情：受益者是否知道自己正受惠於不義安排的結果？又或者他是否可以和應該知道？二、意欲：受益者是否樂於得到那些好處？三、行為：受益者是否故意使自己處於勢將從不義安排中得益的位置？四、自主：受益者能否在不必承受不合理代價的情況下，避免接受那些好處？[10]

這個受益者「光譜」的其中一端是「非自願受益者」，他們對上面四個問題的答案全都是否定的；然後是知道自己正受惠於不義安排結果，但並非樂於得到、並不尋求、而且無法避免接受那些好處的非自願受益者。「樂意的受益者」知道那些好處來自哪裡，也樂於得到它們。光譜的另一端是「自願的受益者」，他們對上面四個問題的答案全都是肯定的，又或者只有行為那一項是否定的。簡而言之，光譜上有兩種非自願受益者、一種樂意的受益者，以及兩種自願的受益者。

無論相關好處是不是排他的，樂意和自願的受益者都是以意味著同意參與其事的方式，接受了不義安排的結果：他們渴求或樂於接受那些好處，也知道那些好處是不義安排產生的。在某些情況下，他們積極尋求這些好處。針對這些行為者，我們可以合理地說：即使可以做到，他們也不會拒絕這些好處；即使這些好處不是免費可得，他們也會設法取得；而且他們樂於盡自己的一份力量，確保這些好處持續產生。樂意和自願的受益者因為接受了他們知道是剝削或傷害某些人的不義社會方案產生的好處，是故意利用其他人的不利處境獲取利益。因此，我們或許可以說他們在道德上與搭便車者一樣，並批評他們違反公平處事原則。[11]另一方面，非自願受惠於不義的安排，不會產生搭便車涉及的道義錯誤。一個人是剝削或有害方案的自願、樂意還是非自願受益者（這決定了他們在道德上是否如同搭便車者），只能靠檢視不義方案的具體情況和參與者在方案中的位置，逐個案例決定。但一如美國種族隔離制度的案例顯示，許多公民可說是參與了不義的方案。

11.10.

Avia Pasternak, "Voluntary Benefits from Wrongdoing," *Journal of Applied Philosophy* 31, 4 (2014): 377-391, 379. Axel Gosseries將不義安排的受益者描述為「道德上令人反感的搭便車者」：他們享受某種安排產生的成果，自己不分擔代價，任由其他人被迫承受代價。參見Axel Gosseries, "Historical Emissions," *Ethical Perspectives* 11, 1 (2004): 36-60, 43。我則認為將不義安排的受益者描述為道德上類似搭便車者比較恰當，最好不要直接說他們就是搭便車者，雖然這種區分並不決定任何東西。

我們且視南方白人為種族宰制的受惠者，而美國黑人則是受害者。（我做此簡單區分，是撇開了種族隔離制度涉及的許多複雜道德問題，包括階級歧視、性別歧視和種族歧視這三種壓迫交錯的性質，北方白人得到的好處，以及涉入不義方案者所受的道德和精神傷害。）南方白人的不當得益非常多，而且是多面向的：經濟上，白人享有更好的工作和更高的工資；心理上，白人受惠於較強的自我價值感；在社會上，白人享有較高的地位；政治上，白人享有參與公共決策的完整和平等地位。

對白人來說，種族隔離的好處（主要是白人的特殊利益）基本上是免費和非排他的：他們無法避免他們的膚色和頭髮質地賦予他們的較佳待遇和機會。儘管如此，許多白人可歸入種族隔離制度自願或樂意受益者的類別，因為他們以自己的言行支持該制度：他們投票選出白人至上主義者當民意代表或公職人員；表達種族主義思想；虐待與他們互動的黑人；是三K黨的活躍成員或支持者（一九二五年時美國有四百萬名三K黨徒）；行私刑或出席公開行私刑的活動——這種活動往往先在報紙上公告周知，一九一六年黑人少年農場工人傑西．華盛頓（Jesse Washington）在德州韋科市被公開燒死，就吸引了一萬五千人圍觀；擔任陪審員時，拒絕判顯然對黑人犯了罪的白人有罪。在一九五〇和一九六〇年代，民權運動訴諸直接行動，有些白人譴責蒙哥馬利巴士抵制運動，在南卡州和阿拉巴馬州加入暴民的行列襲擊自由乘客，對占用餐廳白人專用座位的抗議學生吐口水，並且示威抗議學校奉行種族融合政策。他們顯然贊同種族隔離帶給他們的好處，而且願意採取行動保護這項利益。因此，即使那些好處是非排他的，他們（也就是一些或許多南方白人）真的接受了這些好處。

但是，可能會有人不同意，認為我們基本上不能合理地期望南方白人知道他們享受的利益源自嚴重的不義。當時流行的觀念，包括種族主義刻板印象和白人至上主義意識形態，助長了冷漠、天真和道德盲目，而這可以解釋南方白人的無知。一如多數享有特權的人，種族隔離制度下的白人容易自欺，認為特權地位是他們應得的，而那些特殊利益則是他們靠個人才能和努力掙得的。他們看到黑人社會經濟地位較低，認為這證明白人天生優越。針對這種意識形態的運作方式，西蒙．波娃（Simone de Beauvoir）引用了蕭伯納的話：「美國白人將黑人貶至擦鞋工的等級，然後據此得出結論，說黑人只能當擦鞋工。」[12]只要支配者的特權和被支配者的命運看來都是他們應得的，這當中的不義就可以掩蓋起來。此外，特權階級往往不了解被剝奪權利和受壓迫的經驗，也沒有動機去了解。（在第七章我將再談到這種不義現象，屆時我將討論哪些主要因素阻礙我們認清自己的抵抗政治義務。）

12. | Simone de Beauvoir, *The Second Sex*, trans. H. M. Parshley (New York: Random House, [1952] 1972), xxx.

這些機制在實施種族隔離的南方無疑發揮了作用，至少對一些人來說是這樣。但是，辨明理解、同情和關注社會現實的心理與意識形態障礙，並不能免除任何人責任。在聯邦法律要求結束種族隔離、民權運動者強烈反對種族隔離的情況下，支持這種制度的南方白人非常清楚廢除該制度對他們有何影響。在反對意見普遍存在時，這一點特別清楚。不過，在聯邦政府開始下令廢除種族隔離之前的那段時期，情況或許也是這樣。南方白人在一八七〇年代選擇實施種族隔離制度，偏離了內戰之後國家重建開啟的種族平等道路；他們當時就明白反對種族隔離的理由。因為白人仍然（完全或某程度上）同情白人至上主義，並且為維持種族隔離制度出力，他們在道德上類似搭便車者。他們故意利用黑人受壓迫占得好處，違反公平原則的要求。

但是，有些南方白人反對種族隔離，而且知道自己身為白人得到的利益是不勞而獲和不義的，他們在道德上是否也類似搭便車者？公平原則的非自願論者並不認為一個人必須接受或渴求相關利益，才負有公平原則產生的義務；他們因此會認為前述問題的答案是肯定的。但自願論者則會認為，反對種族隔離的白人是非自願受益者，因此不認為他們在道德上類似搭便車者。值得注意的是，非自願論者的觀點與反種族隔離白人的感受和言論一致：這些白人斷定自己受惠於不義的制度違反公平原則，也認為自己有道德義務不支持這種制度。[13]他們不能總是拒絕不義制度賦予他們的好處，但他們可以強調這些好處不勞而獲的性質，善待黑人（例如展現尊重、支付公允的工資），以及大聲疾呼並採取行動反對種族隔離。事實上，如我很快將指出，公平原則要求他們這麼做。

那些既不支持也不反對種族隔離制度的受益者又如何？我們可以合理地期望他們知道自己享受的利益源自不義的機制，但他們其實稱不上支持這些機制。想想本章開頭提到的那名白人父親。聯邦政府命令他孩子的學校奉行種族融合政策，他對此有何反應？許多白人家長強烈反對這種政策，他們遊行示威，手持的標語牌寫著這種口號：「種族融合是致命罪行」、「種族混合是共產主義」、「維持我們的白色學校」，以及「黑鬼滾回非洲」。但假設我們那名密西西比州白人知道黑人在種族隔離制度下受到種種不公正的對待，他對聯邦政府下令他孩子的學校奉行種族融合政策可能既不惋惜，也不會抗議，雖然這對他應該有影響。或許他就照常過自己的生活。我們該如何看待這種「被動」的白人？

公平原則的非自願論者應該會認為，被動接受不當利益違反公平原則，因為遵守相關法律如同默從或甚至是支持產生這些利益的不義安排。既不支持也不反對種族隔離制度的南方白人仍然配合該制度，並慣常地享受他們不應得到的好處，往往因此公然損害黑人的利益。南方白人經常

13. 一 例如參見Mab Segrest, *Memoir of a Race Traitor* (Cambridge, MA: South End Press, 1999).

看到黑人大排長龍，擠在公車裡的後半部分，一把年紀還被直呼名字或稱為「男子」（boy），被商店、戲院、醫院、墓地和遊樂場拒諸門外。（馬丁・路德・金恩曾寫道：「你向你六歲的女兒解釋為什麼她不能去你們剛在電視廣告中看到的那個公共遊樂場時，突然發現自己舌頭打結，講話結結巴巴。女兒聽你說那個遊樂場不招待黑人兒童時，你看到她眼裡滿是淚水。」）[14] 白人看到黑人受到這些羞辱，可以想像他們的感受。面對如此公然剝奪部分人權利的情況，被動順從等同支持這種不義的制度。

但自願論者可能就不是那麼確定。種族隔離制度的被動參與者並不尋求該制度提供的利益，因此從未展現犧牲他人以獲取利益的意圖。因此，一個人是否應該將反向論證延伸應用在這些被動受益者身上，取決於他對何謂「接受」的基本直覺或後設道德承擔（meta-ethical commitments）。但在我看來，什麼都不做往往是應受譴責的。

以種族隔離制度說明反向論證，應有助我們了解該論證可以如何應用在其他不義的社會方案上，包括正當社會中的不義制度。例如我們可以將它應用在父權社會上，藉此說明男性如何不公正地受惠於一些剝削女性的安排；這些安排使女性在職場、家庭和公共領域享有的機會和可以發揮的能力都顯著受損。如果我們可以證明男性配合性別歧視結構涉及那種使搭便車行為應受譴責的錯誤，我們就可以說公平原則禁止男性順從性別歧視結構的要求。

有關行為者是否真的接受了利益（根據帕斯塔納克的框架，我們必須考慮他們是否知道利益的來源、樂於接受那些利益、刻意尋求那些利益，以及承受合理的代價就可以避免接受那些利益），我們必須逐個案例評估。在每一個案例中，我們必須評估公民具體的社會處境、態度和機會，以及他們配合和支持制度的程度。

根本改革論證

我們可以如何停止受惠於不義（剝削或有害）的協調方案？答案很簡單，但它的要求很高：我們別無選擇，只能進行根本的改革。這實際上是停止受惠於剝削或有害協調方案的唯一方法，而抵抗對促成根本改革至為重要。簡而言之：

一、在某些情況下，公平原則禁止我們受惠於不義（剝削或有害）的協調方案。

二、避免受惠於不義的方案有三種可能方法：退出、補償，以及根本的改革。

14. — King, "Letter."

但是，撇開遷徙的代價和破壞不談，一個人如果選擇退出，就無法在體制內部推動變革。就此而言，即使離開一個地方以免繼續涉入當地的不義安排是一個可行和代價合理的選擇，站在實務和道德立場，這都不是可取的選擇，因為那些不義的安排將完好無缺地運作下去。背景優越的白人受益者可能有很好的條件影響種族隔離制度。此外，因為會想逃離的人很可能最強烈反對該制度，他們留下來，在體制中致力尋求改革會比較好。因此也就產生前提三：退出不義的制度往往不但非常困難，還是不可取的。

我們也可以選擇設法補償或賠償受害者，以便停止受惠於不義的安排。最近有關補償正義（reparative justice）的研究指出，不義安排的受益者肩負歸還不當所得和補償受害者所受損害的特別義務。古丁（Robert Goodin）認為，即使現在已無法辨明利益接受者和受害者，不當得益的持有者也有義務「吐出」（交出或歸還）他們目前控制的不當利益，以便它們可以用在公益上。[17]理論家知道，追蹤、計算和歸還不義所得涉及許多複雜問題，但一般認為現金支付和納稅是歸還利益的合理方式。積極補償政策（affirmative action）是另一種補償方法。（確切應該補償誰、以什麼形式補償、應該補償多少，都是有爭議的，此處不討論這些問題。）

歸還不義所得的概念看來隱含在公平原則中，而公平原則的根源是相互原則。但這種補償訴求面臨多種困難，而且不只是實務上的困難。首先，建立補償規則不能保證任何人不再受惠於不義的安排。那種規則並不處理不義安排的權利制度，只是試圖減輕不義安排的一些負面影響。

事實上，補償規則甚至可能使不義安排顯得比較「人性化」，同時鞏固並穩定特權和錯誤，因此強化結構性不義。（這是馬克思對自由主義改革者的批判和對福利國家體制的「分配前」〔pre-distribution〕批判的要點——馬克思認為福利國家體制試圖在事後將商品分配平等化，但並不重新組織社會和經濟關係以確保一開始各方地位平等。）[18] 種族隔離制度加上賠償和積極補償政策，可能好過單純的種族隔離制度（也可能不是），但結構不義問題還是一樣。但是，如果補償與終止制度不義一起發生，我們就已經超越了補償，走到根本改革這一步（事實上，有些理論家選擇將積極補償政策歸入改革而非補償的類別）。

17. Robert Goodin, "Disgorging the Fruits of Historical Wrongdoing," *American Political Science Review* 107, 3 (2013): 478-491.

18. 參見Karl Marx and Friedrich Engels, "Manifesto of the Communist Party," in *The Marx-Engels Reader*, ed. Robert C. Tucker (New York: W. W. Norton, 1978 [1848]), 473-500. 這種觀點比較近期的自由主義版本可參見Liam D. Murphy and Thomas Nagel, *The Myth of Ownership: Taxes and Justice* (New York: Oxford University Press, 2002).

主張補償的人最終可能訴諸積極補償政策的傳播功能，而非這種政策如何影響負擔和利益的分配。希爾（Thomas E. Hill Jr.）認為，我們為積極補償政策辯護而提出的道德理據（它傳達的訊息），一如這種政策是否成功補償受害者那麼重要。[19] 在他看來，完全前瞻的（效益主義）論點和完全後顧的（補償導向）論點都往往表達錯誤的訊息，而以「跨時敘事價值」（cross-temporal narrative values，例如相互尊重）為核心替積極補償政策辯護，則表達了正確的訊息。[20]

這種論證雖然比較精細，但也不成立。因為積極補償政策必須實現替它辯護者訴諸的跨時敘事價值，或至少展現出實現這些價值的真誠決心，才可以表達正確的訊息。如果只是替種族歧視制度加上一個積極補償方案，並不能真正表達相互尊重的誠意。

因為支持補償的論證不成立，我們有必要消除不當利益的**根源**，由此就得出前提五，也就是根本改革論證的結論。就種族隔離制度而言，公平原則並非要求我們為種族分層（racial stratification）制度加上補償規則，而是要求我們終止該制度。避免受惠於一種剝削安排只有一種切實可行的方法，那就是改造那種安排的結構和制度，使它不再不當地賦予某些人特權並犧牲其他人。必須進行的改革是根本的，因為它針對負擔和利益不公平分配的根源，包括支撐不義安排運作的規範和權利系統。

抵抗論證

前提六是一個需要實證支持的觀點：抵抗對促成根本的改革往往至為重要。除了抵抗，或許也有其他方法可以促成根本的改革。我們也有可能靠外部干預對不義的制度進行根本的改革（想想二戰之後的德國），而行政命令也有可能促成這種改革。但我們可以合理地說，抵抗是促成廣泛政治變革的關鍵原因——如果它既非必要、也非充分條件的話。

如前所述，我說的「抵抗」，是指異議行為和做法的多面向連續體：抵抗行為全都表達對統治制度規範的譴責，此外也可能表達拒絕服從這些規範之意。抵抗因此包含廣泛的活動，包括請願、示威、罷工、怠工、抵制，以及在適當的法律和政治管道內的努力（本章不會集中關注有原則的抗命）。雖然不抵抗也有可能糾正一種壓迫的安排，但這種機會極其渺茫。

19. Thomas Hill Jr., "The Message of Affirmative Action," *Social Philosophy and Policy* 8, 2 (1991): 108-129.

20. 同上，頁一〇八。

抵抗的目標之一是傳播對不義的譴責。如上一章指出，如果不先喚起人們注意有待糾正的不義，根本的改革往往無從進行，尤其是在我們面臨結構不義問題時，因為特權人士往往沒意識到自己享有特權。哈維（Jean Harvey）因此堅持認為，一些教育活動其實也是抵抗行為，例如喚起意識的工作坊，以及安排特權人士聽受害者講述受壓迫經歷的座談會。[21]家庭和工作場所中的日常抵抗，例如質疑種族主義笑話和刻板印象，也屬於這種教育類抵抗，上一章討論的、旨在改善社群正義觀念的宣傳活動也是。如第七章將指出，個人也有抵抗自欺的義務，履行方法是教育自己提防無意識的偏見，以及推理時保持謹慎。

除了尋求廣泛喚起意識，抵抗也突顯不義安排的權利制度如何不義。抵抗者傳達他們對不義安排的價值觀和規則之否定，引人注意不義的結構根源，並告訴世人我們迫切需要根本的改革。教育活動和表達異議有助於奠定持久集體行動的基礎，而持久的集體行動對促成改革至為重要。事實上，歷史經驗顯示，社會與政治學家最近也已證明，公民抵抗運動有助於克服不義的現狀及建立和平的民主制度，尤其是如果大量民眾長期持續參與的話。[22]

因為抵抗（從個人的日常抵抗到有組織的集體行動）有助改革，而且對促成改革往往至為重要，我們可以合理地推出觀點七陳述的結論：在某些情況下，我們應該抵抗我們從中得益的不義方案，以便促成改革和終止不當利益之產生。此處辨明的抵抗政治義務是不完全的（imperfect）：它讓個人去決定如何履行義務。這並不意味著任何抵抗行為，無論多微細，都足以滿足要求。如何抵抗才足以履行義務，當然是個困難的問題。人們（包括「盟友」）很容易低估自己應該做多少和高估自己做了多少。他們往往做一些小事就滿足了，根本沒想過要做一些他們可以做而且比較有意義的事。例如在種族隔離制度下，白人如果只是投票支持平等的公民權利，並不足以履行他們抵抗種族不義的義務。他們也應該為政治上的努力貢獻金錢、時間和精力。他們應該尊重黑人、批判其他白人公然的種族歧視行為，並教導自己的孩子成為沒有種族主義偏見的人：他們的人際關係以至家庭關係，應該因為他們認清自己的抵抗義務而有所改變。事實上，只有堅持不懈的行動才可以證明自己決心不再受惠於不義的方案，並且決心改革相關安排。

22.21.

參見Jean Harvey, "Victims, Resistance, and Civilized Oppression," *Journal of Social Philosophy* 41, 1 (2010): 13-27, 15-16.

尤其參見Chenoweth and Stephan, *Why Civil Resistance Works*; Daniel Q. Gillion, *The Political Power of Protest: Minority Activism and Shifts in Public Policy* (Cambridge: Cambridge University Press, 2013).

支持團結的兩種理由

什麼是團結？一個很好的定義是：藉由有意義的合作和集體行動，促進共同的目標和價值觀。團結一詞似乎最適合用來描述受壓迫者**之間**的連結。**與**受壓迫者團結有時被稱為「結盟」，而這是為了標示統治群體的成員與受壓迫者不同的社會政治地位和認知情況——他們可以幫助受壓迫者，但不覺得大家是一樣的人，也沒有共同的經驗。我會在第六章解釋我對「結盟」這一概念的憂慮，並說明為什麼我選擇以「團結」描述群體內部及外部的連結。此外，我也看到，兩種團結（受壓迫群體內部的團結，以及其他人與受壓迫群體的團結）之間有顯著的差異。

首先，因為我們需要持久的集體行動來實現根本的改革，團結抵抗有其實證理由。事實上，組織抵抗可以提高自願者的資源獲得有效利用的機會。結盟使資源和有利的條件得以共享，並可增加宣傳機會。有組織的運動一旦確立，加入運動往往相對容易，因為運動有具體的活動日程，個人選擇如何履行自身道德義務就變得比較簡單。

此外，人數很重要。就許多或多數抗議方式而言，參與者越多越好，例如公民抵抗運動和罷工就是這樣。一千人為了某個目標集會比一百人集會更令人難忘，數萬人示威則可以成就公眾眼中的真正「事件」。切諾維斯和史蒂芬發現，只要有三．五%的人口持續參與，每一場公民抵抗運動都會成功。他們也強調，參與多樣化時，群眾動員特別有效。蒙哥馬利巴士抵制運動就是群眾動員的一個有力案例，自由乘車運動則體現了跨種族團結。

除了支持政治團結的這個實證理由，我們也可以提出基於公平原則的理由。因為公平原則禁止搭便車並要求我們相互合作，我們可以說公平原則要求我們盡自己的一份力量，為了實踐公平原則合力促成根本的改革。行動主義社會運動本身就是一種合作方案：抵抗是代價，正義是主要的好處。抵抗運動成功，誰可得益？不義方案的受害者和受益者均受惠：原本的受害者不必再受壓迫，原本的不當得益者則在道德上受惠，因為他們不再涉入不義的安排，不再違反公平原則的要求。原本的受害者和受益者可能都很想搭便車，仰賴其他人的努力去改革不義的方案，因為抵抗不但必須冒險，還必須在時間和資源上付出高昂的代價。但公平原則要求我們參與抵抗努力，也要求受壓迫者**之間**在政治上團結，而其他人也應該**與**受壓迫者團結。

不義安排的受害者——社會方案下受剝削的參與者或受傷害的外人——肩負一種基於公平原則的義務：他們必須加入有合理成功機會的既有抵抗努力。看到這種努力但什麼都不做的人，就是利用其他人的積極行動搭便車，違反了公平處事原則。例如在一九五五至一九五六年阿拉巴馬州蒙哥馬利市的巴士抵制運動中，當地黑人居民就有加入抵制該市種族隔離公車的公平處事義務，儘管這要求他們有所犧牲，因為此次抵制運動是有望實現根本改革的一項集體行動（黑人占當地公車乘客七五％）。當時黑人計程車司機收取與公車相同的車費，展現了他們與黑人顧客團結之意。

罷工是集體抵抗剝削方案要求相關人士基於公平原則團結一致的另一個例子。在古里維奇（Alex Gourevitch）看來，罷工是「一種極具破壞性的集體行動形式」。罷工往往涉及非法行動、威脅和實際侵犯雇主的財產權（包括損壞財物），以及動用強制力量（例如與維安人員對抗，以及阻止不願罷工的人工作）。罷工會導致經濟損失，並對社會大眾造成嚴重不便。但是，如果罷工的目標是正當的，而且在古里維奇的分析中「看來是減少不義的可靠嘗試」，則承受這些風險、代價和傷害就可能是合理的。[23]因此，有些罷工雖然涉及非文明抗命的多種表現（例如動用暴力和強制手段），但仍然是正當的，例如一九一二年麻省勞倫斯市的紡織工人罷工。至為重要的是，公平原則可以要求我們肩負加入這種罷工和分擔合作負擔的團結義務。

此外，公平原則要求其他人在政治上與受壓迫者團結，藉此表達受益者對實踐公平原則的承擔——受益者決心不再受惠於不義的方案，並願意分擔改革方案的負擔。前面提過的希爾會說：政治團結傳達正確的訊息。柯樂斯（Avery Kolers）最近指出，團結是不當受益者確認受害者平等地位，並以平等的地位採取行動的主要手段，是他們為自己受惠於不義的安排、錯誤地犧牲他人以獲取利益（無論他們是否自願這麼做）而贖罪的一種具內在價值的做法。[24]事實上，團結的表達功能和內在價值受重視，暗示我們對團結的評價可以獨立於它對改革不義方案的因果貢獻，一如搭便車的錯誤獨立於它如何影響利益之產生。

並不是任何團結抵抗行為都足以或適合用來履行公平處事義務。行動主義者和部落客麥堅時

（Mia McKenzie）指出，盟友往往錯誤地假定「一次團結行動就足以使你成為永遠的盟友」；[25]就我們眼下的討論而言，一次團結行動不足以履行個人的團結義務。如第六章將具體談到，與受壓迫者團結並採取行動有錯誤和正確的方式。柯樂斯認為正確的方式是：「團結義務要求我們〔這些不當受益者〕加入有組織外部群體發起的集體行動」（組織集體行動的應該是不義方案的受害者——這一點很重要），而「我們服從他們對於我們應該如何支援他們的最佳判斷」。[26]受益者應該服從受壓迫者的領導，以受壓迫者指定的方式與他們團結和提供支援。

公平原則就是以這種方式要求和限制政治團結。再以蒙哥馬利巴士抵制運動為例，白人有義務與黑人團結，配合抵制運動——是所有白人（站在自願論者的立場，則是種族隔離制度所有的

---

23. Alex Gourevitch, "Strikes, Force, and Resistance to Oppression"（未出版的手稿）.
24. Avery Kolers, "The Priority of Solidarity to Justice," *Journal of Applied Philosophy* 31, 4 (2014): 420-433, 426-427.
25. Mia McKenzie, "8 Ways Not to Be an 'Ally': A Non-Comprehensive List," BGD blog（二〇一三年六月十七日）, http://www.Blackgirldangerous.org/2013/06/20136178-ways-not-to-be-an-ally/（二〇一七年一月十五日查閱）.
26. Kolers, "The Priority of Solidarity to Justice," 429.

樂意和自願受益者），而非只是蒙哥馬利市實施種族隔離的公車系統的受益者，因為美國各地所有的種族隔離主義者都知道，蒙哥馬利市的公共交通系統一旦廢除種族隔離制度，他們會有損失。這種義務可以藉由各種抵抗行為履行。蒙哥馬利市的白人居民可以加入抵制運動，支持汽車共乘行動，以及在黑人抵制者街頭遇襲時伸出援手。美國各地的白人則可以公開支持抵制運動，捐錢給在金恩領導下指導抵制運動的蒙哥馬利進步協會，以及捐鞋子給那些寧願走很遠的路也要抵制種族隔離公車的人。

抵抗的代價

可能會有人抗議，認為改革和抵抗不義社會方案的公平處事義務對受益者太苛求。不義社會方案往往迫使反抗者承受高昂的代價，連受益者也是（有時甚至特別嚴厲懲罰不服從的受益者）。在美國，一八八二至一九五九年間共有一千三百名白人遭白人至上主義暴徒私刑殺害，當中許多人（甚至是多數人）被視為對種族階級制度構成威脅，往往因為他們是維護民權的行動主義者。[27]

我承認，我們沒有從事危險行為的道德義務。但是，公平原則被用來支持守法的道德義務時，我們知道它要求我們做出頗大的犧牲，例如納稅或應徵入伍。如果履行公平處事義務可以涉及頗大的犧牲，我們應該也可以假定，履行基於公平原則的抵抗義務也是這樣。

但是，基於公平原則的抵抗義務不能要求一個人犧牲性命或令其他人承受重大風險。這並不是說公平處事義務在道德上是虛弱的。尤其值得注意的是，一個人不能以自己的某些不當得益（例如社會地位或舒服的工作）受威脅為理由，拒絕參與一個（站在效能的角度）有望成功和道德上合理的行動計畫。抵抗義務要求我們採取積極的行動，例如在日常生活中抵抗文化習俗，從受害者那裡了解壓迫，參加抗議遊行，以及抵制某些社會活動。雖然個人對於如何滿足公平原則的要求享有裁量權，沒有任何積極行動還是可受指責的。此外，受益者往往有特別機會了解不義方案的運作，而這可以增強其抵抗努力的效能。

公平原則的理論家認為，正當國家的公民是互利合作方案的參與者，對其他參與者負有義務：他們必須遵守規則，盡自己的一份力量維持方案的運作。未能履行這項義務在道德上是不對

27. 這些估計是塔斯基吉研究所（Tuskegee Institute）提供的數據，是偏保守的估計。參見"1959 Tuskegee Institute Lynch Report," *Montgomery Advertiser* (April 26, 1959)。

的，是一種搭便車的行為。自願論者提出反對意見，認為公民極少是自願和知情的合作者，因此通常沒有服從國家的道德義務。與此同時，有些理論家同意，有些則否認同意參與其事者基於公平原則，有義務配合不義社會方案的要求。雙方都只是從配合要求的角度思考公平原則的要求，因此在他們看來，如果公平原則並不要求我們配合要求，該原則對我們就沒有**任何**要求。

本章則指出，在某些情況下，公平原則禁止我們受惠於剝削或有害的協調方案，並且要求我們抵抗和改革這些方案。這意味著公平原則既可以要求我們配合社會方案的要求（視個人的後設道德承擔而定，方案可以是公正或不公正的），也可以要求我們抵抗和改革我們從中受益的不義社會方案。此外，在某些情況下，公平原則也要求剝削或有害方案的受害者加入抵抗行動。我們可以藉由各種類型的行動（包括有原則的公民抗命和非文明抗命）履行這種抵抗的政治義務。

總而言之，公平原則雖然是最常被用來支持守法道德義務的理由之一，但也支持抵抗不義的道德義務。此一重要發現是支持我們檢討我們的政治義務觀念，並且更加注意活在不義狀況下並參與其中，如何影響我們的政治義務的第二支柱。在不理想和往往不公正的情況下，守法既非我們唯一的政治義務，也不是我們最重要的政治義務。

Chapter 5
Samaritanism

第五章
撒瑪利亞主義

庫本公園（Cubbon Park）位於印度南部城市邦加羅爾中心地帶，是個美麗的大型公園。公園裡有一座圖書館、數家博物館、一座水族館、一間網球學院，以及數個涼亭。每年十一月，庫本公園裡的風鈴木樹開滿了紫粉紅色的喇叭狀花朵。某個週六下午，二十四歲的密斯里（Vira Mistry）緩步穿過公園，在一處陰涼的草地停了下來。她想在那裡小睡片刻。後來她說：「我躺在那裡，無法入睡。」

我意識到，生活經驗予我一種潛意識恐懼，使我因為自己暴露在公共場所、容易受傷害而恐懼。你不禁會想：誰在看著我？他們在想什麼？他們在拍照嗎？當你非常習慣了四處走動都一直有男人盯著你時，你很難擺脫身處公共場所產生的那種焦慮。

那是密斯里第一次參加「相約小睡」（Meet To Sleep）活動。這些活動是印度行動主義團體「空噪」（Blank Noise）所組織的。該組織希望抗議印度女性普遍遭受的性暴力，藉此「改變我們學來的與城市基於恐懼的關係」，以及「展開有關信任的對話」。空噪在其臉書頁面上寫道：

我們相約小睡，是因為希望能無所畏懼。
我們相約小睡，是捍衛我們不受警告的權利。

我們相約小睡，是為了建立和我們自己的公園的新記憶。[1]

密斯里在公園草地上躺下來的兩個星期之前，一名三十歲的女子晚間去那裡打網球，慘遭公園的兩名保全人員強姦。空噪報導，負責國內安全的印度內政部長對此的反應是：「為什麼一個女人要在晚上九點半去打網球？」空噪譴責這種非常普遍的責怪受害者的行為，喊出這句口號：「這絕不是我自找的。」（I Never Ask For It.）

印度各地數百名女性參加了相約小睡活動，希望藉由這種集體努力奪回公共空間。一名參與者解釋：「我想參加相約小睡活動，是因為三年來，我不曾身處公共空間而不必擔心自己的安全。我想奪回這個城市，奪回那些我和其他人平等擁有的地方。」女性不會在印度的公園小睡。她們避開公園，或是保持警惕匆匆穿越公園。印度的街道、公車、火車、工作場所、監獄以至於家裡，對女性也都是危險的。強姦罪行十分猖獗，甚至可能還有許多案件沒被記錄下來。[2]空噪

1. https://www.facebook.com/events/1640071269598406（二〇一七年十一月五日查閱）.
2. 例如參見Human Rights Watch Report, *"Everyone Blames Me": Barriers to Justice and Support Services for Sexual Assault Survivors in India*（二〇一七年十一月八日）, https://www.hrw.org/report/2017/11/08/everyone-blames-me/barriers-justice-and-support-services-sexual-assault-survivors（二〇一七年十一月五日查閱）.

創始人巴蒂佳（Jasmeen Patheja）表示，相約小睡活動希望改變這種情況，使印度的公共空間對「放鬆、睡著、無防備和不匆忙的女性」是安全的。[3]

相約小睡的參與者稱自己為行動英雄。我認為她們是好撒瑪利亞人。她們或許不像《聖經》故事中的「原始」撒瑪利亞人——那個撒瑪利亞人在旅途中停下來，幫助路邊一個因為被強盜襲擊而只剩下半條命的人。密斯里和相約小睡的其他行動者也不符合辛格（Peter Singer）普及的撒瑪利亞人形象——那個撒瑪利亞人走進淺水池裡援救一個溺水的孩子。但相約小睡的行動者就是撒瑪利亞人，因為她們履行了一個人對其他人該盡的一些義務。

撒瑪利亞人義務與守法義務

撒瑪利亞人義務要求我們在自己不必承受不合理代價的情況下，幫助陷於險境或迫切需要救助的人。[4]雖然學者對輕鬆援救義務的性質或來源意見不一（這是一種防止傷害的義務還是行善義務？），對其法律執行問題也有不同意見（例如有關責任、懲罰、笨拙的撒瑪利亞人和潛在的意外後果），幾乎所有人都同意，這種義務是存在的，而且相當嚴格。[5]一如正義義務，撒瑪利亞人義務是一種自然義務；也就是說，它是以人類作為道德存有者的本質為基礎，而且平等地約束我們所有人，無論我們的關係如何或自願做些什麼。撒瑪利亞人義務通常被視為日常與批判道德觀中最嚴格的要求之一。范伯格（Joel Feinberg）認為，它與不傷害人或不令人陷入險境的義務「幾乎一樣嚴格」。[6]范伯格視撒瑪利亞人義務為一種防止傷害的義務，另一些人，例如盎格（Peter Unger）和墨菲，則視其為一種行善義務。[7]

---

3. BuzzFeed, https://www.buzzfeed.com/andreborges/hundreds-of-women-around-india-are-sleeping-in-parksto-recl?utm_term=.tgLdRgXdr#.f1B14BL（二〇一七年十二月五日查閱）.
4. 我們可以區分兩種撒瑪利亞人義務：援救的義務，以及幫助迫切需要救助的人的義務。兩者的差別在於程度不同：是困在起火的房子裡，與火滅之後沒有地方可住的差別。我在本章只講「撒瑪利亞人義務」。
5. 有關我不處理的法律執行問題，請參考Ernest J. Weinrib, "The Case for a Duty of Rescue," *The Yale Law Journal* 90, 2 (1980): 247-293; Robert J. Lipkin, "Beyond Good Samaritans and Moral Monsters: An Individualistic Justification of the General Legal Duty to Rescue," *UCLA Law Review* 31 (1983): 252-290; Liam Murphy, "Beneficence, Law, and Liberty: The Case of Required Rescue," *Georgetown Law Journal* 89, 3 (2001): 605-665.
6. Joel Feinberg, *Harm to Others* (New York: Oxford University Press, 1984), 171.
7. Peter Unger, *Living High and Letting Die: Our Illusion of Innocence* (Oxford: Oxford University Press, 1996), chap. 2. 范伯格認為，如果將它當作一種行善義務，在法律上要求人們履行援救義務的理由就較難確立。墨菲則指出，這假設是錯誤的。參見Murphy, "Beneficence, Law, and Liberty". 我不必在這問題上選一個立場，因為我認為面對不義時，我們不可以要求人們履行撒瑪利亞人政治義務。

撒瑪利亞人義務出現在這種情況下：一、某種人類基本利益或無條件（noncontingent）基本需求（包括最低限度的生命、安全、人身不受侵犯）受到威脅；二、威脅是直接、迫切或很可能發生的；三、另一個人（往往是無辜的路人或旁觀者）能夠伸出援手，而且不會使自己或其他人承受不合理的代價。[8]在這種情況下，危險的嚴重程度取決於（可能發生或已經發生的）傷害之大小，以及威脅成真的機率。

根據條件三，一個人如果沒有能力伸出援手，又或者無法避免因為伸出援手而使自己或其他人承受不合理的代價，他就不是潛在的撒瑪利亞救援者。但我們也不應該錯誤理解撒瑪利亞人義務的代價條件。代價「合理」不是指代價「微不足道」，而援救也不必是可以輕鬆完成的。我認同法布雷（Cécile Fabre）很能說明問題的論述，她認為潛在的救援者只有在以下三個條件皆成立的情況下有義務伸出援手：「一、他們有伸出援手的身體能力；二、伸出援手的代價不會危害他們過美好生活的可能；三、提供必要的援助不會使他們承受必須付出那種高昂代價的高風險。」[9]法布雷指出，雖然義務不能要求一個人為了另一個人而承受相當高的死亡風險，義務可能要求一個人承受某種危及性命的風險。

因此，如果我路過一個淺水池，看到一名幼兒溺水，我有道德義務出手救他。那個孩子溺水不是我害的、我正在趕路、很快一定會有其他人路過，這些理由都不能支持我見死不救。如果我坐輪椅，因此沒有能力親自救人，我還是有義務伸出援手，例如打緊急求救電話或大聲求救。只有在我不知道那個孩子急需援救的情況下，例如我因為視力或聽力很差而沒注意到有人溺水，我才沒有伸出援手的義務。因為停下來救人而錯過一堂課和弄髒了鞋子，是非常合理的代價。但如果溺水事件是發生在海裡或大河裡，我是否必須下水救人？答案取決於當時的具體情況：或許我心臟有問題，又或者當時天黑水急，以致我下水也會很危險。大致而言，危險較小，助人者必須做出的犧牲也較小：我們可以說，如果傷害發生的機率較低或傷害比較不嚴重，提供援助的代價可能遠未至於危害助人者過美好生活的可能。

---

8. 這個基本論述綜合了以下資料來源：Maimonides, *Mishneh torah—The book of torts*, ed. H. Klein (New Haven, CT: Yale University Press, 1954 [1180]), 1:14; Luke 10:30-37; Christopher Heath Wellman and A. John Simmons, eds., *Is There a Duty to Obey the Law?*; Joel Feinberg, "Offense to Others: The Moral Limits of the Criminal Law," *Philosophical Review* 98, 2 (1989): 239-242; Cécile Fabre, "Mandatory Rescue Killings," *Journal of Political Philosophy* 15, 4 (2007): 363-384.

9. Cécile Fabre, "Good Samaritanism: A Matter of Justice," *Critical Review of International Social and Political Philosophy* 5, 4 (2002): 128-144.

威爾曼提出的一種有關正當性和政治義務的論述頗受重視，它就是以撒瑪利亞人義務為基礎。[10]「國家具有保護每一個人免受自然狀態的暴力和混亂傷害的獨特能力：國家如果能援救迫切需要幫助的人，並且達致政治穩定，它就是正當的。威爾曼認為：「國家只有在一種情況下可以合理地強迫**我**服從：這種強制要求是保障**其他人**關鍵利益的必要手段，而且不會造成不合理的沉重負擔。」[11]既然國家有權利強迫我服從（國家是正當的），我有義務守法似乎也就順理成章：如果我守法對國家達成其撒瑪利亞使命是必要的，我就肩負守法的撒瑪利亞人義務。問題是：我守法對國家達成其撒瑪利亞使命並非是必要的。事實上，我是否守法幾乎毫無差別：運作良好的國家只需要大多數人守法，不需要每一個人都守法；事實上，運作良好的國家容忍某種程度的不服從。

威爾曼因此以公平原則的非後果論（nonconsequentialist）考量補充守法義務的撒瑪利亞論述。他寫道：「我們將我們的政治義務理解為公平分擔援救其他人免受自然狀態的危險傷害所涉及的共同的撒瑪利亞人負擔。」[12]而公平分擔這種撒瑪利亞救援的負擔，只能藉由服從法律體現，因為政治動盪是暴力的溫床，而這基本上是一種協調問題，只能靠強迫既定領土內每一個人服從相同的權威和遵守相同規則來解決。

但即使國家穩定，如果法律本身是壓迫人的，那又如何？威爾曼承認，在大致正當的國家，人們可能也有理由違法和抵抗不義。他認為這些理由源自特定法律之不義。例如他表示，雖然國家強迫我們肩負守法的撒瑪利亞人義務，馬丁・路德・金恩「在道德上可以自由地違反他違反的那些法律，理由很簡單：那些法律是不義的」。[13]

但我的想法更進一步。抵抗不義的許多理由本質上是撒瑪利亞的，是以救人脫離險境的義務為基礎。事實上，在某些情況下，如果不義的法律、制度或常規對人構成危險，例如禁止撒瑪利亞救援或令某個社會群體的成員容易遭受暴力攻擊，撒瑪利亞人義務可能要求我們抗議不義或違反不義的法律。

10. 參見Christopher H. Wellman, "Liberalism, Samaritanism, and Political Legitimacy," *Philosophy and Public Affairs* 25, 3 (1996): 211-237; "Toward a Liberal Theory of Political Obligation," *Ethics* 111, 4 (2001): 735-759; Christopher H. Wellman, "Samaritanism and the Duty to Obey the Law," in *Is There a Duty to Obey the Law?*, 3-90. 這種論述的其他擁護者包括Dudley Knowles, "Good Samaritans and Good Government," *Proceedings of the Aristotelian Society* 112, 2 (2012): 161-178。

11. Wellman, *Is There a Duty to Obey the Law?*, 19. 威爾曼否定這種家長主義主張：國家迫使人民服從是正當的，因為這最終可以造福每一個人。

12. 同上，頁二三二。

13. 同上，頁八六。

違法的撒瑪利亞救援

國家有時會妨礙公民履行撒瑪利亞人義務——可能是直接立法禁止公民履行這種義務，也可能是利用不相關的法律使撒瑪利亞救援者承受沉重的負擔。我認為在這兩種情況下，有能力的人都必須抗命。如果撒瑪利亞人義務是成立的，那麼即使履行這種義務迫使我們違法，它仍然是成立的。

如果撒瑪利亞救援者違反的法律與當時的危險情況是意外產生關係，則違法與撒瑪利亞救援產生關係是偶然的。例如一名健行者為了尋找資源拯救他受傷的夥伴，闖進了山裡的一間小屋，因此侵犯了私人財產。根據所謂的必要性抗辯，法律承認，緊急情況下技術性違法有時可以阻止更大的壞事發生，又或者成就比較重大的好事；在這種情況下，我們不能要求當事人嚴格守法。[14]我不打算討論這種偶然的撒瑪利亞抗命，因為我關注的主要是觸發撒瑪利亞救援的危險情況與所違反的法律有因果關係的那種情況。

如果法律明確禁止撒瑪利亞救援，救援者就會直接違法。美國一八五〇年的《逃亡奴隸法》就是惡名昭彰的例子：該法律禁止援助逃亡的奴隸，要求人們協助執法者抓捕逃走的奴隸。道格拉斯（Frederick Douglass）曾說，該法律「將對黑人仁慈變成犯罪」。[15]但是，在南北戰爭前的美國，有能力的居民都有道德義務照顧向他們求助、受了傷的逃亡奴隸，即使這是直接違法的行為，除非他們確定自己這麼做會被人發現。最近的例子則有阿拉巴馬州二〇一一年的HB 56法律：它將「與掩護、庇護或試圖掩護、庇護非法入境的外國人有關的特定行為」變成犯罪行為（該法律生效幾個月後，法院凍結了這條規定）。另一個例子是法國移民法L622-1：根據該法，任何人「協助或試圖協助外國人非法進入法國、在法國活動或居住，可被監禁五年和罰款三萬歐元（超過三萬兩千美元）」。美國或法國公民如果幫助無證移民，例如在簡陋的臨時廚房為他們提供食物、為他們提供藏身處或開車送他們去醫院，可被當局控以重罪。但是，有能力者可能負有提供這種撒瑪利亞救援的道德義務。

---

14. 必要性抗辯在美國獲承認為普通法（common law）和多數州的成文法的一部分。這種抗辯的概述可參考Laurie Levenson, "Criminal Law: The Necessity Defense," *National Law Journal* (1999). 有關必要性抗辯背後理據的討論，參見Brownlee, *Conscience and Conviction*, 181-184.

15. 道格拉斯還說，該法律「賄賂法官」，因為法官每判一名受害者為奴隸可以得到十美元，放走一個人則可得到五美元。Frederick Douglass, "What to the Slave Is the Fourth of July?," in *Frederick Douglass: Selected Speeches and Writings*, ed. Philip S. Foner (Chicago: Lawrence Hill, 1999), 188-206.

持續的撒瑪利亞危險

撒瑪利亞危險為什麼會「持續」？因為一個由互有關聯的規範、常規和制度構成的體系，令特定社會群體的成員一再受到不公正的對待。如我們在上一章所看到，美國當年的種族隔離制度就是一個有力的例子：這個種族階級制度排斥美國黑人，使他們很難參與政治，而且令他們面臨物質極度匱乏的情況，因此製造出持續的撒瑪利亞危險。這個體系靠強制、恐嚇和恐怖手段維持；警察和官員使該制度得以運作，並令情況惡化。

美國眼下的大規模監禁制度是另一個例子，迫切需要我們關注。[17]二〇一七年，美國在囚犯人超過兩百三十萬人，另有五百萬人處於緩刑或假釋狀態。[18]監獄裡的囚犯為何處於危險中？監獄過度擁擠。美國最高法院二〇一一年宣稱，加州監獄過度擁擠的情況已經嚴重到侵犯囚犯在《美國憲法第八條修正案》下享有的免受殘忍和不尋常懲罰的權利。[19]監獄裡也有大量暴力行為，包括常見的囚犯和監獄職員對囚犯身體的攻擊，以及強姦行為。美國司法部估計，二〇〇八年將近二十五萬人在監獄和拘留所遭性侵，而且受害者往往是遭多次性侵。[20]在「超高安全級別」（supermax）監獄裡（美國有三百五十座這種監獄，歐盟完全沒有），幾乎所有囚犯都被長期單獨囚禁，有時可能長達數十年。在安全級別較低的監獄裡，犯人也可能被長期單獨囚禁。許多心理學家認為這種待遇是一種酷刑，最終可能導致犯人精神錯亂。[21]

17. 亞歷山大（Michelle Alexander）稱之為「新種族隔離制度」（new Jim Crow），而這說法廣為人知。亞歷山大將監禁人口比例上升、此現象對黑人和其他深膚色族群的惡劣影響，歸咎於失敗的反毒品戰爭、嚴苛的量刑法律、種族貌相（racial profiling）和政府越來越倚賴私營監獄。參見Michelle Alexander, *The New Jim Crow: Mass Incarceration in the Age of Color Blindness* (New York: The New Press, 2010). 一些學者最近反駁了亞歷山大的說法。戈特沙爾克（Marie Gottschalk）指出，毒品相關法律和執法常規本身，不足以解釋大規模監禁現象，因為毒品相關囚犯僅占州級監獄囚犯二〇%，暴力罪囚犯則占一半左右。參見Marie Gottschalk, *Caught: The Prison State and the Lockdown of American Politics* (Princeton, NJ: Princeton University Press, 2015). 普法夫（John Pfaff）則指出，可以解釋大規模監禁現象的最重要單一因素是一九九〇年代中發生的檢察官行為重大轉變：檢察官開始大幅增加以重罪起訴被捕者，頻率達以往的兩倍。參見John Pfaff, *Locked In: The True Causes of Mass Incarceration—and How to Achieve Real Reform* (New York: Basic Books, 2017).

18. Peter Wagner and Bernadette Rabuy, "Mass Incarceration: The Whole Pie 2017," Prison Policy Initiative, March 14, 2017, https://www.prisonpolicy.org/reports/pie2017.html (二〇一七年九月十四日查閱).

19. *Brown v. Plata* 131 S. Ct. 1910 (2011). 亦參見William J. Newman and Charles L. Scott, "Brown v. Plata: Prison Overcrowding in California," *Journal of the American Academy of Psychiatry and the Law* 40, 4 (2012): 547-552.

20. 參見David Kaiser and Lovisa Stannow, "Prison Rape and the Government," *The New York Review of Books* (March 24, 2011).

21. 參見Bruce Arrigo and Jennifer Bullock, "The Psychological Effects of Confinement on Prisoners in Supermax Units: Reviewing What We Know and Recommending What Should Change," *International Journal of Offender Therapy and Comparative Criminology* 52, 6 (2008): 622-640.

美國的城市貧民區或許也可說是持續的撒瑪利亞危險的源頭，對年輕男性可能尤其如此，因為他們的性命和人身安全經常受威脅。第一人稱的證詞，例如卡納達（Geoffrey Canada）在芝加哥南區成長的故事和科茨的巴爾的摩回憶錄，以及有關在貧困和犯罪猖獗社區生活的社會科學研究，描述了一種充斥著危險、暴力和壓力的霍布斯式社會。[22]在拉丁美洲、東南亞和非洲，貧民區和其他類型的低收入、犯罪充斥、人口密集社區也有類似的社會氣氛。

在美國，這種社區以至其他地方的許多黑人和深膚色居民都受警察的暴行傷害。美國的警察暴行猖獗到足以構成一種持續的撒瑪利亞危險。學者一般集中關注城市貧民區的警察暴行和巡邏策略。但一如「黑人的命也是命」運動的行動者強調，警方的做法威脅每一名黑人和其他深膚色公民的基本利益，無論他們屬於什麼社會經濟地位和性別。[23]美國司法部最近一份報告超越種族問題，揭露了在巴爾的摩，女性、性工作者和性少數群體特別容易受警察攻擊和性騷擾的問題。雖然該報告集中關注一個城市的情況，報告作者估計，美國各地的警察部門也有類似的厭女和跨性別恐懼偏見。[24]在世界上許多地方，女孩和婦女受持續的撒瑪利亞危險威脅，容易成為針對女性的殺戮、男性暴力、性販運（sexual trafficking）、強姦和奴役的受害者。即使在美國，女性也常擔心自己的安全。美國司法統計局估計，美國平均每六點二分鐘就發生一宗強姦案。[25]至少部分女性因為常遇到暴力對待，理應被視為處於持續的撒瑪利亞危險中。美國印地安女性的處境因為非常可怕，歐巴馬總統指情況「令我們的國族良心不安，冒犯我們共同的人性」。[26]據估計，美國每三名原住民女性就有一名曾被強姦。[27]

22. Geoffrey Canada, *Fist Stick Knife Gun: A Personal History of Violence* (Boston: Beacon Press, 1995); Coates, *Between the World and Me*; 亦參見Carolyn E. Cutrona, Gail Wallace, and Kristin A. Wesner, "Neighborhood Characteristics and Depression: An Examination of Stress Processes," *Current Directions in Psychological Science* 15, 4 (2006): 188-192.

23. 參見Kimberlé Williams Crenshaw and Andrea J. Ritchie, "Say Her Name: Resisting Police Brutality against Black Women" (July 2015). 互動網站Mapping Police Violence (https:// mappingpoliceviolence.org/) 展出二〇一五年以來警察殺死黑人的相關照片、報導和法律處理方式。英國《衛報》維護的網站The Counted則記錄二〇一五和二〇一六年美國警方和其他執法機關殺死的人數，監測死者人口特徵，並報導他們如何被殺。參見https://www.theguardian.com/us-news/ng-interactive/2015/jun/01/the-counted-police-killings-us-database (二〇一七年一月十四日查閱).

24. Report of the U.S. Department of Justice Civil Rights Division, "Investigation of the Baltimore City Police Department" (August 10, 2016), https://www.justice.gov/opa/file/883366/download.

25. 這是保守的估計，以下網頁引述該數據：https://www.rainn.org/statistics/scope-problem. 也有資料顯示，平均每兩分鐘就有一宗強姦案：http://www.wcsap.org/how-often-does-it-happen.

26. 參見http://www.whitehouse.gov/the-press-office/remarks-president-signing-tribal-law-and-order-act.

27. 這數字很可能低估了實際情況，因為報案率偏低。參見國際特赦組織的報告："Maze of Injustice: The Failure to Protect Indigenous Women from Violence", http://www.amnesty.org/en/library/asset/AMR51/035/2007/en/ce2336a3-d3ad-11dd-a329-2f46302a8cc6/amr510352007en.html.

難民和性少數群體也受持續的撒瑪利亞危險威脅。難民的旅程充滿危險。[28] 難民營是不衛生、疾病肆虐、令人沮喪的地方，暴力和自殺事件的發生率高得驚人。[29] 難民的處境構成持續的撒瑪利亞危險，因為這在頗大程度上是不義造成的，並非只是因為那些人不幸。性少數群體則特別容易受仇恨犯罪、性侵害、暴力和自殺意念傷害，尤其是在同性戀和跨性別恐懼偏見嚴重的社會——在那些地方，反同性戀和反跨性別法律使這些惡行得以發生，或令其惡化。[30]

從這些例子看來，辨明持續的撒瑪利亞危險需要掌握一些經驗知識，包括特定群體遭受怎樣的暴力和威脅、這如何影響該群體成員的福祉，以及這些威脅的社會病因（也就是它們與不義的關聯）。並不是基本利益受嚴重威脅的所有群體都可視為處於持續的撒瑪利亞危險中——這取決於持續的危險是否源自某種不義。例如雖然墨西哥的有錢人遭綁架勒索的比率相當高，我不認為他們處於持續的撒瑪利亞危險中，因為他們容易受傷害不是某種不義造成的，而是他們的財富和地位造成的。[31]

辨明持續的撒瑪利亞危險之後，我們應該怎麼做？我們接下來討論那些目睹危險發生的「路人」。這些路人因為他們自己可能並不面對的威脅，肩負某些義務，或許必須介入眼前的問題和進行有原則的抗命。

28. 例如參見Tuesday Reitano, Laura Adal, and Mark Shaw,"Smuggled Futures: The Dangerous Path of the Migrant from Africa to Europe," *The Global Initiative Against Transnational Organized Crime*, Geneva, last modified May 7, 2014, http://globalinitiative.net/smuggled-futures/ (二〇一六年六月二十一日查閱).

29. 例如參見Paul Dourgnon and Kassene Kassar,"Refugees In and Out of North Africa: A Study of the Choucha Refugee Camp in Tunisia," *European Journal of Public Health* 24, Supplement 1 (2014): 6-10; Thomas M. Crea, Rocio Calvo, and Maryanne Loughry, "Refugee Health and Wellbeing: Differences between Urban and Camp-Based Environments in Sub-Saharan Africa," *Journal of Refugee Studies* 28, 3 (2015): 319-330. 亦參見Phoebe Weston, "Inside Zaatari Refugee Camp: The Fourth Largest City in Jordan," *The Telegraph* (August 5, 2015), http://www.telegraph.co.uk/news/worldnews/middleeast/jordan/11782770/What-is-life-like-inside-the-largest-Syrian-refugee-camp-Zaatari-in-Jordan.html (二〇一七年一月五日查閱); 以及Abu Amar, "Our Life in the Zaatari Refugee Camp: No Electricity, No Space to Sleep, No Escape," *The Guardian* (September 14, 2015), https://www.theguardian.com/commentisfree/2015/sep/14/life-refugee-camp-syrian-family-jordan-escape (二〇一七年一月五日查閱).

30. 例如參見國際特赦組織有關烏干達的報告：https://www.amnesty.org/en/latest/news/2016/08/uganda-minister-remarks-against-lgbti-people-amount-to-advocacy-of-hatred/，以及有關牙買加的報告：https://www.amnesty.org/en/countries/americas/jamaica/report-jamaica/。

31. 有關綁架的統計數據不可靠：因為警察貪腐，估計高達八成的綁架事件並未正式報案。但是，若以絕對數量衡量，墨西哥估計是二〇〇五年以來的世界綁架之都，緊隨其後的是奈及利亞和哥倫比亞。參見Simeon Tegel, "Wealthy Mexicans Turn to Tracking Devices as Kidnap Rate Soars," *The Independent* (August 22, 2011), http://www.independent.co.uk/news/world/americas/wealthy-mexicans-turn-to-tracking-devices-as-kidnap-rate-soars-2342174.html。可能會有人反對我的看法，認為墨西哥有錢人容易受傷害是不義的反毒品戰爭造成的，他們因此處於持續的撒瑪利亞危險中。

公民作為路人

典型的撒瑪利亞人，一如《聖經》故事描述的撒瑪利亞人原型，在看到不義發生時，暫時放下手上的事，向需要幫助的人伸出援手。在現代生活中，我們會在各種各樣的情況下遇到需要幫助的陌生人。旁觀者積極介入，是一種撒瑪利亞援助。我們（親身）遇到有人身陷撒瑪利亞危險時，或遇到一種可能惡化為撒瑪利亞危險的情況時，可以也應該以積極旁觀者的身分介入，使情況緩和下來。安全介入的基本策略包括「三個D」。撒瑪利亞人應該（一）直接面對情況（direct）：對抗作惡者，或問受害者情況如何；（二）轉移焦點（distract）：分散作惡者或受害者的注意力，令情況緩和下來；（三）委託他人協助（delegate）：找另一個人來幫忙處理問題。[32]假設你坐公車，看到有人因為貌似穆斯林而受到騷擾、羞辱和威脅：因應你的具體情況（你的性別、〔在別人眼中的〕社會身分、身體特徵、何人作伴之類），你可以請作惡者停止騷擾受害者，又或者坐在受害者旁邊，假裝認識對方，並開始交談。如果情況繼續惡化，你可以轉告公車司機、請求其他人幫忙、按警報器，或報警。

持續的撒瑪利亞危險常涉及暴力，往往需要積極的旁觀者介入。公民應該了解積極旁觀者的策略和接受相關訓練，以便能安全地幫助受害者。因此，我們肩負成為負責任旁觀者的撒瑪利亞人政治義務，必須注意周遭情況，做好準備及時介入以緩和危險的情況。

我希望在此更進一步，檢視撒瑪利亞援助比較抽象和關鍵的第二個層次，那就是公民面對持續的撒瑪利亞危險時的責任。公民在他們的（地方、國家或全球）社會中，無論在哪裡遇到持續的撒瑪利亞危險，或許就成為目睹這種危險的路人，而只要他們有能力藉由政治行動援助目前和未來可能出現的受害者，他們就是潛在的救援者。

但我們可以如何像路人那樣目睹一種持續的撒瑪利亞危險（而非這種危險實際發生的某次事件）？持續的撒瑪利亞危險是結構性的，而一如學生抗爭者於一九六八年五月在索邦學院一間教室的黑板上寫下的這句名言指出：「結構不會走上街頭。」我們可以遇到真實的人身陷險境，但如何遇到一種持續的撒瑪利亞危險？是什麼使一個人成為潛在的救援者？什麼類型的政治行動可以將人從持續的撒瑪利亞危險中拯救出來？

32. 例如參見http://www.interventionanddeescalation.com/resources.html；https://watt.cashmusic.org/writing/deescalation；以及Alyssa Hernandez, "Bystander Intervention," online video, https://www.youtube.com/channel/UC69feU1j6NL5eTXyxRV0v8w。

我先解釋為什麼公民可以成為目睹持續撒瑪利亞危險的路人，而非只能目睹這種危險發生的具體事件。並非每一名公民都可以稱為潛在的救援者，因為有些人可能沒意識到那種危險，又或者沒有能力伸出援手。但我想指出，許多（或多數）公民，包括潛在受害者本身，是有能力伸出援手的路人。這怎麼可能？畢竟至少有三個反對這觀點的理由。首先，我們普遍假定路人必須接近那種危險情況，但許多公民離得很遠。第二，路人必須意識到那種危險，而這是無法保證的。最後，即使公民通常可視為路人，他們基本上沒有能力幫助陷於險境的人。接下來我回應這些反對理由。

接近

在傳統觀念裡，潛在的救援者是無辜的旁觀者，剛好身處接近陷入險境者的空間——採用范伯格的說法，他們「碰巧遇到」撒瑪利亞危險情況。[33]事實上，在標準的救援案例中，空間上接近往往至為重要。它使危險的情況變得顯而易見，使旁觀者得以立即伸出援手。因此，我們或許可以否認公民普遍具有成為撒瑪利亞人的條件——這正是西蒙斯批評威爾曼時提出的觀點，我稍後將再討論。

如果我們接受這種物理空間要求，公民的撒瑪利亞人義務將顯著受限。有些人將無法逃避他們的責任，例如與女性一起生活的男人，與黑人相鄰、活在相同社會結構下的白人。但是，一起生活的男女有家庭或愛情關係，「種族政體」（racial polity）中的黑人和白人則往往不是這樣——種族政體是米爾斯提出的名詞，指那種以「種族契約」（Racial Contract）建立、以維持白人的特權和宰制非白人為目的的國家。[34]在那種社會中，黑人與白人沒什麼共同點：他們往往既非朋友也非同事，既非親戚也非鄰居。社會阻撓跨種族友誼和愛情，工作場所缺乏種族多樣性，不同社區界線分明，居住方面形同實施種族隔離。[35]在極端情況下，持續的撒瑪利亞危險可能發生在隔絕之處，例如監獄和貧民區，不但將多數公民隔絕在外，還掩蓋了必須糾正的弊病。

但是，在旅行安全快速、資金和資訊順暢流動的當前時代，物理空間上相近對成為撒瑪利亞人根本不算重要。如西蒙斯指出：「援救的道德義務落在那些剛好身處緊急狀況現場，或是因為

---

33. Feinberg, *Harm to Others*, 171.
34. Charles Mills, *The Racial Contract* (Ithaca, NY: Cornell University Press, 1997).
35. Elizabeth Anderson, *The Imperative of Integration* (Princeton, NJ: Princeton University Press, 2010).

知情而可以身處現場的人身上。」[36]我們來看跨國援助的例子，例如救災行動。需要援助者與潛在救援者可能相隔數千哩，但因為電子媒體發達，物理距離與掌握災情、知道有人需要救助已經沒什麼關係，旁觀者因此擴展為世界各地的廣大人群。例如二〇一七年颶風瑪莉亞吹襲波多黎各之後，國際援助湧入當地，因為川普政府未能制定及時和充分的救災計畫（與政府對幾個月前颶風哈維吹襲德州和颶風艾瑪吹襲佛州的反應截然不同）。在這種情況下，真正重要的是了解問題和有能力協助解決問題——許多人因此能夠為遠方的人和鄰居提供撒瑪利亞援助。這正是彼得・辛格在〈饑荒、富裕與道德規範〉（Famine, Affluence and Morality）一文中提出的支持跨國撒瑪利亞人義務的主要理據。[37]類似的道理也可能適用於一國之內的情況，甚至近乎公正的社會也是這樣。公民落在范伯格的路人與辛格的遠方旁觀者之間的某個位置，確切位置視乎他們與製造出持續的撒瑪利亞危險的不義制度、常規和法律有何關係。

意識

受危害群體的成員很可能曾親身遭受撒瑪利亞危險傷害，或目睹這種危險。他們很可能察覺問題，並明白危險持續是不義所導致的。但可悲的是，在受危害群體以外，多數人確實可能並未意識到問題的存在。世界上多數國家（國家內部和國家之間）都有一種標準的失衡狀況：有錢人、順性別異性戀白人男性和主流宗教群體的成員，通常都不大了解貧民區居民、黑人和其他深膚色族群、性少數群體、無證移民和弱勢宗教信徒面對的持續的結構型危險。

公民對這種問題意識不足，或許可以用兩個因素解釋。其一是公民（尤其是居優勢地位的公民）欠缺有關那種持續危險的基本資料，因此沒注意到問題。其二是他們未能認清使撒瑪利亞危險一再發生的不義狀況。在此情況下，公民看到有人受危害的事實，但並未認識到問題的持續或不義性質。第一個因素涉及可見度（visibility）問題，第二個因素則涉及道德盲目或冷漠的問題。

持續的撒瑪利亞危險若發生在封閉的空間如監獄和貧民區，尤其可能被忽視（下一章將進一步討論面對囚犯權利遭侵犯的問題時，我們有什麼政治義務）。當局未能認真看待受害者的報

---

36. Simmons, "The Duty to Obey and Our Natural Moral Duties," 184.
37. Peter Singer, "Famine, Affluence, and Morality," *Philosophy & Public Affairs* 1, 1 (1972): 229-243.

告，或未能將問題適當歸類（例如歸類為強姦或仇恨犯罪），以及受害者沒有報案（可能是因應第三章討論的官員瀆職問題——制度無效和不可信的問題）；又或者媒體未能提供適當的資訊，以致公眾假定那種危險是偶發而非持續存在，全都可能導致撒瑪利亞危險遭掩蓋。如果一種文化的主流觀念鼓勵人們將普遍存在的危險視為異常情況，則問題也可能涉及道德盲目。此外，即使人們認識到危險是持續的，主流觀念也可能助長這種看法：受危害群體因為自身的特徵，受那種危險威脅是合理的。例如在美國，因為很多人認為黑人本質上容易犯罪和威脅他人，而警察則是訓練有素的社區服務者，警察對黑人疑犯施暴太常被視為是合理的。

可見度問題和道德盲目能否免除公民的撒瑪利亞人義務？對問題沒有意識或許可以，但根源何在相當重要。如果公民真的看不到——而且我們不能合理地期望他們看到——周遭的持續危險，他們就沒有伸出援手的撒瑪利亞人義務。但是，如果我們可以合理地期望他們意識到危險，公民就可能肩負撒瑪利亞人義務，無論他們是否意識到這一點。

如果公民因為未能看清危險的根源在於不義而意識不足，那又如何？即使文化和意識形態將不義合理化，公民也可以因為道德盲目和冷漠而受指責。美國的種族隔離制度再次提供了一個很好的例子。種族隔離制度下沒有可見度問題。三K黨經常以炸彈攻擊住宅和教堂。警察不但沒有保護黑人，還會當眾主動攻擊黑人。除了無數鮮為人知、旨在恐嚇黑人和劃出明確社會分裂界線的暴力行為，研究者還記錄了美國南部十二個州一八七七至一九五〇年間超過四千宗的「種族恐怖私刑」。[38]恐怖私刑當年是重大公共事件；白人公民知道有這種事，許多人還成為觀眾。我們無法合理地認為心智健全的南方成年白人不知道美國黑人持續受到威脅和活在恐懼中。儘管如此，多數南方白人仍支持種族隔離，而且未能認識到黑人持續面臨危險是不義的。那個年代的流行觀念製造出一種影響重大的心態，結合了自欺、冷漠和否認現實這三種問題。

不過，雖然支持種族隔離的白人至上主義文化和意識形態或許可以解釋人們的無知，但無法為他們開脫。如我在第七章將指出，這有一部分是因為我們肩負「二階」（second-order）義務：我們有義務盡自己所能去認識和履行我們的主要道德義務，而這在有人受壓迫的情況下尤其重要。舉例而言，這些次級義務包括尋求資訊、根據證據修正個人信念、在道德思辨中保持審慎、自我反省、拒絕自欺和培養同理心的義務。在種族隔離制度下，許多白人公民可說是未有履行這些義務，應受指責。在各方普遍抗議的情況下，聲稱自己沒意識到問題也很難令人相信。一

38. Equal Justice Initiative, "Lynching in America: Confronting the Legacy of Racial Terror," 2nd ed., (2015), http://eji.org/sites/default/files/lynching-in-america-second-edition-summary.pdf（二〇一六年十一月十五日查閱）.

旦示威者和其他人吸引公眾注意不義狀況，問題意識就會逐漸普及。藉由這種方式，撒瑪利亞人義務將逐漸約束越來越多人：隨著越來越多人意識到持續的撒瑪利亞危險，繼續否認這種危險的人將越來越應該受指責。

即使持續的危險已眾所周知，履行撒瑪利亞人義務的負擔並非平均落在每一個人身上。相對於撒瑪利亞危險，人們的處境各有不同：在有見識的人當中，有些人因為他們掌握的資源和可以發揮的影響力，比較有條件幫忙解決問題。許多公民大有條件伸出援手，而且不會使自己或其他人承受不合理的代價。多數人應該做的比他們意識到的多得多。

可能會有人擔心，相對於居優勢地位的人，已受壓迫者比較可能具有成為撒瑪利亞人的條件，因此更受撒瑪利亞人政治義務束縛。已受壓迫者不但更接近和更了解撒瑪利亞危險，可能承受的損失（以過美好生活的可能衡量）也少於居優勢地位的人。如果我們因此要求已受壓迫者承擔較大的負擔，那是不公平的。不過，我在這裡所講的並不意味著已受壓迫者必須承擔較大的負擔。有能力幫忙（對成為撒瑪利亞人的潛力至為重要）與沒有什麼可以損失不同。一個人幫忙解決問題的能力，取決於他在社會裡享有的機會和地位，而能力越大，幫忙解決問題的責任越大。這意味著肩負最重的撒瑪利亞救援義務的是居優勢地位的人，而非受壓迫者。

以改革作為救援手段

撒瑪利亞危險產生援救義務。但如果這種危險是持續的，一有需要就必須出手援救是令人畏懼、沒完沒了的負擔，也不足以解決問題。在美國實施種族隔離制度的年代，援助該制度的受害者無疑是有益和高尚的行為，但一次性的救援無法動搖白人至上主義規範，也改變不了法律未能平等保護每一個人的體制失靈問題。美國現今的警察施暴問題也一樣：在警察暴行相當常見的少數族裔社區，逐一援助警暴受害者並不能改變支持警察施暴的制度和文化條件。公民應該做的其實是推動改革。不義的法律和制度必須廢除或修改，以便糾正或阻止系統性危害。

這是一種新見解。沒有人質疑撒瑪利亞人義務是否要求有人親自出手援助，但結構改革是另一回事。事實上，在《聖經》故事裡，那個撒瑪利亞人只需要幫助那個受傷的人。那個撒瑪利亞人並不關心容許襲擊者逃脫和可能再犯罪的不義狀況。只要獲救的受害者並非某個持續受危害群體的成員，這是沒問題的。但如果受害者是持續受危害群體的成員，撒瑪利亞人義務對我們的要求就並非只是一次性的救援：它要求我們推動結構改革，改變製造出持續的撒瑪利亞危險的法律或制度，減少產生這種危險。

就人道主義干預而言，我們慣於將撒瑪利亞救援與嚴肅、有時曠日持久的干預連繫起來，而其基本目的是防止暴行（而非其他目的，例如建立公正的制度）。同一道理也適用於持續的撒瑪利亞危險，但在這種情況下，我們關注的是拯救一些群體擺脫不義的社會政治狀況製造出來的危險處境，它因此要求我們糾正這些問題。故而，撒瑪利亞人義務也可以支持我們改善製造出持續的撒瑪利亞危險的法律或制度。

那麼，這付諸實踐的情況如何？我稍早提到，美國原住民女性面臨結構性撒瑪利亞危險：她們成為性暴力受害者的比率高得驚人。根除這些危險涉及法律、社會和道德層面的廣泛改革，當中有些已經展開。一些非政府組織，例如安尼希納比法律服務（Anishinabe Legal Services）和印地安法律資源中心（Indian Law Resource Center），示範了撒瑪利亞援助：它們設立強姦危機中心，並且為性暴力受害者提供法律資源，藉此保護原住民女性的安全和免於恐懼的自由。[39]關鍵問題之一，是原住民女性遭受的強姦和性侵害有八六%為非原住民男性所犯，而很少人因此遭起訴。[40]在小說《圓屋》（*The Round House*）中，鄂萃曲（Louise Erdrich）生動地敘述了在美國許多原住民保留區，錯綜複雜的法律如何妨礙強姦案的調查和起訴。[41]

二〇一一年，歐巴馬總統頒布《部落法律與秩序法》（Tribal Law and Order Act）。這部綜合性法律希望能填補刑事司法系統的重要漏洞，增強聯邦政府與印地安部落合作的能力，冀能更有效地調查與起訴影響部落社群的罪行。[42]制定這部法律是撒瑪利亞救援的關鍵一步，但美國原住民女性面臨持續的危險，法律與執法方面的不足並非全部的結構因素。問題還涉及規範與文化，因為流行的刻板印象將原住民女性非人化與物化。[43]這方面也需要根本的改革，以改變人們的心態和觀念：我們必須處理媒體冷落原住民的問題，揭露和拆穿對原住民不公平的刻板印象，教授有關原住民文化的知識，以及在媒體和電影中提供有關美國原住民身分的豐富描述。[44]

有原則的抗命

促成改革有許多方法，而政治變革的原因太複雜，我們因此無法確定政治變革的所有必要與充分條件。但有一步肯定是必要的，那就是要求改革。我們要求改革，也就指出我們希望消除的危險，以及令這種危險一再發生的不義狀況。

39. 參見http://www.alslegal.org和http://www.indianlaw.org.
40. 參見Amnesty, "Maze of Injustice."
41. Louise Erdrich, *The Round House* (New York: HarperCollins, 2012).
42. 參見http://www.whitehouse.gov/the-press-office/remarks-president-signing-tribal-law-and-order-act.
43. 有關將美國原住民（尤其是女性原住民）非人化的負面刻板印象，相關討論參見Amnesty, "Maze of Injustice."
44. Peter A. Leavitt, Rebecca Covarrubias, Yvonne A. Perez, and Stephanie A. Fryberg, "'Frozen in Time': The Impact of Native American Media Representations on Identity and Self-Understanding," *Journal of Social Issues* 71, 1 (2015): 39-53.

改革要求源自社會運動，可以由條件優越的個人傳播出去——他們不必違法，就可以向公眾發言或尋求改革法律。例如公職人員、新聞工作者和律師因為可以利用政治與司法管道，就具有這方面的優越條件：他們有大量機會宣傳相關訊息，也有尋求系統變革的工具，例如利用影響力訴訟（impact litigation）和較小型的案件突顯廣泛的問題。但多數人並不掌握這些權力槓桿：對他們來說，公開抗議和公民抗命可能是躋身政治論壇的有效手段。空噪組織的「相約小睡」活動就是很好的例子：它們提醒大眾注意印度女性身處公共空間會擔心自身安全的問題，並希望幫助女性消除這種恐懼。自稱「行動英雄」的參與者採用合法但麻煩的戰術，其力量仰賴女性顯而易見的脆弱性。二〇一二年十二月，印度女性潘迪（Jyoti Singh Pandey）在德里一輛公車上慘遭輪姦之後，類似的行動非常多。潘迪在醫院接受治療時講述了她長達一小時的慘痛經歷，隨後死去。此事震驚世界。因應國內和全球的憤怒以及抗爭者的呼籲，印度隨後制定了比較有力的法律和政策對付性暴力。但是，人權組織指出，強姦案受害者尋求公道和重要支援仍面臨重大障礙，主要是因為警察、醫師和法官將這些受害者汙名化。[45]這問題並非印度獨有。在世界各地，數以百計的遊行集會——例如「奪回夜晚」（Take Back the Night）和「蕩婦遊行」（SlutWalk）——呼籲終結強姦文化和責怪受害者的陋習。遊行集會未必是非法的，但可能變成非法活動：一旦警方命令抗議者離開或解散，合法的抗議就可能變成公民抗命。

下一章將討論教育大眾認識不義，進而替改革鋪路的關聯政治義務；在上一章，我則詳述了支持公民抵抗運動效力的一些實證證據。在這一節，我想集中討論有原則的違法行為，包括公民抗命和非文明抗命，說明它們可以吸引人注意持續的撒瑪利亞危險，而且有時甚至是必要手段。

歷史經驗證明，公民抗命往往是引人注意不義狀況的一種方法。在美國，民權運動的遊行（違反法院命令）、占座行動和自由乘車運動暴露了種族隔離制度造成的持續危險，因此突顯了改革之必要。「黑人的命也是命」運動在美國各地組織了公開抗議、祈禱、「裝死」（die-in）、歌唱和中斷交通等行動，要求進行結構改革和警方為殺死無武器的黑人問責。例如在二〇一六年七月，隸屬該運動的團體「讓我們呼吸」（Let Us Breathe Collective）在芝加哥組織了一次遊行，要求改革警政。一些抗議者在未經許可的情況下遊行經過住宅區，與在警局前將自己鎖在一起的抗議者會合。抗議者唱歌和朗誦詩歌之後，警方要求他們離開。抗議者拒絕離去，警方於是拘留他們。[46]

45. 參見Human Rights Watch Report, "Everyone Blames Me."
46. 參見Lolly Bowean, "Protesters Chain Themselves Together in Front of Chicago Police Station," *Chicago Tribune* (July 21, 2016): http://www.chicagotribune.com/news/local/breaking/ct-black-lives-matter-march-lawndale-police-strategies-20160720-story.html (二〇一七年二月十五日查閱).

我們知道，撒瑪利亞人介入行動必須合理設計以保護受威脅的利益。公民抗命可以如何成為拯救持續受威脅群體成員的合理介入手段？公民抗命的正當性並不仰賴立即促成改革。我們期望的是公民抗命有效地促進撒瑪利亞人使命：抗命行動揭露令撒瑪利亞危險一再發生或加劇的不義狀況，並提出結構改革的要求。要在這個基本層面成功，公民抗命者通常必須提出一個清晰的重要訊息，而且遵循第四章提出的指引，藉由結盟和對從政者施壓，致力促進政治變革。

但我想更進一步指出，公民抗命以外的其他有原則違法行為也可以幫助消除持續的撒瑪利亞危險。例如美國就有囚犯違反監獄規定進行絕食，藉此譴責不人道和危險的單獨監禁待遇（下一章將進一步討論）。游擊街頭藝術也可以引人注意持續的撒瑪利亞危險：例如英國塗鴉藝術家班克西（Banksy）就創作了一系列的作品，提醒大眾注意美國以駭人聽聞和侮辱人格的方式對待恐怖主義嫌犯。班克西也曾在迪士尼樂園巨雷山飛車園區內放置一個身穿橙色連身衣、戴著頭罩、雙手被銬在背後的充氣娃娃，藉此揭露關塔那摩灣問題。

再舉一個例子：二〇一五年九月，困在布達佩斯郊外一個臨時難民營的尋求庇護者，決定遊行至九十哩外匈牙利與奧地利接壤的邊境，藉此抗議該難民營的環境和歐洲國家對難民危機反應不足。被迫逃難的人無疑受持續的撒瑪利亞危險威脅。這次行動違反匈牙利當局的直接命令和歐盟有關尋求庇護的各種規定。雖然行動是公開的（遊行者邀請媒體採訪），也是非暴力的，它可說是不符合公民抗命的標準，因為那些尋求庇護者不具相關地位（他們不是匈牙利政治社群的成員）。

因此，有原則的抗命（無論是公民抗命還是非文明抗命）可以藉由揭露令特定群體持續受威脅的不義狀況和要求相應的改革，對救人脫離持續的撒瑪利亞危險做出顯著的貢獻。公民作為目睹持續的撒瑪利亞危險的路人，因此可能必須從事有原則的抗命，藉此為撒瑪利亞救援盡自己的一份力。

反對意見

撒瑪利亞人的判斷

反對前述撒瑪利亞人政治義務論述的第一個觀點認為，即使撒瑪利亞人義務要求我們在援救過程中違法，守法的義務總是凌駕那種瑪利亞人政治義務。守法義務應該總是優先，因為有關撒瑪利亞人義務的判斷太富爭議，不能留給個人決定。因為人們對撒瑪利亞危險難免有不同的看法，我們不應該任由個人決定他們是否受撒瑪利亞人義務束縛。且以反墮胎行動為例。無論是公開抗議、以炸彈攻擊墮胎診所或襲擊提供墮胎服務的人，反墮胎行動者都宣稱他們的行動是基於拯救胎兒的撒瑪利亞人義務。有些反墮胎人士認為胎兒與人享有相同的道德權利，應該獲得與人相同的法律權利。他們因此認為撒瑪利亞人義務要求他們以一切必要手段反對墮胎。他們堅持認為撒瑪利亞人義務凌駕所有其他考量，包括孕婦的權利和診所職員免受騷擾和傷害的權利。他們在法庭上經常訴諸必要性抗辯，強調案件涉及緊急情況或死亡威脅。[47] 他們有時甚至宣稱，撒瑪利亞人義務要求他們動用致命武力對付提供墮胎服務的人。[48] 這個例子顯示，任由個人自由判斷撒瑪利亞危險，可能製造出相當危險的情況。

對此我想指出，相對於非強制性行動，強制性行動必須有更強的理由支持。幫助無證移民的違法撒瑪利亞救援，通常不涉及任何強制性行動，也不妨礙任何人的權利。相對之下，激進的反墮胎行動妨礙或損害女性和墮胎服務提供者的權利。好撒瑪利亞人有時在援救過程中可能訴諸強制或暴力手段，但他們必須證明他們的行為對完成救援具有合理的必要性，經妥善設計以保護受威脅的利益，而且受到適當的約束（例如手段與威脅相稱）。如果我們出於討論的目的，承認胎兒有出生的權利，則反墮胎抗議如果不涉及騷擾或恐嚇孕婦與診所職員，或許就是正當的。但如果湯姆森（Judith Jarvis Thomson）替墮胎辯護的理據是正確的，也就是未出生胎兒的生命權利不包括利用母親身體的權利，則以暴力手段對付尋求墮胎的女性和提供服務的醫師，就無法以履行撒瑪利亞人義務作為理由。[49]

我不想在這裡就墮胎問題發表意見。我只需要指出，撒瑪利亞主義本身並不告訴我們如何辨明撒瑪利亞危險：我們辨識撒瑪利亞危險時，還必須考慮有關什麼人具有必須保護的基本利益或無條件基本需求的其他事實和價值觀。但是，雖然我們對撒瑪利亞人義務要求我們怎麼做可能做出錯誤的判斷，這並不意味著我們不可能有展開違法撒瑪利亞救援的道德義務。這只是告訴我們，人們對何謂撒瑪利亞危險會有不同的看法，對道德義務要求他們做什麼可能會有錯誤的判斷。

這種反對意見的另一個版本試圖調和違法救援的撒瑪利亞人政治義務與守法的道德義務，它認為好撒瑪利亞人應該幫助需要援助的人，然後服從法律的要求，向當局舉報受助者，從而同時滿足撒瑪利亞人義務和守法義務的要求。諾爾斯（Dudley Knowles）就認為，作為守法的公民，好撒瑪利亞人總是尋求以合法的方式援助處於危險中的人。[50]例如在阿拉巴馬州，守法的公民遇

---

47. 例如參見*United States v. Hill*, 893 F Supp 1044, 1048 (ND Fla 1994); *Zal v. Steppe*, 968 F2d 924, 929 (9th Cir. 1992)；以及*Northeast Women's Center v. McMonagle*, 868 F2d 1342, 1350–52 (3d Cir. 1989)。法院通常強調反墮胎者可以選擇合法的替代方案。971 F.2d 193 (9th Cir.) *cert. denied*, 112 S. Ct. 2980 (1992).

48. 參見Jennifer Jefferis, *Armed for Life: The Army of God and Anti-Abortion Terror in the United States* (Westport, CT: Praeger, 2011)。

49. Judith Jarvis Thomson, "A Defense of Abortion," *Philosophy and Public Affairs* 1, 1 (1971): 47-66.

50. Knowles, "Good Samaritans and Good Government."

到需要急救的無證移民，會開車送他去醫院，然後向當局舉報。如此一來，他既可以履行撒瑪利亞人義務，又不必違法（假設當局不能對先援助後舉報的人控以重罪）。

我對此論的吸引力持懷疑態度。注意，當年美國實施《逃亡奴隸法》時，沒有人會堅持這種反對意見，因為舉報逃亡的奴隸將導致他們回到可怕的撒瑪利亞危險中（回到受奴役的狀態），甚至可能喪命。同樣道理，如果無證移民遭拘留和驅逐出境將使他們陷入險境，撒瑪利亞人援助義務將禁止援助者配合法律的要求，在伸出援手之後告發無證移民。事實上，有證據顯示，美國的拘留中心情況相當可怕。[51]而我們也可以合理地指出，許多無證移民是希望逃離他們受嚴重暴力威脅的環境，強迫他們回去那種環境等於使他們再度受威脅。英國《衛報》二〇一五年一篇調查報導和國際特赦組織一份報告指出，在被美國遣送回中美洲的人當中，數十人回到薩爾瓦多、瓜地馬拉和宏都拉斯數天或數週內遭謀殺。[52]因此，在類似情況下，違法的撒瑪利亞救援必須暗中進行——手段因此是非文明的。

代價不合理

第二種反對意見集中關注撒瑪利亞抗命的代價。即使我們同意，將履行道德義務變成犯罪行為或製造出持續的撒瑪利亞危險的法律是不義的，我們可能仍將擔心，履行我們的撒瑪利亞人道德義務可能危害我們過美好生活的可能。想想稍早的例子：在南北戰爭前的美國援助逃亡的奴隸，後果可能非常嚴重。懷海德（Colson Whitehead）在其歷史小說《地下鐵路》（*The Underground Railroad*）中描述了一件慘事：北卡州一對白人夫妻因為庇護一名逃亡的年輕女奴，被發現後遭私刑殺害。[53]當時這種懲罰相當常見，而且非常張揚，因為行私刑者希望藉此嚇阻協助奴隸獲得自由的行為。如今在阿拉巴馬州等地，幫助無證移民是一種重罪。一個人或許承認自己有援助無證移民的撒瑪利亞人義務，但如果他很可能因此被控以重罪，以致日後可能無法過美好的生活，我們就不能說他有道德義務去做這件事。

---

51. 參見"Lives in Peril: How Ineffective Inspections Make ICE Complicit in Detention Center Abuse," *Immigration Detention Transparency and Human Rights Project*, http://immigrantjustice.org/lives-peril-how-ineffective-inspections-make-ice-complicit-detention-center-abuse-0 Proceedings of the Aristotelian Society 112, 2 (2012): 161-78.(二〇一六年九月二十五日查閱)同上；

52. Sibylla Brodzinsky and Ed Pilkington, "US Government Deporting Central American Migrants to Their Deaths," *The Guardian* (October 12, 2015), https://www.theguardian.com/us-news/2015/oct/12/obama-immigration-deportations-central-america; Amnesty International, "Home Sweet Home? Honduras, Guatemala, and El Salvador's Role in a Deepening Refugee Crisis" (2016), https://www.amnestyusa.org/files/central_american_refugees_-_report_eng_1-min.pdf (二〇一七年九月十八日查閱).

53. Colson Whitehead, *The Underground Railroad* (New York: Random House, 2016).

撒瑪利亞救援的代價有時確實過度高昂，以致我們不能說個人有付諸行動的道德義務。一個國家如果有系統地嚴厲懲罰抗命行為，看來就是保證了我們不可能以合理的代價完成違法的撒瑪利亞救援。由此看來，現實中存在一種有限的可能：暴政之下可能永遠不會有救人脫離持續危險的撒瑪利亞人義務，因為違抗壓迫體制的代價太高昂了。這是非常不幸的，因為暴政之下，撒瑪利亞危險應該最常發生，因此也最迫切需要撒瑪利亞救援。納粹政權就是一個可怕的例子：處決庇護猶太人的好人，是該政權的例行公事。

但是，戰後受訪時，數百人表示，他們在納粹占領波蘭時，仍然履行了他們的撒瑪利亞人義務。[54]在對抗納粹那麼危險的情況下，是什麼令他們仍然感受到自己的義務？首先，即使在暴政之下，有時也可能出現違法的撒瑪利亞救援被發現的風險大減的情況。此外，撒瑪利亞人義務的分量與危險的嚴重性和迫切性成比例，慎重因素因此不可能總是凌駕其他考量。如我們之前提到，法布雷認為義務可能要求一個人承受某種危及性命的風險。因此，我們或許可以假定，在暴政之下，救人脫離危險的撒瑪利亞人義務是很有分量的義務。

個人的作用等於零

反對有原則抗命的第三種理由，是個人行為對處理持續的撒瑪利亞危險沒有作用。撒瑪利亞人的介入必須合理地籌畫以保護受威脅的利益，但在社會運動和集體行動中，沒有一個人的參與可說是救援成功的必要或充分條件。如果我們沒有理由相信個人的努力可以產生作用，那何必為此費心呢？

雖然大多數**個人**無論怎麼做，對持續的撒瑪利亞危險可能都沒有影響，但**群體**的行為確實是有作用的。[55]也就是說，群眾的行動可以產生重大作用，但如果個人不參與，就不會有群眾。群眾行動的作用不能追溯至個別人身上，並不意味著個人參與行動的決定無關緊要。就此而言，個別的抗爭行為可以作為一種榜樣產生作用。如果社群中某個原本平平無奇的成員投入抗爭，他可能激勵其他同樣平平無奇的成員加入抗爭。這是社會運動可以發展至產生作用的一種方式。

---

54. Samuel P. Oliner and Pearl M. Oliner, *The Altruistic Personality: Rescuers of Jews in Nazi Europe* (New York: Macmillan, 1988).
55. 參見Julia Nefsky, "How You Can Help, without Making a Difference," *Philosophical Studies* 174, 11 (2016): 2743-2767.

不過，雖然個人的參與對集體救援行動確實重要，個人參與的作用不是我們反對個人無所作為的唯一原因。我們還可以訴諸公平原則，一如威爾曼論述政治義務時那樣，而這也是我在上一章所做的。救援行動不需要每一個人參與就能完成，此一事實令搭便車成為一種誘人的選擇，因為撒瑪利亞援助涉及可觀的代價。但公平原則禁止我們利用其他人參與撒瑪利亞救援的努力搭便車。因此，每一名公民都有義務運用自己可用的才能和機會，為撒瑪利亞使命盡自己的一份力量。

過度延伸撒瑪利亞人義務

救援、慈善，抑或正義？

可能會有反對意見認為我的論述將撒瑪利亞人義務延伸至面目全非。這是西蒙斯反對威爾曼理論的主要理由之一：他認為威爾曼的撒瑪利亞人理論將援救義務與慈善義務混為一談。西蒙斯堅持認為，援救義務是因應附近發生的一次性緊急情況（往往是當面遇上的情況）而產生的。他寫道：「〔但是，〕威爾曼認為撒瑪利亞人義務處理的道德任務涉及一種持續存在的問題（保障所有人的安全），而不是援救義務處理的那種局部、偶然的任務。」[56]這種反對意見或許也可以用來批評我的撒瑪利亞有原則抗命論述，因為我認為面對持續的撒瑪利亞危險，撒瑪利亞人義務要求我們處理這種危險根源處持續的不義問題。對西蒙斯來說，改革體制的道德任務是慈善而非援救問題。

我同意西蒙斯的反對意見對威爾曼的理論構成威脅，因為自然狀態的危險是假設或潛在的威脅，不是迫在眉睫的威脅。甚至想替威爾曼的撒瑪利亞人論述辯護的諾爾斯也承認，威爾曼有關救人免受無法無天的危險傷害的議論「相當誇張」。[57]但是，如果將我討論的持續的撒瑪利亞危險稱為緊急情況，卻是恰當的，而且不是一種隱喻。這種危險在面對面的情況下未必總是可見的，甚至並非經常可見，但它們並非只是理論上的危險。某種人類基本利益或無條件基本需求（包括最低限度的生命、安全、人身不受侵犯）受到威脅，而威脅是直接、迫切或很可能發生的，這種危險就發生了。

56. Simmons, "The Duty to Obey and Our Natural Moral Duties," 184.
57. Knowles, "Good Samaritans and Good Government," 168.

此外，我無法理解消除製造出持續危險的不義狀況為何會是慈善問題，雖然我可以理解這可視為正義問題。只要撒瑪利亞人義務與正義義務並不互相排斥，宣稱藉由結構改革消除持續的撒瑪利亞危險是正義問題，並不損害我的論述。在本章開頭，我迴避了撒瑪利亞權利是否存在的問題。這問題問的是：受危險威脅的人是否有獲得援救的權利？如果這問題的答案是肯定的，則撒瑪利亞援助就是保護人們權利的問題——提供這種援助因此是一種正義義務。根據法布雷的說法，援救義務是一種正義義務，是我們對受危險威脅的人的義務，可以由國家強制要求履行。[58]

完全義務 vs 不完全義務

有關威爾曼（或許還有我）將援救義務與慈善義務混為一談這種反對意見，理解它的另一種方法是區分完全（perfect）與不完全（imperfect）的義務。有關援救義務，標準的理解方式視其為一種完全義務：有能力幫忙的人應該立即出手幫助遇到危險的人。至於我在撒瑪利亞有原則抗命的例子中所講的義務，則比較像一種不完全義務，例如慈善義務就是一種不完全義務。如果我遇到一個小孩在淺水池裡溺水，而出手救他對我沒有危險，我要履行撒瑪利亞人義務，就不能丟下那個小孩不理。在此情況下，這義務是完全的。相對之下，我可以拒絕參與旨在突顯持續的撒瑪利亞危險的某次「裝死」抗議，但仍可藉由其他方式履行我的撒瑪利亞人義務。在這種情況下，義務是不完全的。從事有原則的抗命以救人脫離持續的撒瑪利亞危險，這種義務因此也是不完全的。但這不代表它因此就比較不重要，這只是意味著它可以藉由許多不同的方式履行。

明確的受害者vs潛在的受害者

在標準的撒瑪利亞援助案例中，受危險威脅者是個真實的、可識別的人，而持續的撒瑪利亞危險則是涉及「統計上的人」（statistical people）或潛在的受害者。雖然在某些情況下，這個差別有重要意義，但我不認為它與我們肩負什麼道德義務有關。

首先要注意的是，持續的撒瑪利亞危險令被針對群體的**所有**成員都產生不安全感，例如在種族隔離制度下，所有美國黑人都覺得不安全。受壓迫者所處的環境瀰漫著恐懼的氣氛，這使他們很難過有意義的生活。

無論如何，我們且假定撒瑪利亞人介入時，僅關注統計上料將遇到危險的人，無論那個人是誰。研究顯示，相對於拯救分散在一個較大的群體中、數量相同的「統計生命」，人們願意為拯

58. — Fabre, "Good Samaritanism: A Matter of Justice."

救已知身分的明確受害者付出數額高得多的金錢。[59]但對許多哲學家來說，這種厚待身分明確的受害者的傾向是一種**偏見**，不是合理的道德判斷。[60]

有些哲學家替**道德現實主義**（moral actualism）辯護，認為我們判斷一項行為的道德地位時，只需要考慮實際的人的利益，而只是可能出現的人根本不重要。[61]但海爾（Caspar Hare）駁斥了這種觀點。[62]海爾最近也探討了「統計上的人」的問題，認為我們是否可以辨明我們的行為將傷害或造福哪些人，對我們的義務有多強沒有特別重要的意義。他表示：「如果是否可以辨明身分確實有意義，那也不是很重要。我們的道德義務不會因為沒有一個明確的對象而顯著減弱。」[63]審慎思考這問題不會得出這種結論：面臨同樣的危險威脅，身分明確的人比「統計上的人」重要得多。

特殊性

如果真的有守法的義務，哲學家同意這義務有其特殊性：我們僅對自己的國家有守法的義務。但一如西蒙斯指出，基於自然義務（例如撒瑪利亞人義務或正義義務）的理論不能解釋這種特殊關聯，因為自然義務平等地約束我們所有人，無論我們的關係如何或自願做些什麼。事實上，持續的撒瑪利亞危險可能發生在任何地方，我們因此可能有義務幫助無論在哪裡遇到危險的人，而非只需要幫助本地遇險的人。對條件優越的人來說，這可能構成難以承受的負擔，因為他們原則上不僅有義務拯救本國遇險的人，也要拯救遠方遇險的人。但情況確實如此，因為面對不義，我們沒有理由將跨國義務排除在我們的政治義務之外。因此，我們可能受國內外無數的撒瑪利亞人義務束縛。我認為有趣的問題是：我們是否有從事有原則抗命的跨國義務？

我認為答案是肯定的。在某些情況下，我們有必要在本國從事有原則的抗命，以便突顯出現在外國的持續的撒瑪利亞危險——假設這麼做有助引人注意相關問題。班克西就是藉由他以倫敦

---

59. Deborah Small and George Loewenstein, "Helping a Victim or Helping the Victim: Altruism and Identifiability," *Journal of Risk and Uncertainty* 26, 1 (2003): 5-16.
60. 例如參見Norman Daniels, "Reasonable Disagreement about Identified vs. Statistical Victims," *Hastings Center Report* 42 (2012): 35-45。
61. 例如參見Jan Narveson, "Intentional Behavior and Social Science," *Journal for the Theory of Social Behavior* 6 (1976): 267-270; John Broome, *Ethics Out of Economics* (Cambridge: Cambridge University Press, 1999)。
62. Caspar Hare, "Voices from Another World: Must We Respect the Interests of People Who Do Not, and Will Never, Exist?," *Ethics* 117, 3 (2007): 498-523.
63. Caspar Hare, "Obligations to Merely Statistical People," *Journal of Philosophy* 109, 5/6 (2012): 378-390, p. 379.

為基地的游擊街頭藝術譴責美國的外交政策。另一個例子發生在二〇一三年四月孟加拉一座工廠大樓倒塌，導致超過一千一百人罹難之後。在孟加拉以外的國家，有抗議者集會譴責孟加拉蓬勃發展的成衣業漠視工人的安全和未能公平對待勞工。雖然多數抗議活動是合法的，有一些仍涉及公民抗命行為，例如抗議者拒絕服從警方要求解散的命令或違反限制令。再舉一個例子：西方國家的南亞與黑人女性組織，包括英國的「自由無懼平臺」（Freedom Without Fear Platform），因為抗議印度的性暴力而團結了起來；它們致力於對抗西方媒體對印度男性的種族主義誹謗（例如說印度男性「野蠻」、「殘忍」、「像鬣狗一樣」）和國內對基於性別的暴力的混亂態度。[64] 自由無懼平臺很好地說明了跨國撒瑪利亞人義務的現實。

如果你認為有守法的撒瑪利亞人義務，你應該進一步確認，這義務也可以要求我們違反禁止撒瑪利亞救援的法律，以及從事公民抗命以抗議危害人的不義狀況。但是，並非所有的不義都會觸發撒瑪利亞人義務。因此，我們肩負拯救無證移民的撒瑪利亞人義務是因為他們遇到危險，而非只是因為他們被剝削。我們肩負拯救女性免受男性暴力傷害的撒瑪利亞人義務，但撒瑪利亞人義務並不要求我們解決女性工資偏低或政治代表權不足的問題。為了提出完整的論述說明我們面對不義時的義務，為了將公民面對不義時的責任擴展至撒瑪利亞人義務之外，我們必須著眼別處。下一章我們來討論政治連繫。

64. 參見Hasan Suroor, "From 'incredible India' to 'area of darkness'," *The Hindu* (January 12, 2013), http://www.thehindu.com/todays-paper/tp-opinion/from-incredible-india-to-area-of-darkness/article4300421.ece Amrit Wilson, "India's anti-rape movement: redefining solidarity outside the colonial frame" Open Democracy (April 8, 2013), https://www.opendemocracy.net/5050/amrit-wilson/indias-anti-rape-movement-redefining-solidarity-outside-colonial-frame

Chapter 6

Political Association and Dignity

第六章

政治連繫與尊嚴

走廊裡傳來警衛的腳步聲。「Bheith réidh anois.」（愛爾蘭語，意思為：現在做好準備。）一名囚友說。「什麼？」另一名囚犯問道。「做好準備。」數名警衛打開另一間囚室，將一名男子帶出來。他是巴比・桑茲（Bobby Sands），除了腰間圍著一條毯子，身上什麼都沒穿。警衛推他撞牆和地板，毆打他，拖他走過走廊。他們握住桑茲的雙臂，桑茲踢這兩名警衛，並對第三名警衛吐口水。那名警衛一拳打在桑茲臉上，桑茲避開更有力的第二拳，結果警衛拳頭打在牆上。「幹！」警衛尖叫，又痛又怒。

另外兩名警衛很快地將桑茲拖進一間浴室，將他的頭按在地板上，第三名警衛拿剪刀粗暴地剪掉桑茲長長的棕色頭髮和鬍鬚。桑茲的頭和臉滿是瘀傷，血流滿面，而警衛戴著乳膠手套的手也都是血。警衛將桑茲硬拖進浴缸裡，將他的頭和身體按到水下面，水很快變成紅色。第三名警衛拿一把地板刷瘋狂地擦桑茲的身體和臉。最後他在不省人事的情況下被帶走了。

這不是現實中的場景，但它可能是真實的。這是史提夫・麥昆（Steve McQueen）導演二〇〇八年電影《飢餓》（*Hunger*）中的場面，桑茲由法斯賓達（Michael Fassbender）飾演。[1]桑茲是臨時愛爾蘭共和軍的成員，他與一些戰友被囚禁在北愛爾蘭美斯監獄（Maze Prison）時成為他們的非正式領袖，而《飢餓》的故事就發生在這座監獄。電影敘述英國政府一九七六年撤銷愛爾蘭共和軍囚犯類似戰俘的地位之後發生的事。桑茲和其他共和軍囚犯為此發起「毛毯抗議」：他們拒絕再穿一般囚犯的制服，寧願赤身裸體或只披毯子。一九七八年，在遭受監獄警衛特別殘忍的攻擊之後，共和軍囚犯發起「不洗抗議」或「穢物抗議」。他們拒絕離開囚室，也不洗澡，而且將糞便抹在囚室牆上，將尿壺裡的尿從囚室門下倒出走廊。《飢餓》非常具體地呈現了這些可怕的情況：囚室牆上塗抹了人手混合的垃圾和糞便糊狀物；警衛抹拭地上的尿液；警衛穿著適合用來處理放射性廢物的防護衣，以強力水喉沖洗囚室牆壁。

一九八一年，桑茲（在現實中和電影中）組織了一次絕食抗議，要求英國政府承認他們的政治地位。英國首相柴契爾夫人對此的回應是：「世上沒有政治謀殺、政治炸彈攻擊或政治暴力這種東西，只有犯罪的謀殺、犯罪的炸彈攻擊和犯罪的暴力。對此我們不會妥協。」桑茲六十六天後死去。

多數人認為，桑茲等人可怕的抗議和絕食行動並未取得任何成果，甚至適得其反。這些囚犯以怪誕的方式貶低了自己，絕食則是加諸自身的一種暴力。但是，我將指出，這些抗議並非白費力氣。他們以非文明的方式，力求維護政治夥伴的尊嚴。

1. — *Hunger*, directed by Steve McQueen (Film4, 2008).

關聯政治義務

在之前幾章，我們看到，正義的自然義務、公平原則和撒瑪利亞人義務雖然全都被用來支持守法的道德義務，但也全都支持抵抗不義的政治義務——包括在體面、正當的國家藉由有原則的抗命抵抗不義。現在我想談政治義務的另一個可能來源：連結（association）。連結論者以政治成員身分（political membership）作為守法道德義務的基礎。一如父母應該養育他們的孩子、朋友應該互相支持，公民應該支持他們的政治制度和遵守國家的法律：真正重要的是促進和自己有關的群體之利益，無論那個群體是自己所屬的家庭、非正式社群或政體。

源自連結的關聯義務是特殊而非普遍的：義務取決於當事人與其他人關係；關係不同，義務也不同。我們是對那些和我們有特殊關係的人負有關聯義務，例如對我們的家人、同事、教友和商業夥伴——以及我們的公民同胞。關聯義務構成自然義務和自願承擔的義務以外的第三類道德要求。自然義務是我們對全人類所肩負的，關聯義務則僅限於社群或群體的成員之間。與約定或契約義務不同的是，關聯義務通常既非當事人自願承擔的，也不是他們明確同意的。但這並不是說關聯義務產生之前，一定不會有表示同意的行動。例如我們往往是因為選擇了某種職業而承擔了職業上的義務，雖然我們可能並未直接同意相關的具體義務。但即使不是我們自願承擔的關聯義務，也在一定限度之內約束我們。

政治義務的連結論主要有兩方面的吸引力。其一是這種論述符合一般道德思想，尤其是和我們作為社會嵌入存有者（socially embedded beings）的體驗一致。連結論認為非自願群體的成員身分是我們自身身分不可或缺的一部分，因為我們認同我們扮演的至少某些角色，覺得自己受這些角色產生的責任束縛，而且重視這些成員身分必然涉及的關係。正義的自然義務、公平原則和撒瑪利亞人義務忽視我們對自己的國家和同胞負有特殊義務的感覺，政治義務的連結論則始於個人與所屬政治社群的特殊關係。

在我看來，另一方面的吸引力在於連結論者認識到，傳統觀念將政治義務等同守法的道德義務是有問題的。連結論者也認真看待多元政治義務的可能。吉伯特（Margaret Gilbert）就認為，政治成員身分至少涉及接受政治制度的權威，但關聯政治義務是否必然包括（而且只有）守法義務就很有疑問。[2]梅森（Andrew Mason）則認為政治義務主要涉及兩種特殊義務：優先考慮公民同胞需求的義務，以及充分參與公共生活的義務。[3]因此，至少有些連結論者替思考守法道德義務以外的其他類型的政治義務奠下了基礎。但是，多數的連結論文獻是致力替這個論點辯護：公民必須遵守其所屬政體的法律。

2. Margaret Gilbert, "Group Membership and Political obligation," *Monist* 76, 1 (1993): 119-131, 128.
3. Andrew Mason, "Special Obligations to Compatriots," *Ethics* 107, 3 (1997): 427-447.

有關政治連繫（或政治成員身分；我交替使用這兩個詞）如何成為守法義務的基礎，理論家提出了不同的論述。有些理論家認為，政治社群的成員身分本身就涉及承擔政治義務。[4]根據這些概念論證，守法只是一種體制的要求。另一些人則認為，政治義務並非完全源自政治成員身分本身，成員身分提供的歸屬感和認同感也很重要。[5]認同論者認為，認同所屬群體的人受群體的規則約束，無論那些規則有什麼要求。但還有一些人認為，關聯政治義務是以政治成員身分的價值為基礎。[6]他們認為關聯義務源自成員共有的關係之性質、效用或目的。

這三種類型的論述（以及每一類的特定版本）彼此差異相當大，本章提出的論點因此無法吸引所有的連結論者。這是本章與三至五章的一個無可避免的差異：在前面那三章，我的論點或許有機會（也希望能）說服所有支持正義義務、公平原則和撒瑪利亞人義務的人。在這一章，我集中討論已故哲學家德沃金提出的價值導向的連結論。它提供了一種誘人的關聯政治義務論述，而且有一個額外的好處：它利用了尊嚴這個在政治和法律方面特別有力、非常流行的概念。因此，我希望我的論點能同時吸引連結論者和尊嚴的擁護者。

德沃金的自由主義連結論

根據德沃金的觀點，如果人有守法的道德義務，那是受一種特殊的關聯義務（而非自願承擔的義務）約束，因為我們通常一出生就具有政治成員身分。特殊義務的範圍、內容和限制取決於偶然形成的慣例，包括特定社會環境下的習俗。德沃金否認慣例和社會常規是道德義務的獨立來源，但他認為它們對釐清和確定人們在特殊關係中負有什麼義務有重要作用。例如西方家庭的慣例是父母負有照顧和撫養孩子的責任，但在許多「基布茲」集體社區（以色列人的公社），照顧孩子是一項集體工作。諸如此類的社會常規因此「寄生」於基本和獨立的道德事實，包括孩子的需求。

---

4. 參見Thomas McPherson, *Political Obligation* (London: Routledge and Kegan Paul, 1967); Hans Kelsen, "Why Should the Law Be Obeyed?," in *What is Justice?* (Berkeley and Los Angeles: University of California Press, 1960), 262; Hanna Pitkin, "Obligation and Consent—I," *American Political Science Review* 59 (1965): 990-999, esp. 990-991; Margaret Macdonald, "The Language of Political Theory," in *Logic and Language*, ed. A. G. N. Flew (Garden City, NY: Doubleday, 1965). 有關制度模型，簡明扼要的討論可參見Richard Dagger, "What Is Political Obligation?," *American Political Science Review* 71, 1 (1977): 86-94, esp. 86, 90-92. 這種論述最重要的當代倡導者為Margaret Gilbert, *On Social Facts* (Princeton, NJ: Princeton University Press, 1992 [1989]). 吉伯特將自己的論述稱為「分析型成員身分」的概念論述。

5. 例如參見Alasdair MacIntyre, *After Virtue*, 2d ed. (Notre Dame: University of Notre Dame Press, 1984); Yael Tamir, *Liberal Nationalism* (Princeton, NJ: Princeton University Press, 1993).

6. 例如參見John Horton, "In Defense of Associative Political Obligations. Part Two," *Political Studies* 55 (2007): 1-19; William Kymlicka, *Multicultural Citizenship* (Oxford: Oxford University Press, 1995); Michael Walzer, *Spheres of Justice: A Defense of Pluralism and Equality* (New York: Basic Books, 1983).

德沃金認為，特殊義務一如其他道德要求，是建基於尊嚴的凌駕性詮釋價值（interpretative value）。如同他在《刺蝟的正義》（*Justice for Hedgehogs*）中的解釋，尊嚴需要自我尊重，也需要真實（authenticity）。這些原則指導倫理（有關如何「活得好」，以自己為中心）和道德（有關如何「做個好人」，著眼於我們對其他人的義務），並將兩者合而為一。站在倫理的角度，自我尊重原則要求我們接受這個觀念：個人生活得如何是重要的。站在道德的角度，自我尊重原則要求我們承認其他人的生活的客觀重要性，並展現對所有形式的人性之尊重，從而給予其他人滿足自我尊重要求的機會。真實原則涉及德沃金所稱的「倫理責任」和「倫理獨立性」。根據前者，「每一個人都有一項特別的個人責任：他必須釐清自己的生活怎樣才算成功；他有責任藉由一種他自己認同的連貫敘事或作風，創造自己的成功生活。」[7] 後者禁止我們按照並非我們自己得出的決定和價值觀行事。在道德上，真實原則要求我們承認和尊重其他人替自己設計生活方式的責任。

德沃金根據政治關係的內在性質，結合尊嚴的要求，推論出政治義務。雖然真實原則禁止屈從，它並不全面禁止我們遇到影響我們的決定時（包括在政治領域）服從權威。尊嚴容許我們與其他人分擔對我們自身生活的責任（一如我們在民主體制中所做的那樣），只要服從在某程度上是相互的。政治連繫（尤其是在民主國家）既對我們生活成功有幫助，也使我們容易遭受一種特殊的傷害——也就是單方面服從造成的屈辱。這種「危險的」關係因此需要我們承擔避免宰制其他人的特殊責任。簡而言之，政治連繫必須以相互關懷為組織原則，以免損害尊嚴。

政治義務是一種合理的（也就是真正的）義務嗎？根據德沃金的觀點，有價值的安排（例如家庭）的有問題實例，以及有問題的規範（例如盜賊之間的君子協定），對它們理論上應該約束的人並不構成真正的義務。同樣的道理，並不是在所有的政治社群，社群成員都負有守法的真正義務。只有在那些正當的社群，也就是尊重所有成員的尊嚴的社群，成員才負有守法的真正義務。因此，對德沃金來說，國家如果是正當的，國民就有政治義務：如果法律源自一個正當的政府（而且必須是這樣），公民就有道德義務服從所屬社群的法律。

德沃金區分正當與正義這兩個概念。他指出，達不到正義標準的政府也可能是正當的，條件是：

> 政府的法律和政策仍可理解為承認每一名公民的命運同等重要，而且每個人都有責任創造自己的生活。也就是說，一個政府如果致力為其公民爭取完整的尊嚴，即使它有關自己必須怎麼做的概念有問題，它仍然有可能是正當的。[8]

7. Dworkin, *Justice for Hedgehogs*, 204.
8. 同上，頁三二一—三二二。

因此，一個社群是否關心其成員的尊嚴，以及是否對每一名成員的尊嚴展現出平等的關懷，是如何理解現實的問題。德沃金認為：「理解判斷必須對時間和地點敏感，必須考慮到政治社群中的流行觀念。」[9]而社群是否正當應該根據兩項標準評估：第一是社群是否真誠地努力尊重其成員的尊嚴；第二是社群成員能否藉由政治運作進行改革。評估一個社群的正當性因此涉及解答這三個問題：社群的組織方式是否展現（或力求展現）平等和相互的關懷？社群是否有某些法律、政策或常規威脅（某些）成員的尊嚴？是否有進行改革的政治管道？

國家如果能控制宰制的瑕疵，並提供糾正瑕疵的政治和法律管道，它就能維持其正當性，並可以要求國民承擔政治義務。如果瑕疵既嚴重又普遍，政治義務就可能完全失效，而國家或許需要一場革命。歷史上和當前現實中的政體，多數落在兩個極端之間的某個位置。奴隸制、殖民主義、帝國主義和種族隔離是整個體制的問題，通常會導致政治社群喪失正當性。危及尊嚴的特定法律和常規，例如反移民政策和單獨囚禁，則展現出對某些社會群體成員的冷漠態度，因此損害政治社群的正當性。

重視尊嚴的關聯政治義務

政治連繫可能以多種方式威脅其成員的自尊，並使他們難以堅持真實原則。典型

（paradigmatic）的侵犯包括**禁止自決**——剝奪個人或族群在其生活中的決策權；**羞辱**——利用貶損人格的身體或言語待遇，損害或否定一個人的自尊；[10] **物化**——將一個人貶為一具軀體或身體的某些部分，又或者將別人視為滿足自身目的的工具；[11] **歧視**——因為一個人（看來）是某個社會群體的成員，就錯誤地迫使他承受不利的條件；[12] **剝削**——不公平地占別人便宜；[13] **邊緣化**——將某些人排除在重要的社會活動之外；[14] 以及**暴力對待**——侵犯一個人的身體或精神，例如襲擊人身或性侵害。[15] 這清單並未窮盡所有可能。此前我們已經討論過歧視和剝削，在此我想集中探討侵犯尊嚴的另一些方式，包括禁止自決、羞辱和暴力對待——這些都是北愛爾蘭的愛爾蘭人曾遭受的。

---

9. 同上。
10. 參見Avishai Margalit, *The Decent Society*, trans. N. Goldblum (Cambridge, MA: Harvard University Press, 1996).
11. 參見Martha Nussbaum, "Objectification," *Philosophy and Public Affairs* 24 (1995): 249-291.
12. 參見Andrew Altman, "Discrimination," *The Stanford Encyclopedia of Philosophy*, ed. Edward N. Zalta (Winter 2016 Edition), https://plato.stanford.edu/archives/win2016/entries/discrimination/.
13. 參見Allen Wood, "Exploitation," *Social Philosophy and Policy* 12 (1995): 150-151.
14. 參見Young, *Politics of Difference*, 53-58。
15. 同上，頁六一—六二。

自尊和真實原則都禁止我們屈從，而兩者若有一個受侵犯，通常意味著另一個也受侵犯。剝奪一個人真實生活的背景條件，同時也侵犯了他的自尊，反之亦然。因為這兩個原則的涵義實際上是相通的，我將它們合併處理。

如果我所處的政體並未視我為平等和有價值的成員，我對自己有什麼義務？如果我所處的政體並未視某些人為平等和有價值的成員，我對這些人有什麼義務？尊嚴要求我們承認自己和他人的基本道德價值，認真看待自己的生活，以及尊重其他人的倫理獨立性：它禁止我們宰制或單方面服從其他公民。

我認為政治成員身分連同尊嚴的要求，也支持我們肩負抵抗自身和他人尊嚴受侵犯的普遍義務。那些在社群中未被視為平等和有價值成員的人，在社會上或政治上是卑屈的，他們對自己和類似處境的人負有抵抗這種不當待遇的倫理和道德義務。一個政體如果侵犯部分成員的尊嚴，其他成員對尊嚴受侵犯者則負有抵抗這種不當待遇的道德義務。

這種抵抗的普遍義務的範圍和內容（它在特定情況下對我們的要求），取決於可能發生的屈辱的類型和嚴重程度，也取決於行為者的能力和機會，以及他相對於那些屈辱處於什麼位置。我提議區分和檢視四種相關的抵抗目的，它們可以從危及尊嚴的政治關係的內在邏輯推斷出來：

一、**糾正**：藉由改革或革命糾正錯誤的法律、政策、制度或體制；

二、**溝通**：公開譴責有問題的法律、政策、制度或體制；

三、**堅持**：維護自身的尊嚴；以及

四、**團結**：與受壓迫者聯手，表達與受壓迫者團結之意，而受壓迫者也彼此團結。

這四個抵抗目標互有關係，沒有明確的界線：維護自身尊嚴和表達團結之意是溝通行為，而溝通是糾正錯誤的第一步。公民有義務投入抵抗行動，以求糾正威脅尊嚴的政治狀況，並對這種狀況表達反對之意。維護自身尊嚴是一項倫理義務，出現在自己面臨屈從威脅的時候；與受壓迫者聯手和表達與受壓迫者團結之意則是一項道德義務，受壓迫者和社會中地位優越的人均可能受該義務約束。這些抵抗義務相對於普遍的抵抗義務或許可視為「半普遍的」（semi-general），是可作廢和不完全的義務。這意味著反向的審慎和道德考量可能蓋過這些義務，而行為者在有尊嚴的政治成員身分要求的限度之內，有頗大的餘地決定如何履行這些義務。

一般而言，行為者不能為了抵抗不正當的政治連繫而羞辱或侵犯自己或他人的尊嚴。行為者如果違反這原則，羞辱、物化或殘忍對待其他人，那就是錯誤地試圖宰制那些人。有尊嚴的政治成員身分似乎要求我們採用**有尊嚴的**抵抗方式（也就是行動公開、不逃避法律責任、堅持非暴力和文明原則），並且禁止非文明和**不顧尊嚴的**行為（也就是暴力、冒犯人和自我貶損的行為），或至少對這種行為預設反對立場。但我不想鞏固這種支持非暴力公民抗命的預設立場，反而想指出，在某些情況下，有尊嚴的政治成員身分支持我們投入非文明、暴力和不顧尊嚴的抵抗行動。

糾正

根據德沃金對尊嚴的理解，如果法律、政策或制度未能展現對所有人平等和相互的關懷，我們就必須糾正或換掉它們。如果法律未能尊重每一個人的尊嚴，而且問題足夠嚴重，所有人（而非僅限於尊嚴受威脅的人）都可以要求改革或革命。公民可以藉由非暴力抵抗或公民抗命，履行糾正錯誤的關聯政治義務。不過，我將檢視的是為了糾正不正當的政治連繫，有尊嚴的政治成員身分可能容許、甚至要求我們從事非文明、暴力的抵抗行為。

有尊嚴的政治成員身分並不要求我們在生命受威脅時，忽視威脅或以非暴力方式回應。事實上，我們可以令人信服地指出，自尊要求我們為自己和其他人挺身奮戰，一如麥凱（Claude McKay）一九一九年反私刑的詩作〈如果我們終須一死〉（If We Must Die）寫道：「我們將像勇士那樣面對那夥殘忍懦弱的暴民／我們被壓到牆上，奄奄一息，但仍然還擊！」在這裡，「勇士」或許可理解為自我尊重的行為者。道格拉斯當年抵抗一名馴奴者的攻擊，就維護了他的尊嚴——他使用了「男子氣概」、「自信」和「決心」等詞：

它重新點燃了僅剩的一點自由餘燼，令我重新感受到自己的男子氣概。它喚起我逝去的自信，再次激勵我下定決心獲得自由。只有曾親身受奴隸制的血腥暴力打擊的人，才能明白我體會到的深刻滿足。[16]

法農（Frantz Fanon）也認為，尊嚴禁止我們被動地承受壓迫的暴力，而對本地人來說，以暴力回應殖民者的暴力可以「恢復自尊」。[17]對這些思想家來說，自衛中使用暴力是一種道德權利、政治義務和治療力量，可以構成政治能動性本身。這不是有尊嚴行為的一種例外情況，而是尊嚴所要求的。

支持自衛暴力的理由可以延伸應用在集體身上。暴力的奴隸起義當然可以理解為對奴隸制的一種正當和有尊嚴的回應，因為奴隸的生命、自由和人身不受侵犯的權利受到迫切和嚴重的威

16. Frederick Douglass, *Narrative of the Life of Frederick Douglass: An American Slave, Written by Himself* (Minneapolis, MN: Filiquarian Publishing, 2007), 85.

17. Frantz Fanon, *The Wretched of the Earth*, trans. Richard Philcox (New York: Grove Press, 2004 [1963]), 147.

脅。但不成比例的過度暴力或旨在報復的暴力，不能以集體自衛的理由辯解。

如果政治社群因為未能回應受壓迫者善意的訴求，暴露了它欠缺正當性的本質，支持非暴力原則的預設立場也會遭削弱。這在有尊嚴的政治成員身分的基礎上，替暴力抵抗不義和壓迫的政權辯護打開了大門。我們來看非洲民族議會當年在南非對抗種族隔離制度的經驗。根據曼德拉的敘述，他們的奮鬥一開始是認真地持續嘗試藉由現行的法律和政治程序實現變革，然後是進行和平的抗議和公民抗命。非洲民族議會花了五十年時間，才決定必須採取比非暴力抵抗更激烈的行動。他們為此成立「民族之矛」武裝力量，組織破壞活動和為游擊戰做準備。[18]民族之矛的宣言這麼說：

> 每一個民族在其生命中都會遇到這樣一種關鍵時刻，眼前只有屈服或戰鬥兩個選擇。南非民族的這種關鍵時刻已經來到。我們不會屈服，我們別無選擇，只能竭盡全力還擊，以捍衛我們的人民、我們的未來和我們的自由。[19]

非洲民族議會訴諸暴力可用連結論和尊嚴論理解：因為屈服違反尊嚴的倫理要求，唯一可接受的行動是還擊，以期獲得對所有人展現平等的關懷和尊重的社會政治條件。指導有方、有所節制的革命暴力是最後手段，是糾正壓迫的政治連繫的必要和正當手段。

有尊嚴的政治成員身分，是否可以支持我們在一個除了抗爭目標、其他方面可以忍受的政體中（實施種族隔離的南非不屬於這種情況），藉由暴力抵抗糾正不義的政治關係？例如站在連結論和尊嚴論的角度，我們應該如何理解阿蒂卡起義？一九七一年，紐約阿蒂卡監獄的囚犯在長達四天的對峙中，挾持三十九名監獄警衛和職員作為人質。[20] 囚犯的武器只有一些刀子和臨時充當武器的東西，而且他們並未殺害任何人質——雖然政府說他們殺死了人質。（其中一名人質昆恩〔William Quinn〕在囚犯接管監獄的過程中受傷，囚犯釋放他，以便他接受治療，而他在醫院死去。）這並不是說這次起義符合必要原則和比例原則，但至少暴力並非無所節制。許多學者還估

---

18. 我在這裡是採用曼德拉在其自傳中的政治敘事，見*Long Walk to Freedom: The Autobiography of Nelson Mandela* (New York: Little, Brown, 2008). 但其觀點是有爭議的。David Dyzenhaus等人認為，轉向武裝鬥爭這決定在非洲民族議會中不是很受歡迎，而且實際上對反種族隔離鬥爭有反作用。參見David Dyzenhaus, "'With the Benefit of Hindsight': Dilemmas of Legality," in *Lethe's Law: Justice, Law, and Ethics in Reconciliation*, ed. Emilios Christodoulidis and Scott Veitch (Oxford: Hart, 2001), 65.

19. http://www.anc.org.za/show.php?id=77.

20. Heather Ann Thompson, *Blood in the Water: The Attica Prison Uprising of 1971 and Its Legacy* (New York: Pantheon, 2016).

計，在當時行動主義高漲的社會風氣下，這次起義有一定的成功機會，至少可以將監獄的可怕狀況公告周知。

這次起義是自發的，但很快就有監獄基層組織裡的人出任領袖。這些領袖找來三十三名外部人士到訪監獄，包括《紐約時報》的維克（Tom Wicker；他後來在一九七五年出版了講述此次事件的著作《死亡時刻：阿蒂卡監獄起義》〔*A Time To Die: The Attica Prison Revolt*〕），以及基進律師昆斯特勒（William Kunstler）。囚犯領袖要求終止無償或低薪勞動、長時間的單獨囚禁、體罰、極度擁擠的狀況和監獄裡的種族等級制度。他們要求監獄提供教育、書籍、適當的醫療、像樣的食物、宗教自由，以及特赦此次起義。他們抗議自己被排斥在政治社群之外，尋求利用現行制度程序表達不滿。監獄的狀況無法藉由政治運作改變，這證明了它是不正當的。但那些囚犯似乎假定地方當局願意聽他們的意見。而囚犯的要求也全都是合理的。

即使如此，在紐約州州長洛克菲勒（Nelson Rockefeller）的命令下，此事以大屠殺告終：二十九名囚犯和十名監獄警衛被殺，八十三名囚犯受傷。起義發生前，政府公然不顧囚犯的尊嚴，確立了悲慘和有辱人格的監獄環境；事發期間，當局拒絕滿足囚犯提出的任何一個合理要求，並以血洗監獄的方式重奪控制權；控制形勢之後，當局以酷刑對付囚犯，並公開將暴力歸咎於囚犯，此後數十年一直拒絕承認有不當行為。監獄看來可視為較大社群中一個不正當的孤立小世界（這削弱了支持非暴力抗爭的預設立場），我們因此可以將阿蒂卡起義視為囚犯的一次正當嘗試，目的是建立政治成員身分的紐帶，抵抗囚犯被剝奪公民資格和尊嚴受嚴重侵犯之不義。換句話說，這次起義源自當局認為可以用殘忍和有辱人格的方式對待囚犯這種歪理，其目的正是糾正這種歪理。

阿蒂卡起義也提供了另一方面的啟示。政府掩蓋大屠殺之所以成功，是因為政府的做法符合公眾期望：多數人認為罪犯獸性未馴，也普遍認為罪犯違反社會契約就喪失了他們的全部權利。這些觀念使一般人基本上不關心囚犯受到多惡劣的對待。如今在美國，維護囚犯權利的熱心人士面對兩大難題：人們對監獄有系統地侵犯囚犯人權（例如將囚犯當成奴工，以及長時間單獨囚禁）相當無知，而且對囚犯的遭遇漠不關心。因此，我們應該退後一步，思考如何促進和完成糾正這種不義的工作。前提條件之一是有效的溝通，而阿蒂卡起義因為當局掩蓋事實，未能達到溝通的目的。

溝通

如果我們想按照德沃金的方式保護尊嚴，也就是確保法律、政策和制度展現對所有人平等和相互的關懷，我們就必須確保人們知道尊嚴受威脅的事實。但是，不正當的做法並非總是不言自明。例如在結構型壓迫的情況下，不義隱藏在體制的正常運作中。抵抗不義應該以教育公眾為部分目的。無論我們抵抗不義的理由是基於正義義務、公平原則、撒瑪利亞人義務或尊嚴，教育都是必要的。面對危及尊嚴的政治關係，我們必須展開宣傳，提供資訊，藉此改善整個社群對尊重尊嚴有何要求的認識，突顯危害或侵犯尊嚴的具體事例，並傳播制度需要改革的訊息。

囚犯權利問題再次提供了一個寶貴的例子。若想成功抵抗大規模監禁和與此有關的虐囚惡行，我們不但必須為人們提供相關資訊，還必須幫助他們認識到囚犯也有不容侵犯的尊嚴，避免將囚犯非人化和妖魔化。人們必須對囚犯的尊嚴有一定的尊重，才能夠意識到囚犯的尊嚴受到了侵犯——一切發生在整個政體的積極贊同和消極共謀下。新聞工作者、學者、律師、維護囚犯權利的熱心人士、非政府組織如憲法權利中心（Center for Constitutional Rights）和維拉正義研究所（Vera Institute of Justice），以及跨政府組織如聯合國，每天都以合法方式致力於這種溝通使命：他們記錄和突顯侵犯人權的惡行，質疑其合法性，鼓勵批判辯論和反省，以及提出具體的政策改革建議。例如歷史學家湯普森（Heather Ann Thompson）不但在其著作《水中之血》（*Blood in the Water*）中提出了政府掩蓋阿蒂卡起義真相的確鑿證據，還促使人們認識到，美國監獄的情況自一九六〇年代以來並未改善，而且因為監獄私營化、監禁人口比例上升、長期單獨囚禁變得更普遍，在某些方面甚至惡化了。

不過，揭露並譴責侵犯尊嚴的關係，並非一定要以合法的方式，也可以訴諸有原則的抗命，包括以非文明方式抗命。在尊嚴畫出的界限之內，這可能是恰當的——如果這種抗命能比合法行動更有效吸引大眾注意的話，尤其是如果行動者欠缺合法抵抗的機會。這往往就是囚犯本身的情況。當然，有些囚犯可以利用正常發表管道替自己發聲，例如在最近出版的選集《地獄是個很小的地方》（*Hell Is a Very Small Place*）中，十六名前囚犯和在囚犯人就以親身經歷說明了單獨囚禁的毀滅性影響。[21]（這本書被譽為監獄改革的催化劑，是「劈開我們內心冰封之海的斧頭」——卡夫卡所講的「我們內心冰封之海」，用來比喻大眾對囚犯遭遇的冷漠態度是再恰當不過。）[22]但多數囚犯沒有寫作的才華，又或者沒有發表的管道。

因為很難與外界連繫，許多囚犯選擇以絕食抗議爭取尊重和支持。近年數十起絕食行動震撼美國的監獄，囚犯尤其希望抗議不人道的單獨囚禁。二〇一三年的加州囚犯絕食抗議有三萬名囚

---

21. Jean Casella, James Ridgeway, and Sarah Shourd, eds., *Hell Is a Very Small Place: Voices from Solitary Confinement* (New York: The New Press, 2016).
22. Martin Garbus, "America's Invisible Inferno," *The New York Review of Books* (December 8, 2016).

犯參與；事情從鵜鶘灣監獄的安全囚禁牢房（Security Housing Unit）開始，迅速蔓延至加州各地的監獄。[23]二〇一六年九月，美國的囚犯也組織了一次全國罷工，抗議監獄奴役他們；囚犯每天工作十二小時，工資介於零至零點九三美元之間，而即使有工資，也往往被沒收（理由是他們要付「食宿費」）。[24]在那次罷工中，美國至少二十三個州共二十九座監獄約兩萬四千名囚犯拒絕工作。在當局威脅以禁閉和其他方式懲罰罷工囚犯的情況下，罷工堅持了三個星期之後結束，未能達成目的。但這次罷工使更多人注意到監獄奴役問題。絕食抗議和罷工雖然並不犯法，但違反監獄的政策，因此是有原則的抗命行為（一般人因為政治議題而絕食，則通常不是抗命行為）。雖然這兩種行動常被歸入公民抗命的類別，考慮到它們動用的強制手段（絕食涉及自殺威脅，罷工涉及施加巨大的經濟壓力），我不認為它們是公民抗命行為。[25]它們或許可視為行為者在被剝奪公民資格的情況下，非文明但有尊嚴的有原則抗命行為——其正當性在於行為者履行其政治義務，向外界傳播他們抵抗不義的意志。

我想更進一步指出，尊嚴這理由可以支持我們以**不顧尊嚴的**方式，傳達我們反對危及尊嚴的關係之意志。有些人主張行為必須顧及尊嚴，反對不顧尊嚴的抵抗方式，而他們的理由是基於這種見解：受壓迫者應該展現出他們被剝奪的道德地位，並且令公眾相信他們值得享有那種地位。尊嚴因為政治連繫而遭侵犯的人，在爭取尊嚴的過程中應該**展現**出尊嚴。不過，雖然我認同不顧尊嚴的行為有時可能產生不良後果，這並不意味著尊嚴原則禁止不顧尊嚴的抗爭行為。我大致接受反對不顧尊嚴抗爭行為的預設立場，但我們有理由相信尊嚴原則並不排除這種行為。

我們回頭看愛爾蘭共和軍戰士在美斯監獄組織的抗議。他們的不洗抗議涉及令人噁心和自我貶損的行為。那顯然是不顧尊嚴的，甚至可說是不顧尊嚴的典型表現。但與此同時，不洗抗議有效地象徵了英國政府對待共和軍囚犯的非人化方式，因此可以在重視尊嚴的連結論框架中獲得有力的支持。不洗抗議之所以有力，是因為它戲劇性地揭露了英國政府漠視愛爾蘭自由戰士的尊

---

23. Victoria Law, "We Are Not the Worst of the Worst," *Solitary Watch* (July 7, 2014), http://solitarywatch.com/2014/07/07/worst-worstone-year-later-whats-changed-pelican-bays-hunger-strikers/.

24. 參見Incarcerated Workers Coalition, https://iwoc.noblogs.org/about/ (二〇一七年一月十七日查閱).

25. 在我看來，像Keramet Reiter和Lisa Guenther那樣強調這些抗爭方式的非暴力性質，結果是掩蓋了它們獨特的強制性，尤其是在監獄那種環境中（我也認為，囚犯的絕食抗議與一般人的政治絕食需要不同的規範分析）。參見Keramet Reiter, "The Pelican Bay Hunger Strike: Resistance within the Structural Constraints of a US Supermax Prison," *The South Atlantic Quarterly* 113, 3 (2014): 579-611; Lisa Guenther, "Political Action at the End of the World: Hannah Arendt and the California Prison Hunger Strikes," *Canadian Journal of Human Rights* 4, 1 (2015): 33-56.

嚴，並突顯了這些戰士欠缺有尊嚴表達不滿的管道。抗議的重點不在於展現他們平等的社會地位和證明他們值得享有他們被剝奪的尊重。重點是要訴說這個事實：英國政府對待他們的方式，完全不顧他們的尊嚴。他們以聳人聽聞的方式突顯他們被剝奪尊嚴的事實，藉此要求有尊嚴的待遇。不洗抗議示範了以不顧尊嚴的抵抗方式表達反壓迫的意志，而有尊嚴的政治成員身分賦予這種抗議正當性。說到底，那些囚犯出於對自身尊嚴的尊重，使自己經歷了可怕的狀況，這是值得欽佩的。

堅持

美斯監獄的抗議特別有意思，也在於這些行動從**要求**尊嚴悄然變成了**維護**尊嚴，而那些囚犯仍可履行其抵抗的關聯義務。奧莫利（Padraig O'Malley）在其著作《啃墳墓：愛爾蘭人的絕食抗議與絕望的政治》（*Biting at the Grave: The Irish Hunger Strikes and the Politics of Despair*）中仔細描述了這種轉變。[26] 一九八〇年，在毛毯抗議和穢物抗議遭嚴厲鎮壓之後，愛爾蘭共和軍囚犯組織了第一次絕食抗議，持續了五十三天。英國政府拒絕恢復他們的政治犯地位或滿足他們的任何要求（包括可以穿自己的衣服和不做監獄的工作）。

桑茲在一九八一年三月一日開始拒絕進食，從當時的情況看來，藉由第二次絕食抗議達成任何目標的機會等於零。電影《飢餓》中有一場十七分鐘、一鏡到底、令人讚嘆的戲：連恩・康尼翰（Liam Cunningham）飾演的貝爾法斯特神父試圖說服桑茲不要絕食。桑茲知道，此次絕食不大可能在政治上爭取到任何讓步，但他仍決心堅持到底：「我為此冒生命危險，是正確的事。」當局之前未滿足抗議者對尊嚴的要求，這一次也不會——即使桑茲在絕食期間當選國會議員，而他最終死於絕食，年僅二十七歲。奧莫利指出，第二次絕食除了維護尊嚴，沒有任何作用。囚犯之前已經表達了他們的不滿，而他們在改革方面實際上完全沒有希望有所成就。但是，有尊嚴的政治成員身分使我們可以理解為什麼他們在尊嚴遭剝奪時亟欲維護自身尊嚴，即使他們沒有糾正這種不義的希望。

伯克希爾（Bernard Boxill）認為，我們對自己負有抗議自己被迫屈服的一種康德式義務（Kantian duty），即使我們沒有希望糾正這種情況。[27]藉由在這種情況下抗議，一個自我尊重的

26. Padraig O'Malley, *Biting at the Grave: The Irish Hunger Strikes and the Politics of Despair* (Boston: Beacon, 1990).
27. Bernard Boxill, "Self-Respect and Protest," *Philosophy and Public Affairs* 6, 1 (1976): 58-69.

人展現出他認為自己有價值的信念，從而強化此一信念。他擊退了喪失自尊的恐懼。伯克希爾寫道：「自我尊重的人想知道他正在尊重自己。」[28]無人反對的不義誘使其受害者相信自己沒有價值或權利，自我尊重的人因此被迫抗議——抗議既是希望改善情況，也超越這種希望。伯克希爾的論點是基於康德哲學，但也可以放在連結論框架中理解，而且支持這種見解：我們面對威脅或侵犯尊嚴的政治關係時，有維護自身尊嚴的倫理義務。

這些為自己維護自身尊嚴的抗議可能是無聲的、內在的和看不見的。站在人際溝通和糾正不義的角度，它們是失敗的。但就維護尊嚴本身而言，它們未必是失敗的——即使它們無法達到溝通和糾正的目的。海伊（Carol Hay）提出了一種康德式論述解釋抵抗壓迫的自我義務，其基礎是我們的理性本質具有根本價值，而壓迫可能嚴重損害我們的理性和行為能力。她探索履行這種自我義務的方法，注意到：

> 在某些情況下，受壓迫者除了**認清自身處境涉及不義**之外，不能做任何事情抵抗自己受到的壓迫。但認清自身處境涉及不義有深刻的意義，好過什麼都沒有。這意味著當事人並未屈從於聯合起來、試圖令他確信自己沒有權利期望過更好生活的無數股力量。這意味著他認識到，他當前的遭遇既不合理，也並非無可避免。[29]

德沃金所講的尊嚴與康德所講的理性有很多共同點。德沃金將自我尊重的道德面向稱為「康德的原則」，而他的真實（authenticity）概念也接近康德的自主（autonomy）概念。最近有關抵抗壓迫的自我義務之康德式論述，例如伯克希爾和海伊的論述，因此對本章討論的連結論有啟發。在我們看來不可能糾正不當對待的時候，維護自身尊嚴本身就是滿足尊嚴要求的一種重要方式。它可以發揮一種重要作用，消除壓迫對個人尊嚴的一些腐蝕性影響。

團結

維護自身尊嚴的倫理關聯義務，在道德層面有一種類似的義務，那就是團結。之前我討論過有關團結的後果論和（基於公平的）非後果論。尊嚴也支持團結的政治義務，包括受壓迫者之間

28. 同上，頁六七。

29. Hay, *Kantian, Liberalism, and Feminism*, 141.

的團結和其他人與受壓迫者的團結。針對爭取女性參政權的運動，潘克斯特就曾表示：「以某種方式勇武起來是一種道德義務……這是每一名女性對自己的良心和自尊、對沒自己那麼幸運的其他女性、對所有後來者所欠的一種義務。」[30]因為某些理由，受壓迫者對自己負有抗議自己所受壓迫和維護自身尊嚴的義務；而因為同樣的理由，他們對處境類似的人也負有抗議壓迫和維持尊嚴的類似義務。受壓迫者投入共同的鬥爭，也就成就了彼此間的團結。

有尊嚴的政治成員身分也支持社會中處於優勢地位者承擔團結義務。根據德沃金的論述，你必須關心自己生活過得如何的理由，也是你必須關心其他人生活的理由。因此，尊嚴除了有倫理要求，也有對應的道德要求。例如倘若囚犯有義務抗議自己人格受辱，他們所有的公民同胞也有義務抗議這種不義。即使公民同胞受壓迫不是我的錯，因為我和他們都是同一個政體的成員，我對他們有責任；我必須盡我所能去糾正危及尊嚴的關係。

因此，有尊嚴的政治成員身分要求每一個人抵抗侵犯部分成員尊嚴的不義狀況。它還提供更多理據支持這個有力的觀念：除非社群真的予以**每一個人**平等的關懷和尊重，**任何人**都無法滿足尊嚴的要求。之所以如此，是因為公民不可能有道德義務去遵守有系統地侵犯其他公民尊嚴的規則。如果法律侵犯某些群體的尊嚴而公民仍接受守法的義務，他就是未能奉行真實原則，承認其他人的生活的客觀重要性。因此，團結抵抗不義是表達對每一個人的適當關懷、削弱對危及尊嚴的政治連繫之支持，以及致力於糾正那些關係的一種關鍵方式。

因此，我們應該視團結為社會中被迫屈從和處於優勢地位的成員均肩負的一種道德義務。如我在第四章替基於公平原則的團結義務辯護時指出，「團結」一詞理解為藉由有意義的合作和集體行動促進共同的目標和價值觀，似乎最適合用來描述受壓迫者之間的連結。優勢群體與受壓迫者團結有時被稱為「結盟」。在布朗（Kendrick T. Brown）和奧斯特羅夫（Joan Ostrove）的定義中，「盟友通常被視為優勢群體中的有心成員：他們致力消除他們個人和職業生活中的偏見，並藉由支持非優勢群體，放棄他們的群體地位賦予他們的社會特權。」[31]因此，男性譴責強姦文化，可以成為女性的盟友；順性別者替跨性別者爭取權利，並致力提高跨性別者的能見度，可以成為跨性別者的盟友，諸如此類。有關結盟的討論非常普遍，在行動主義脈絡中尤其如此，「盟友文化」因此既有人讚揚，也有人批評。

30. 一九一三年一月十日致婦女社會政治聯盟（Women's Social and Political Union）成員的信。http://www.nationalarchives.gov.uk/documents/education/suffragettes.pdf.

31. Kendrick T. Brown and Joan M. Ostrove, "What Does It Mean to Be an Ally?: The Perception of Allies from the Perspective of People of Color," *Journal of Applied Social Psychology* 43 (2013): 2211-2222, esp. 2211.

雖然與邊緣化群體結盟是與這些群體團結、共同行動的一種重要方式，我想提出我對盟友文化的一些擔憂，而這解釋了為什麼我選擇以「團結」描述群體內部及外部的連結。這些擔憂也有助於我們認識其他人與受壓迫者團結、共同行動的一些錯誤方式。

首先，結盟可能是虛偽的。行動主義者暨作家羅德里格斯（Princess Harmony Rodriguez）創造了「盟友劇場」（ally theater）一詞，藉此批評一些盟友在社群媒體上和其他地方惺惺作態，以便收割被視為支持某種理想的好處（得到「名聲、稱讚、好評、分享，甚至是事業發展機會」），但從不真正關心他們作為盟友理應關心的弱勢群體。[32]麥金農（Rachel McKinnon）最近利用跨性別女性的經歷，辨明了一些盟友的不良**知識**行為（epistemic behaviors）。其中一種不良知識行為是利用自認的盟友身分抵擋別人提出的不良行為指控。這可能加劇了「煤氣燈操縱」（gaslighting）——一種知識不義（epistemic injustice），「證詞的聽者對作證者正確感知事件的能力提出質疑」，並且「質疑作證者所講的傷害或不義是否真的一如他所敘述的那樣發生了」。[33]在麥金農的例子中，一名跨性別女性向一名自稱盟友的人表示，她的同事一再錯誤地將男性代名詞用在她身上，但那名「盟友」就是不相信。

因為盟友展現出值得信賴的樣子，吸引受害者信任他們，上述的聽證不公正產生一種特殊傷害：「煤氣燈操縱」背叛了弱勢者的信任。這可能導致弱勢者失去關鍵支持，並產生孤立和被排斥的感覺。麥金農因此認為，因為盟友進行「煤氣燈操縱」而受到的知識與感情傷害，「往往可能比當事人原本希望講出來以便有人分擔的傷害更慘痛」。[34]考慮到盟友行為不當的傾向和他們以盟友身分替自己開脫的問題，麥金農敦促大家摒棄盟友和結盟概念，轉為致力「培養積極的旁觀者」。我理解這種主張，而我在第五章也強調，積極的旁觀者對解救撒瑪利亞危險十分重要。

但是，我認為就確立我們對受壓迫者的關聯政治義務而言，團結仍是個令人信服的寶貴概念。積極的旁觀者是在弱勢者遇到危險時履行他伸出援手的義務。但積極的旁觀者是逐次協助糾正侵犯尊嚴的問題，團結這概念則指出，我們必須採取集體行動以糾正有系統地危及人們尊嚴的政治關係。團結因此是尊嚴框架中一種獨特和有價值的關聯政治義務：它清楚告訴我們，尊嚴遭侵犯是每一個人應關注的問題，而人人都應該表達自己尊重每個人的尊嚴之決心，並且應該參加

---

32. Princess Harmony Rodriguez, "Caitlyn Jenner, Social Media and Violent 'Solidarity': Why Calling Out Abusive Material by Sharing It Is Harmful," *BDG blog* (June 8, 2015), http://www.Blackgirldangerous.org/2015/06/caitlyn-jenner-social-media-and-violent-solidarity-calling-out-abusive- material-sharing-it/（二〇一七年二月一日查閱）。

33. Rachel McKinnon, "Allies Behaving Badly: Gaslighting as Epistemic Injustice," in *Routledge Handbook to Epistemic Injustice*, ed. Gaile Polhaus Jr., Ian James Kidd, and José Medina (New York: Routledge, 2017), 167-174.

34. 同上，頁一七二。

抵抗壓迫的有組織運動。

在上一節，我們看到，即使維護尊嚴這件事只有當事人知道，當事人仍可能有維護自身尊嚴的義務。那麼，如果尊嚴受侵犯的情況根本沒有希望糾正，受壓迫者之間和其他人與受壓迫者是否可能有團結的義務？或許有。即使沒有希望糾正不義，團結也並非毫無意義：溝通和維護尊嚴仍是抵抗的重要目標。但如果連這些目標也無法達成呢？我想到象徵性的個人團結行為。這種行為並不期望促成社會變革，也可能不會有任何人看到——就像某些看不見的維護尊嚴的行為。例如西蒙娜．韋伊（Simone Weil）六歲時發現，參與第一次世界大戰的法國士兵沒有糖可以吃，她就放棄吃糖，以示個人與那些士兵團結。博瑪里托（Nicolas Bommarito）認為，像韋伊這種行為「本身在道德上是高尚的，可以在道德發展中發揮重要作用」。[35]站在尊嚴連結論的角度，個人團結有明確的表達價值：它表達了追求尊嚴的決心，即使只有當事人知道。因為我們通常可以藉由某些其他抵抗行為，為達成某些目標盡一份力，我們沒有進行個人團結行為的關聯政治義務。但是，如果我們遇到真的完全無事可為的情況，個人團結或許就成為一種義務，一如受壓迫者無事可為時，至少必須認識到自身處境涉及不義，藉此維護自身尊嚴。

總而言之，有尊嚴的政治成員身分支持我們肩負抵抗自身與他人尊嚴遭侵犯的普遍義務。在所屬社群中未被視為平等和有價值成員的人，也就是在社會與政治上處於卑屈地位的人，對自己和其他人負有抵抗自身所受不當對待的關聯政治義務。而一個政體如果侵犯其部分成員的尊嚴，該政體的成員都負有抵制這種不當對待的關聯政治義務。視行為者與具體情況而定，這種普遍義務可能包括抗議不義（以便向不義源頭傳達反對之意）、試圖糾正不義、維護自身尊嚴，以及藉由集體和個人行為表達團結這些具體義務。

現在我們來看針對前述的政治抵抗連結論的一些反對意見。

反對意見

太苛求

首先，可能會有人認為，本章的論述要求我們做出太多犧牲了，因為它要求社會的每一名成員抵抗任何危及尊嚴的政治關係。因為大型政治社群中必有尊嚴受威脅的情況，而且這種情況非

35. | Nicolas Bommarito, "Private Solidarity," *Ethical Theory and Moral Practice* 19, 2 (2016): 445-455.

常普遍，德沃金式尊嚴的要求將持續造成公民的沉重負擔，嚴重阻礙他們的日常活動與人生計畫。有些讀者可能認為這問題非常嚴重，足以構成駁倒我論點的歸謬法論證。

我們其實已經檢視過這種反對意見的若干版本。我的回應基本上是：因為我們所處的環境不理想，經常遇到不公正的情況，我們不應該期望道德要求是可以輕鬆達成的。但是，站在尊嚴連結論的角度，反對者的擔憂略有不同，那就是擔心政治抵抗的要求將令人反感地阻礙人們真實的自我實現。

這製造出一種虛假的困境。真實原則要求每一個人獨立地履行設計自身生活的責任。政治抵抗其實往往實踐了當事人奉行的價值觀，甚至可能對履行責任至為重要。西爾弗明特（Daniel Silvermint）就認為，生活在壓迫的環境中時，抵抗自身所受的壓迫可能是幸福生活的重要一部分。[36]社會中優勢群體的成員可能也是這樣，因為壓迫除了傷害受壓迫者，對優勢者和旁觀者也有害（下一章將進一步討論這一點）。因此，政治抵抗不一定阻礙人們真實的自我實現。如果我履行抵抗不義的關聯政治義務會排擠我的人生計畫，那我就有抉擇要做。例如我當一名藝術家或許可以為世界貢獻很多價值，但我們沒有理由說，因為我的抉擇在美學上是好事，我就不必肩負要求很高的政治義務。

加重受害者的負擔和責怪受害者

第二種反對意見質疑這觀點：政治上被迫屈從的人必須抵抗自己所受的壓迫。要求尊嚴受威脅者抵抗他們所受的壓迫，而且如果他們沒這麼做還可能責怪他們，等同令人反感地加重受害者的負擔和責怪他們不抵抗。這是兩個密切相關的反對意見：我的論述令受害者背負義務，而且受害者若未能履行那些義務，將受到責怪。一如芙萊問道：

> 我們能否要求自己負起抵抗的責任？互相要求**負起**抵抗的**責任**是否恰當？抑或期望、要求、鼓勵不會自發出現的抵抗和重建的行為與形態，因此為我們的生活、為彼此的生活增添又一種壓力，必然既愚蠢且殘忍，又是一種「責怪受害者」的行為？[37]

36. Daniel Silvermint, "Resistance and Well-Being," *Journal of Political Philosophy* 21 (2013): 405-425.
37. Marilyn Frye, "History and Responsibility," *Hypatia* 8, 3 (1985): 215-217.

針對加重受害者負擔的反對意見，我看不出以下主張有什麼問題：尊嚴遭侵犯的人負有保護和維護自身尊嚴的特殊責任。我們與其他人的關係使我們肩負各種責任和可能受到各種傷害，當中很少是我們自願承擔的。別忘了這正是連結論吸引人的部分原因：對自由主義契約論者來說，我們對其他人的義務主要是我們自願承擔的；連結論則可以解釋我們在與其他人建立關係的過程中，如何背負各種非自願和半自願的義務。重點是：受害和屈服，即使是完全非自願的，也可能令人背負一些責任。

此外，值得注意的是，捍衛抵抗的倫理義務，與許多解放鬥爭參與者的自我理解非常一致。杜波依斯（W. E. B. Du Bois）就認為自尊與默從種族壓迫不相容，自尊要求當事人抗議。[38]黑人權力運動（Black Power movement）就鼓勵種族自豪感和高漲的自尊。由此可見，受害者肩負抵抗的倫理義務，這觀念是否不合理或令人反感，是很有疑問的。

至於有關責怪受害者的反對意見，我們必須謹記，即使我們同意屈從者可以因為被動接受自己受壓迫而被責怪，這並不意味著任何人責怪他們都是恰當的。優勢群體的成員顯然欠缺這麼做的道德權威：如果他們這麼做，那就是不道德地責怪了受害者。或許只有受壓迫群體中的某些成員可以恰當地對沒有抵抗的人予以社會制裁——這取決於這些成員對其他人的具體情況和抵抗的機會之了解。

讓受壓迫者去戰鬥

第三種反對意見的根據與第二種相反，強調尊嚴要求當事人獨立自足，因此反對其他人替受壓迫者抗爭。此論要求受壓迫者獨自抵抗，認為其他人伸出援手是擺出恩賜的態度。此論呼應抵抗的第三種目標（維護尊嚴），在解放運動中很受重視。例如美國學生非暴力協調委員會（SNCC）前主席、黑豹黨「名譽首相」卡麥可（Stokely Carmichael）就拒絕白人參與黑人權力運動，並堅持SNCC必須「由黑人擔任職員，由黑人控制，由黑人提供資金」。完全由黑人出資的要求造成特別大的負擔，因為美國黑人相對貧困，但卡麥可堅持這原則：「如果我們繼續仰賴白人的財政支持，我們將發現自己陷入控制這個國家的白人權力集團的羅網中。」[39]他認為白人無法理解黑人的體驗，白人威嚇黑人，而且行為展現出家長作風。他寫道：「或許有人因

38. W. E. B. Du Bois, *Darkwater: Voices from within the Veil* (Mineola, NY: Dover, 1999), chap. 6.
39. Stokely Carmichael, *The Basis of Black Power* (USA History Archive: marxists.org, 2001).

此指責我們是『種族主義者』，但對我們的問題敏感的白人將認識到，我們必須決定自己的命運。」[40]

但是，雖然受壓迫者致力解放自己確實很有尊嚴，這並不意味著其他人（壓迫者、優勢者或旁觀者）並不肩負糾正壓迫安排的道德義務。斯巴達克斯領導的奴隸起義無疑彰顯起義者的尊嚴，也令人敬畏。但這並不證明廢除奴隸制是奴隸的任務。相反地，廢除像奴隸制這種不義的制度是每一個人的道德義務——而如我在第四章指出，即使是非自願受惠於不義制度的人，也肩負特別迫切的抵抗義務。因此，抵抗自身所受壓迫的倫理義務與優勢者抵抗壓迫的道德義務是完全相容的，而後一種義務比前者更重要。從這個角度看，卡麥可的觀點不應理解為排斥白人參與抵抗種族歧視，而應理解為強調受壓迫者如何組織自身的解放運動非常重要。

界定政治關係

第四種反對意見關注政治關係的範圍。我關注的危及尊嚴的政治關係是一些法律、政策、常規和制度（包括政府），它們蔑視政治社群中的特定群體，又或者未能展現對這些群體的關懷。但政治關係的界限未必總是明確的。人們對某種權力關係是否為政治關係可能有不同的看法。例如多數人不認為非人類動物是道德社群的成員，因此也不認為我們如何對待那些動物要考慮正義問題。虐待動物通常不會被視為侵犯動物的尊嚴，而人們也不認為自己與動物的關係是政治關係。再舉一個例子：美國人消費的許多商品是開發中國家製造的，美國人與那些國家的人民有何關係？美國人所做的經濟決定對那些國家影響深遠，但美國人通常忽略了他們與相關國家人民（例如孟加拉的製衣工人）的關係具有政治性質。

擔心自由主義連結論漏掉一些重要的權力關係是合理的。但我不認為這種觀察足以構成反對自由主義連結論的理由。它們其實暗示我們應該將有關抵抗的特殊責任和關聯義務的論述延伸至政治社群之外，以及應該跨越國界。德沃金的框架容許這種延伸。他解釋了守法義務如何源自政治成員身分，但這是基於政治成員身分的某些特質，而這些特質應該可以跨越國家和物種界限。政治成員身分之所以寶貴，在於它使政治社群的成員比較有能力抵抗屈從的壓力。我們沒有理由不延伸應用尊嚴原則，解釋政治社群以外的關係產生的關聯義務。

總而言之，有尊嚴的政治成員身分支持我們肩負抵抗自身和他人尊嚴受侵犯的普遍義務，包

40. —— 同上。

括藉由糾正、溝通、堅持和團結等方式抵抗壓迫。我認為有尊嚴的政治成員身分可以支持暴力、不顧尊嚴和無望的抵抗，也支持受壓迫者彼此之間和其他人與受壓迫者團結的政治義務。一如之前幾章，本章的論述可以推出一個重要觀點，那就是公民的政治義務是多元的。在不理想的環境下，源自不宰制別人也不單方面順從別人這種責任的抵抗義務，對公民身分的重要性高於遵守法律（或監獄規則）的義務。

Chapter 7
Acting on Political Obligations

第七章
履行政治義務

或許你現在覺得我們的政治義務實在太多太廣了，甚至對這些義務的要求和可行性有懷疑。履行這些義務、判斷它們要求我們做什麼並不容易，甚至認清義務也可能相當困難。個人必須替自己做一些決定，包括何時有義務抵抗不義、應該如何履行該義務，以及自己是否仍受守法義務約束。因為認知的局限和無意識的偏見，公民即使抱持真誠善意也可能犯錯。他們可能覺得必須履行一種實際上不存在的義務，因此抵制公正合理的安排。他們可能從事不必要的抵抗，因此令社會動盪和分裂。如我之前指出，有些人可能搞錯自己的義務，履行義務的方式可能不充分或不負責任，但這不能駁倒我的論點。不過，自由裁量的問題確實觸及一個重要的普遍問題：在不理想的情況下，道德的要求相當複雜。

在這最後一章，我希望比較詳細地討論這個問題。簡而言之，正確辨識我們面對不義時的政治義務並受其激勵，是以許多不大可能普遍存在的條件為前提。這些前提包括良好的公民和道德教育；公正和容易取得的資訊；以及強健的公民社會機構和制度。這些前提往往不成立。阻礙公民認清自身政治義務的主要障礙是什麼？它們可以克服嗎？個人可以如何回應他們有問題的環境？我的答案向內指向個人慎思明辨的責任，向外指向集體努力：我們一起思考，一起抵抗。

障礙

威權政體和自由民主國家對論述抵抗義務構成不同的問題。兩者的主要差別在於不義的能見度。在專制國家，不義往往顯而易見，又或者被故意掩蓋起來。在自由民主國家，不義往往隱藏在社會結構的正常運作後面，與行為者的意圖分離。

在許多情況下，專制國家可能禁止國民公開指出不義，但不義仍是有目共睹。想想伊朗的公開處決和南非種族隔離年代不公正的「袋鼠法庭」。不過，威權政體中發生的不義往往被掩蓋起來。如果不義無法清楚辨識，那很可能是政府的謊言、欺騙和宣傳造成的，不是因為理解那種不義本身很困難。無論是公開還是暗中進行，「行為者壓迫」（agent oppression）——借用哈斯藍爾的術語——都是故意造成傷害。[1]

1. — Haslanger, *Resisting Reality*, 312-317.

相對之下，自由民主國家的國民可能真的沒察覺影響公民同胞、損害和玷汙國家正當性的不義。在「結構性壓迫」（structural oppression）中，傷害是結構運作的非意圖結果；那些結構有系統地運作，損害某些群體自我實現的能力，但這種傷害不是故意造成的。

每一種不義都產生不同的障礙，妨礙公民認清自己的政治義務。

看見和否認

在暴政下生活常要面對的一件事，是擔心自己和親人的安全。不幸的是，歷史上這種悲慘案例比比皆是。想像一下納粹統治下的猶太人、羅姆人（吉普賽人）、同性戀者或殘障者；又或者波爾布特共產統治下的柬埔寨人——在那段時期，一百五十萬名柬埔寨人（相當於全國人口五分之一）死於飢餓、處決、疾病或過勞。在比較接近美國的地方，阿根廷一九七六年至一九八三年軍事獨裁期間，估計有一萬三千人失蹤。

極權政體助長國民之間的猜疑，藉此令國民對自身安全的這種基本恐懼加劇。例如在納粹德國和蘇聯這種警察國家，檢舉告發相當盛行。蓋拉特利（Robert Gellately）的研究顯示，蓋世太保（納粹德國的祕密警察）最高峰時也只有約七千五百人，真正的監控工具其實是公民：公民向政府報告一切，從猶太人與非猶太人牽手到德國人收聽外國電臺，都在檢舉事項之內。[2]蓋拉特利發現，檢舉使個人得以利用國家的強制力解決往往瑣碎的私人恩怨和謀取私人利益。蘇聯也有類似情況：因為藉由檢舉謀取較大較好的居住空間非常普遍，蘇聯人還創造了「公寓檢舉」一詞。這些現象揭露的是不義如何腐蝕我們的道德能力：有些人為了自己瑣碎的利益，以不正當或甚至欺詐的方式令其他人遭受巨大的傷害。普遍的嚴重不義可能令我們對不義本身習以為常和麻木不仁。格里克（Grimké）姊妹在南卡州一個擁有奴隸的農場長大，她們認為奴隸制令人們道德上彼此疏遠，而且阻礙人們同情其他人，因此侵蝕每一個人的道德能力。[3]

除了變得麻木和謀取利益，否認（拒絕正視事實）是對嚴重不義的一種常見反應和因應機制。它提供一種心理上的「解決方案」，使當事人得以處理目睹或參與國家暴行而產生的恐怖。在他有關否認的社會學研究中，柯恩（Stanley Cohen）推測負責將猶太人送到他們葬身地的德意

2. Robert Gellately, "Denunciations in Twentieth-Century Germany: Aspects of Self-Policing in the Third Reich and the German Democratic Republic," in *Accusatory Practices: Denunciation in Modern European History, 1789-1989*, eds. Sheila Fitzpatrick and Robert Gellately (Chicago: University of Chicago Press, 1997), 185-221; Robert Gellately, *Backing Hitler: Consent and Coercion in Nazi Germany* (Oxford: Oxford University Press, 2001).

3. 參見Angelina Grimké, *Walking by Faith: The Diary of Angelina Grimké 1828-1835*, ed. Charles Wilbanks (Columbia: University of South Carolina, 2003).

志國鐵路員工的心理狀態：「這些訂票員和火車司機一定意識到一些異常的事正在進行中，而且那些事甚至可能是道德上不對的。他們最終一定陷入了一種例行公事化的麻木狀態，彷彿一切大致如同往常。」[4]他認為這種墮落可能源自一種無意識的防衛機制，或將異常狀況當作一切如常的清醒決定。

專制政府以多種方式方便國民否認事實，包括否定事實（例如否認發生了大屠殺），否定對事實的正確理解（例如否認政府某些行為嚴重侵犯人權），否定對事實的價值判斷（例如否認那些行為在道德上是可惡的），以及拒絕對事實真相負責。[5]官員本身也經常否認事實，儘管這會導致認知失調（cognitive dissonance）。納粹德國黨衛軍高官史佩爾（Albert Speer）是一個著名的例子：他雖然承認，因為他在納粹德國身居高位，他對猶太人遭大屠殺負有部分責任，但他直到一九八一年去世都一直否認知道有滅絕猶太人的「最終解決方案」。史佩爾的妻子後來解釋，她丈夫否認事實是故作無知：「如果你知情，你就必須質疑它，你就必須面對事實，就必須質疑自己對這件事的態度。」[6]

這個難題是作惡者、共犯、受益者和旁觀者全都必須面對的，而這四類人之間的界線可能有很多孔洞。光是目睹不義就可能令旁觀者的道德良心留下汙點，因為目睹不義就難免令人思考自己可以做什麼來阻止壞事發生，而且如史佩爾妻子所暗示，目睹不義可能令人因為無所作為而產生罪惡感。這是人們對周遭的不義閉起眼睛的一個關鍵原因。視覺隱喻很能說明問題：一如巴布・狄倫（Bob Dylan）唱道：他們假裝自己沒看到。[7]這與其說是愚昧無知，不如說是虛偽，而且問題可說是既涉及欺騙（自欺和欺人），也涉及道德懦弱。但是，人們閉起眼睛，也可能是因為他們感到無助或受到威脅，又或者他們眼前的事恐怖到他們沒辦法看。而這些可能性或許同時影響我們：我們假裝自己沒看到不義，可能是因為情況慘不忍睹，因為我們擔心自己的生命受威脅，因為我們認為自己完全無能為力。

朗茲曼（Claude Lanzmann）在紀錄片《浩劫》（*Shoah*）中巧妙地重現了這些複雜性與緊張關係。該片藉由對猶太人倖存者、德國劊子手以及忽母諾（Chelmno）、馬烏基尼亞（Malkinia）和奧許維茲（Auschwitz）的波蘭人近十小時的訪問，重現了猶太人集中營的生活。[8]雖然影片的主題是滅絕猶太人的過程，它也有力地探討了責任與罪過問題。波蘭村民自稱是納粹占領的受害

4. Stanley Cohen, *States of Denial: Knowing about Atrocities and Suffering* (Cambridge, MA: Polity, 2001), 82.
5. Cohen, *States of Denial*, 7-9.
6. Gitta Sereny, *Albert Speer: His Battle with Truth* (London: Picador, 1996), 200.
7. Bob Dylan, "Blowin' in the Wind" (1963).
8. *Shoah*, directed by Claude Lanzmann (BBC, 1985).

者，是猶太人遭大屠殺的無助目擊者。就某些方面而言，這種辯解看似合理。一般波蘭人當年可以做什麼呢？納粹征服並占領了波蘭，而且經常處決庇護猶太人的波蘭人。波蘭人當時基本上無能為力。

但是，隨著影片展開，一些村民展現出令人震驚的麻木不仁態度：他們當年似乎是滿足的旁觀者，而非無助的潛在撒瑪利亞人。例如朗茲曼問一名農夫：村民不擔心猶太人的安全嗎？那名農夫答道：「嗯，情況就像：如果我切到自己的手指，你不會受傷，對吧？」一些村民想起當年的事，笑了起來：他們看到運牛的火車車卡上載滿沒意識到自己將被屠殺的猶太人經過，就以一根手指劃過自己的喉嚨。反猶太思想相當普遍，雖然也有人對自己目睹的事震驚不已，對自己無力阻止惡行非常難過，為此留下令人心碎的證詞。

協助作惡的人也是這樣，例如在特布林卡（Treblinka）集中營送猶太人去死的火車司機。他的見聞看來使他受到無法撫平的傷害，而他所聽聞的對他影響特別大，因為那不是轉過頭去就可以忽略的；在朗茲曼要求下，他非常仔細地描述他聽到的聲音：許多人尖叫，然後是澈底的寂靜。《浩劫》以這種方式呈現了目擊者、旁觀者、觀眾和協助者的各種主觀經驗，提醒我們一件事：評估目擊者的道德角色（決定觀察者何時變成共犯）可能相當複雜。《浩劫》也破除了人們戰後才知道種族滅絕的迷思。許多人其實早就知道，但覺得這與他們無關，又或者他們對此無能為力。

這部影片告訴我們一個令人不安的教訓：沒有人可以經歷嚴重的不義而不受傷。如果你告密，你就成為作惡者或惡行的直接協助者；如果你否認事實，你的道德操守會蒙汙，雖然否認事實是一種可以理解的因應機制；如果你是無助的旁觀者，你將必須忍受創傷記憶和無所作為的罪惡感；如果你是受害者，你的自我價值感將受損，同時變得難以信任其他人，在悲傷和痛苦之餘，可能還要忍受倖存者的罪惡感。不義的影響、對不義的反應、認清不義的障礙，因此交織於不義的現象中。這很重要，因為它告訴我們，恰恰在最需要抵抗的時候，有些力量促使人們否認事實，並且令人們在暴行中的道德角色難以釐清，因此使我們難以認清各人的抵抗政治義務。

看不見和替不義開脫

行為者不義（agent injustice）發生時，恐怖的事顯而易見，因為那是不正常的。結構不義發生時，問題恰恰相反：一切都很正常。結構不義的傷害，主要是社會機構、程序和常規之間的正常互動造成的。相對於個人故意作惡造成的傷害，結構不義的傷害必然較難察覺。我們當然很難抵抗自己根本沒察覺的不義。

結構不義的傷害在於這種不義損害某些人自我實現的能力，而這些人受害只是因為他們被視為某些社會群體的成員。結構不義在損害某些人能力的同時，也藉由賦予特權嘉惠另一些人。根據貝利（Alison Bailey）的概念，特權是「系統性賦予的不勞而獲的資產」。[9]特權之所以不勞而獲，是因為特權集團的成員享有特權純屬運氣——他們剛好屬於某個社會群體，而群體成員的種族、性傾向、性別或階級賦予他們特權。貝利認為特權的功能之一，是「建構世界，使特權的受益者看不到特權的運作機制，也就是使特權機制可以不受檢視」。[10]享有特權因此令人對不義無知，而這種無知又鞏固特權，因為享有特權者就是能夠看不到壓迫的制度和這種制度賦予他們的特權，而制度甚至鼓勵他們無視問題。享有特權者很容易自欺，結果是他們相信他們享有的地位和利益是自己應得的，是他們靠自己的才能和努力賺到的。

享有特權者除了看不到特權，往往也看不到壓迫，而有時受壓迫者本身也看不到壓迫。只要優勢群體的特權看來是應得的，社會結構中有些人被迫屈從這種不義狀況就會一直無人察覺。貝利描述了這種現象：

> 異性戀者、白人或男性因為處於結構性優勢地位而享有的特權要維持，主要有賴人們默默接受特權的機制⋯⋯現實不鼓勵白人去認識或承認種族化對白人生活的影響；男性很難看到性別歧視對女性生活的影響；異性戀者極少了解恐同如何影響同性戀和雙性戀社群。[11]

享有特權者對剝奪與壓迫的受害者體驗往往欠缺基本認識，而且也沒有動機去了解。

馬克思主義有關意識形態和虛假意識的概念，有助於解釋為什麼正派的人即使不輕信也不懷惡意，仍有可能否認結構不義的存在。意識形態（在此是指一種廣泛流行的世界觀，將社會政治狀況描述為公正的，藉此穩定這些狀況）及其刻板印象與偏見「彈藥庫」為差異提供簡單的另類解釋，藉此確保結構不義被掩蓋起來。例如利用美國黑人吸毒和犯罪的刻板印象解釋黑人監禁率為何高得不成比例，從而掩蓋刑事司法政策和常規的種族歧視問題。[12]

意識形態進而產生虛假意識。根據雪比的說法：「帶著虛假意識抱持一種見解，是指當事人不知道自己抱持這種見解的真正動機，或在這個動機問題上欺騙自己。」[13] 帶著虛假意識的人認

9. Alison Bailey, "Privilege: Expanding on Marilyn Frye's Oppression," *Journal of Social Philosophy* 29, 3 (1998): 104-119, 110. 貝利的定義是約定性的（stipulative），不同於視特權為「不是權利的合法利益」的法律概念。貝利關注的利益是結構不義造成的傷害（同樣是系統性和不合理的）的對立面。我使用「特權」一詞是採用貝利的定義。

10. Bailey, "Privilege," 112.

11. 同上。

12. 參見Alexander, *The New Jim Crow*.

13. Tommie Shelby, "Ideology, Racism, and Critical Social Theory," *The Philosophical Forum* 34, 2 (2003): 153-188, 170. 雪比指出，帶著虛假意識所抱持的見解可以是正確或錯誤的，因此發現虛假意識不足以否定一種社會意識，要否定還必須進一步證明那種意識的內容是錯誤的。

為自己接受某個見解完全是因為該見解在知識上是合理的，但他實際上受非認知動機影響，只是他對此沒有意識。雪比的舉例說明可能促使我們抱持特定見解的非認知動機：

雖然我們應該不是有意識地這麼做，有時候我們相信一些事情，是因為這可以增強我們的自尊、使我們感到安慰、減輕焦慮、減少認知失調、增強自信、帶來宣洩的慰藉、帶給我們希望，又或者使愧疚的良心平靜下來。諸如此類的非認知動機影響我們的心理時，我們就很容易陷入認識錯誤。[14]

因此，現實不但鼓勵特權集團的成員認為自己靠才能和努力贏得較高的地位，受壓迫群體的成員也可能在主導社會的意識形態中找到（無意識的）慰藉，例如相信自己有能力在資本主義功績社會中攀登社會階梯。以虛假意識否認結構不義也可以產生抗焦慮作用，使當事人不必因為知道自己應該抵抗不義但又不願履行義務而難過。

結構不義因而如此腐蝕我們的道德能力：在刻板印象支持下，主導社會的意識形態令我們感染偏見，阻礙我們正確理解社會現實以及我們自己和他人的行為。海伊認為這甚至會損害我們的理性能力。[15]它使我們在評估複雜的情況時，容易犯各種意圖（conative）、認知和情感錯誤。[16]因此，特權和虛假意識因為助長自欺，阻礙道德良知和批判思考能力的發展，而這兩者對察覺不義和認清我們的政治義務至為重要。

一些警告

因此，各種認知、意圖和道德能力對抵抗不義至為緊要。但普遍的不義危及這些能力。偏見和宣傳扭曲我們對社會現實的理解、汙染我們的道德良知，腐蝕我們看見不義的能力和對不義的情感反應。我們並非總是可以仰賴道德良知引導我們做出正確的行動。例如在馬克・吐溫的故事中，赫克（Huckleberry Finn）幫助吉姆（Jim）脫離奴隸身分、獲得自由時，就體驗到一種痛苦：

> 吉姆說，自由近在眼前使他渾身發抖發熱。嗯，我可以跟你說，聽他這麼說，我也渾身

14. 同上，頁一七一。
15. Hay, *Kantianism, Liberalism, and Feminism*, chap. 2.
16. Brownlee, *Conscience and Conviction*, 66-70.

> 發抖發熱，因為我開始想到他快要自由了——而這該怪誰呢？啊，該怪我。無論如何，我就是無法不為此感到不安。17

赫克真誠地認為他在做違背良心的事。這段話之所以滑稽，部分原因在於赫克的行為客觀上正確，但他卻因為確信自己做了錯事而感到愧疚。但是，雖然馬克．吐溫知道支持奴隸制的意識形態腐蝕人的思想，赫克自然的人性感觸最終還是促使他做了道德上正確的事。馬克．吐溫因此暗示，我們不應誇大不義的腐蝕作用——也就是不應誇大以下這種普遍觀點的意義：道德良知是社會的風氣、文化規範或經濟上層建築（economic superstructures）的產物。

在題為「七月四日對奴隸是什麼日子？」（What to the Slave Is the Fourth of July?）的演講中，道格拉斯嘲笑這個觀點：主張廢除奴隸制的人必須證明黑人是具有充分理性的人，因為白人奴隸主真的認為不是。

> 我是否必須設法證明奴隸是人？奴隸是人其實已經是公認的事實。沒有人對此有懷疑。奴隸主替他們的政府制定法律時，自己也承認這一點。他們懲罰奴隸抗命，也就承認了奴隸是人。在維吉尼亞州，有七十二項罪行是黑人犯了會被判處死刑（無論他多麼無知），而這些罪行中只有兩項是白人犯了會被判處死刑。如果這不是承認奴隸是有智

> 力、必須講道德和負責任的生命，那是什麼呢？奴隸具有人的地位，已經是公認的事。南方的法典中有許多法令禁止教奴隸識字或寫字，對違法者處於嚴厲的罰款或其他懲罰，就是承認了奴隸是人。[18]

道格拉斯譴責奴隸制辯護士虛偽和自相矛盾，並證明奴隸法律是建立在立法者知道奴隸具有充分的人性這種罪惡上。

同樣有問題的是這種常見的相對主義觀點：如果一種不道德的做法已經廣泛確立，而且得到意識形態的支持，人們就不會知道也無從知道這種做法是不對的。阿皮亞（Kwame Anthony Appiah）在《榮譽法則》（*The Honor Code*）中駁斥了這種觀點：他指出，不道德的做法從一開始就受到譴責和被視為不道德，只是改革或廢除這些做法往往需要很長的時間。[19]他研究的案例

17. Mark Twain, *The Adventures of Huckleberry Finn* (New York: Bantam Classic, 2003 [1884]).
18. Douglass, *Frederick Douglass: Selected Speeches and Writings*, 188-206.
19. Kwame Anthony Appiah, *The Honor Code: How Moral Revolutions Happen* (New York: W. W. Norton, 2010).

是決鬥、中國人的纏足和英國人的奴工制度。阿皮亞證明，有關這些常規如何不正當的觀點從一開始就廣為流傳，這與人們對道德革命的普遍理解不同。阿皮亞指出，在每一次道德革命中，「新出現的不是道德原則，而是奉行這些原則的意願。」[20]認清一種事態之不義，往往不足以糾正它。對阿皮亞來說，促使人們付諸行動比設法令人們認清不義更困難。

總而言之，我們必須提防那種強調認清不義很困難的觀點。未能根據我們深思熟慮的道德判斷採取行動，是常見的問題。很多人相信吃肉在道德上是不對的，但仍然吃肉，不是嗎？不過，即使承認履行抵抗的政治義務必須克服各種障礙未必對我的論述有不利的影響，這也確實突顯了額外的二階（second-order）責任十分重要。

涵義

我們必須在自己身上培養警惕和開明的公民美德。這對享有優勢地位的公民特別重要——事實上，警惕往往是受壓迫者的第二天性，而要求受壓迫者開明則是不合理和自視優越的；受壓迫者應該是優勢者開明表現的接受者和受益者。與此同時，壓迫的交織（intersectional）性質意味著多數人必須以某種身分地位保持警惕和開明，例如以白人、中產、受過教育、本地口音者、順性別、男性、異性戀或身體健全者的身分。據我的理解，警惕和開明是綜合式美德，包含多種能力、性情和習慣，例如警惕涉及批判思考能力，開明則涉及同理想像能力。藉由這些公民美德，公民可以形成正確的信念，並參與有關正義的批判對話，討論履行抵抗不義的義務必須怎麼做。對話之所以必要，一大原因是我們的思想和動機是與其他人一起發展出來的，而我們的政治義務是對其他人負有的。

信念

「如實了解世界一點也不容易。」梅鐸（Iris Murdoch）寫道。[21] 本章已經討論了履行抵抗義務的若干障礙。但這只是故事的一部分：其他障礙源自世界的複雜性。例如要評估某項賦稅政策或國際貿易協定的優劣，我們必須對政治和經濟有所認識。認知資源有限使我們面對更多挑戰。

20. 同上，頁一六一。
21. Iris Murdoch, *The Sovereignty of the Good* (London: Routledge and Kegan Paul, 1985), 91.

我們推理時常犯錯，因為我們使用的便捷思考方式雖然一般能滿足我們的需要，但也會導致我們犯嚴重的錯誤，包括一些妨礙我們認清自身利益的錯誤。[22] 除了這些認知偏誤，我們對社會現實的理解也受隱性偏見玷汙；隱性偏見使我們對某些社會群體產生無意識的偏見。[23]

公民會做一些對其他人有重大影響的決定，尤其是在公民決定國家制定什麼法律的民主體制中。盧梭（Jean-Jacques Rousseau）在《社會契約論》的開頭強調公民這種身分的涵義：「我生為一個自由國家的公民，而且是主權者的一員，投票的權利就足以使我肩負認識公共事務的義務，無論我的意見對公共事務的影響多麼微弱。」[24] 因為民主國家的公民根據自己的信念做決定，他們應該以負責任的方式形成他們的信念。他們應該認識到自己既容易犯錯也受偏見影響，而且應該抗拒自欺。他們應該掌握正確的資訊，尤其是有關國家的法律和政策、社會的制度，以及它們對人們有何影響。他們推理時應該保持審慎。公民必須尋求可靠的資訊來源；批判思考所接收的資訊；質疑傳統觀念；傾聽其他人的意見，尤其是那些處境與自己不同的人；以及根據可靠的證據和證詞調整自己的信念。公民考慮訴諸有原則抗命行動時，審慎推理的責任特別重要，但這並不意味著守法的公民可以不假思索地守法。事實上，不義持續往往正是拜眾人服從所賜。因此，守法的抉擇也應該是深思熟慮的結果。

為了充分了解我們必須怎麼做，我們也必須擴展我們對警惕的理解。警惕是一種公民美德，適當擴展我們對警惕的理解正是需要警惕的事。在政治話語中，警惕這概念某程度上被右派占用了。藝人暨保守派評論者林堡（Rush Limbaugh）主持的電臺談話節目是美國同類節目中聽眾最多的，他經常敦促聽眾對媒體、民主黨人和精英階層保持警惕，並且將保守主義描述為「必須保持警惕」的「一種積極的知性追求」。[25]鄰里巡邏和其他自警（vigilante）團體以警惕罪犯和非法移民作為它們的存在理由，但這種說法往往只是為了掩護種族歧視與仇外動機。

22. Daniel Kahneman and Amos Tversky, "Judgment under Uncertainty: Heuristics and Biases," *Science* (September 1974): 1124-1131探討了三種捷思法（heuristics）和偏誤。較近期的Daniel Kahneman, *Thinking Fast and Slow* (New York: Farrar, Strauss and Giroux, 2011) 分析了數十種捷思法和偏誤。維基百科列出和說明了超過一百種認知偏誤，見https://en.wikipedia.org/wiki/list_of_cognitive_biases (二〇一六年十二月二十日查閱).

23. 對心理學家和認知科學家所做研究的評論，請參見Cheryl Staats, Kelly Capatosto, Robin A. Wright, and Danya Contractor, *State of the Science: Implicit Bias Review 2015*, Kirwan Institute for the Study of Race and Science, http://kirwaninstitute.osu.edu/wp-content/uploads/2015/05/2015-kirwan-implicit-bias.pdf. 有關隱性偏見的哲學研究，參見*Implicit Bias and Philosophy, Volume 2: Moral Responsibility, Structural Injustice, and Ethics*, eds. Michael Brownstein and Jennifer Saul (Oxford: Oxford University Press, 2016).

24. Jean-Jacques Rousseau, *The Social Contract in The Social Contract and Other Later Political Writings*, ed. Victor Gourevitch (Cambridge: Cambridge University Press, 1997), 41.

25. Rush Limbaugh, *The Rush Limbaugh Show*, September 12, 2008. 文字紀錄見http://www.rushlimbaugh.com/daily/2008/09/12/media_and_democrats_will_try_everything_to_destroy_sarah_palin (二〇一六年十二月二十一日查閱).

左派——以及與解放有關的所有運動——應該重奪警惕這個詞。警惕喚起令我們提防自欺與宣傳的性情、技能和習慣，而這正是我們身處不理想的環境（例如面對川普這種白宮主人）非常需要的。我不是第一個這麼說的人。在歐巴馬總統任內曾擔任美國司法部長的林奇（Loretta Lynch），就敦促美國人警惕川普濫用職權，以司法部作為武器對付他個人層面和政治上的敵人。[26]諷刺性電視節目《上週今夜》（*Last Week Tonight*）主持人奧利佛（John Oliver）也呼籲美國人警惕川普，他將川普稱為「三K黨支持的厭女網路流氓」。[27]

可能會有人反對，認為普遍的警惕會在人與人之間播下互不信任的種子，因此腐蝕公民紐帶和加劇社會分裂。但我倡導的警惕完全不會這樣。首先，良性警惕不會針對公民同胞和鄰居，而是促使我們認清自己犯錯的可能、自欺的傾向，以及容易受虛假意識迷惑的問題。此外，保持良性警惕的公民會審視官員的表現，他們因此將要求掌握國家權力的人向人民問責。公民警惕的制度機制，例如監督委員會，可以促進這些目標。如果官員或制度已證明不可信，公民不信任這些官員或制度或許是完全恰當的，但我們不必以不信任作為預設態度。

警惕要成為一種茁壯的公民美德，需要一些背景條件支持。首先是必須有良好的普及教育，以便所有公民掌握批判思考能力，以及有關歷史和政府運作的基本知識。人們也必須有閒暇（滿足生活基本需求之餘還有時間可用），才可以去發展自己的知性能力、獲取知識，以及追求自己選擇的目標。[28]赤貧者被剝奪了維持警惕這種公民美德所需要的時間和精力，工作辛苦、工作時間極長而且飽受剝削的人也是。這些人沒有任何閒暇可言——閒暇的希臘文是「*scholé*」，而英文「school」（學校）正是源自該詞。教育與閒暇密切相關。某種形式的福利國家體制可能是確保公民獲得教育和閒暇的先決條件，而兩者都是公民保持良性警惕的先決條件。第三，因為沒有可靠的資訊就不可能有良性的公民警惕，我們不能沒有能力高強、獨立和可信的媒體機構。

因此，警惕這種綜合的公民美德包含許多元素——不但包括以負責任的方式形成個人的信念（這本身就要求自省和批判思考的能力），還包括對我們的社會世界及其危險保持警覺所需要的某些情感能力和習慣。但是，警惕含有變得過度敏感的風險，也就是變得對危險過度警覺，很容易對差異感到惱怒和無法容忍差異。我們有時必須忽略令我們惱怒的差異，或努力試

---

26. Rachel Maddow Show (December 13, 2016), http://www.msnbc.com/rachel-maddow/watch/attorney-general-lynch-calls-for-vigilance-on-abuse-of-power-832507459842（二〇一六年十二月二十一日查閱）.
27. Last Week Tonight with John Oliver (November 13, 2016), http://www.hbo.com/last-week-tonight-with-john-oliver（二〇一六年十二月二十一日查閱）.
28. Julie L. Rose根據人們廣泛認同的自由平等主義原則，在以下著作中為公民享有閒暇的權利辯護：Julie L. Rose, *Free Time* (Princeton, NJ: Princeton University Press, 2017).

著理解它們。警惕必須是選擇性和適度的，尤其不能粗暴地針對某些人，以致否定了他們在政治或道德社群中完整和平等的地位（例如過度警惕恐怖主義威脅可能導致伊斯蘭恐懼症）。施瓦茨貝格（Melissa Schwartzberg）就認為，自由主義者和民主派致力於尊重公民同胞作為認知者（knowers）和判斷者的平等地位。[29] 簡而言之，警惕需要一種開放的態度和對他人的認知尊重（epistemic respect）以便保持平衡，而我將可以平衡警惕的這種美德稱為開明。[30]

對話與矛盾心態

知情和保持警惕並不能保證一個人可以「如實了解世界」。對世界的正確理解包含滿滿的同理心和了解他人的渴望。我們必須願意想像別人的經歷、傾聽他們的證言，以及與他們互動。斯佩曼（Elizabeth Spelman）認為居優勢地位的人必須發揮他們的想像力，設身處地替受壓迫者著想。[31] 一如前一項責任，在這過程中提防自欺是很重要的。第六章就討論了弱勢邊緣人對所謂盟友的批判：盟友如果不相信弱勢者的證言，不但會對弱勢者造成嚴重的認知傷害（epistemic harm），還背叛了弱勢者的信任。有關壓迫的適當道德學習，要求我們培養和發揮自我投射（self-projection）的想像力，也要求我們傾聽其他人的證言。

審慎內省和想像的作用是有限的；道德學習也需要同理心，這是認知科學研究已經證明的，而女性主義者也長期藉由為關懷倫理辯護來主張這一點。[32]道德學習也是一種互動的努力，是我們要和其他人一起進行的。湯瑪斯（Laurence Thomas）認為，居優勢地位者必須以他稱為「道德尊敬」（moral deference）的態度傾聽受壓迫者；這種態度要求聆聽者持開放態度和專心聆聽。[33]抱持同理心和開放的心態，藉由對話和合作計畫與他人交流，對察覺和理解壓迫以及發展出對抗壓迫的動機至為重要。許多論壇可能致力促進這種重視同理心和開明的道德學習，包括互動的環

---

29. Melissa Schwartzberg, *Counting the Many: The Origins and Limits of Supermajority Rule* (Cambridge: Cambridge University Press, 2013).
30. 我感謝Amélie Rorty提醒我注意公民美德複雜的構成和成對的矛盾（paired contraries）。
31. Elizabeth Spelman, *Inessential Woman: Problems of Exclusion in Feminist Thought* (Boston: Beacon, 1988), 179.
32. 參見Carol Gilligan, *In a Different Voice: Psychological Theory and Women's Development* (Cambridge, MA: Harvard University Press, 1982). 有關心理學和神經科學，亦參見Jean Decety and William Ickes, eds., *The Social Neuroscience of Empathy* (Cambridge, MA: MIT Press, 2009); David Howe, *Empathy: What It Is and Why It Matters* (New York: Palgrave Macmillan, 2012). 有關女性主義哲學，參見Jean Harvey, *Civilized Oppression* (Lanham, MD: Rowman and Littlefield, 1999); Michael Slote, *The Ethics of Care and Empathy* (New York: Routledge, 2007).
33. Laurence Thomas, "Moral Deference," in *Theorizing Multiculturalism: A Guide to the Current Debate*, ed. Cynthia Willet (Oxford: Blackwell Publishers, 1998), 359-381.

境（例如大學校園和社區中心）、致力促進多樣性和包容的計畫，以及積極旁觀者培訓計畫。[34]參與實踐和對話的目標，遠非僅止於了解壓迫。這些切實可行的努力可以豐富我們的生活，激發創造力，並且使我們成為更好的決策者。[35]我認為投入這種努力的人是在實踐**開明**的公民美德。這種公民美德結合多種態度和傾向，包括對他人的道德尊重、渴望參與對話和合作，以及對自身在這過程中的轉變持開放態度。開明有助於相互理解，而這對認清和抵抗壓迫至為重要。

開明這種公民美德只能在社會融合（social integration）中發揚光大。社會中必須有一系列的環境有利於有意義的互動。人們如果經常與長相或行為和自己不同的人互動，或許就能消除對這些「他者」的恐懼與偏見，不再站在「我們與他們對立」的立場思考問題。社會學對此現象有很好的紀錄，而哲學界也有很好的討論。[36]但我不再談這一點，反而想檢視一種乍看有害，但實際上有利於開明參與的態度，那就是矛盾（ambivalence）。

矛盾心態通常被視為良心不安或困惑的標誌，當事人內心的衝突破壞了堅定、負責任的行動。但是，羅蒂（Amélie Rorty）最近替矛盾心態辯護，認為因為我們每個人都有多重角色，每個角色都有其獨特的價值觀與優先要務，矛盾因此無可避免。她還認為矛盾在認識論上可能是有根據的，而且這種心態可以是負責任的。羅蒂認為矛盾心態與猶豫不決和搖擺不定不同。我們猶豫不決時，是「處於一種或許這個、或許那個的認知狀態，對眼前多個可取的選項各有獨特的偏好程度」。[37]我們搖擺不定時，是「處於一種現在這個、現在那個的認知狀態，對顯然不相容的多個不同選項展現出飄忽不定的偏好」。[38]至於矛盾心態，則是「處於一種全都想要的認知和動機狀態，認同所有的選項，同時認為它們不相容」。[39]

猶豫不決和搖擺不定要求我們尋找穩定的指導原則，而我們可以靠深思反省得出這種準則，而根據羅蒂的見解，處理矛盾心態的最好方法，第一步是辨明和評估矛盾心態的根源和基礎。如果我們喜歡每一個選項都是有理由的，我們的矛盾心態就是對所處環境的恰當反應，羅蒂稱這種矛盾心態為「內在恰當的」（internally appropriate）。[40]這個框架可以說明不理想環境下的公民

---

34. 例如參見The National SEED Project on Inclusive Curriculum^{SM}, http://www.nationalseedproject.org/aboutus。SEED（全名為Seeking Educational Equity & Diversity，意為「尋求教育公平和多樣性」）致力藉由與教育工作者、家長和社區領袖合作，創造「性別公平、多元文化公平、具社會經濟意識和提供全球知識的教育」。這是美國最大的同儕領導的領導力發展計畫。
35. 參見Cass Sunstein, *Why Societies Need Dissent* (Cambridge, MA: Harvard University Press, 2003).
36. 有關融合的文獻回顧和哲學分析，參見Anderson, *The Imperative of Integration*.
37. Amélie Oksenberg Rorty, "The Ethics of Collaborative Ambivalence," *Journal of Ethics* 18, 4 (2014): 391-403, 394.
38. 同上。
39. 同上。
40. 同上，頁三九五。

處境。如果你察覺自己的職業與政治義務有衝突，又或者守法與抵抗不義的義務有衝突，矛盾心態往往就是你應抱持的恰當態度。如果你不確定哪一種行動方式最好，矛盾心態或許也是恰當的。

羅蒂認為，如果我們試著藉由深思，整合我們出現恰當矛盾的理由和我們的其他義務，我們就是「負責任地」矛盾。[41]我們也可以發揮想像力，重新構想我們的選擇，以便維護看似互相衝突的義務之條件和理由，進而利用「建設性的矛盾」。[42]例如一名士兵拒絕服從他認為不道德的一項命令，他可能會得出該命令不合法的看法（例如參與戰爭罪行的命令就是不合法的），進而意識到他的職業、政治和道德義務其實沒有衝突。運用建設性矛盾的最佳策略，是擴大我們的審議夥伴的範圍，並在共同的審議努力中尋求他們的同理合作。羅蒂稱此為「協作型矛盾」，它使我們得以設想多種不同的方案解決我們的衝突，並且藉由實踐和對話參與，加深我們對自己和夥伴的了解。

因此，公民若想解決他們對某些政策或常規的恰當矛盾心態，應該一起參加市民大會和社會運動。在這種情況下，他們或許可以找出矛盾心態的根源，整理事情牽涉的價值觀並排出優先順序，一起選擇行動方案並堅持完成任務，藉此解決衝突。這種對話參與也是負責任地形成信念的一種有利環境，此外也可以有力地對付「假新聞」廣泛流傳和真實報導被說成「假新聞」的問題。

一起思考和抵抗

在羅蒂的分析中：「矛盾心態的根源、結構和解決方案，揭露了我們的思想——以及我們的動機結構——很大程度上如何源自我們的協作和對話參與的細節。」[43]我們之所以有現在的思想，而且這些思想成為我們行動的基礎，是我們與人互動的結果。羅蒂並不是說我們的信念受其他人的普遍想法影響；人們的普遍想法反映在主流文化和公認的世界觀中。羅蒂想說的是我們一起思考：思考是一種協作活動。我們彼此交談和一起行動時，會重新評估自己的想法，迫使別人也這麼做，然後一起進一步深思和商議。這當中顯然有規範意義。一如我替開明參與辯護時指出，與他人交談和真正傾聽他們的心聲是好事。但羅蒂的觀點本質上是描述性的：**我們就是這麼思考的**。

---

41. 同上，頁三九六—三九七。
42. 同上，頁三九九。
43. 同上，頁三九二。

我們未必意識到思考的協作性質，這至少有兩個原因。其一是我們傾向視良心和責任為個人的過程。其二是我們周遭顯然欠缺真正的實踐和對話參與。後者在民主社會顯而易見：商議往往欠缺開明、包容、同理心和相互尊重。但這並不意味著人們「獨自思考」，就像他們「獨自打保齡球」那樣——後者是借用普特南（Robert Putnam）的說法。人與人的互動持續進行——在家裡，在朋友之間，在學校，在宗教場所、自發的組織和職場，以及在網路上。羅蒂的洞見進一步暗示，剝奪某些人參與實踐和對話、與人往來互動的機會，是一種特殊的不義，會影響受害者的理性能力發展與自我實現。

羅蒂承認，「思考是一種個人過程」的觀念普遍存在於「我們有關深思細想的大眾心理和哲學模型」中。[44]思考的形象是非常個人的，從羅丹（Auguste Rodin）著名雕塑作品「沉思者」到僧侶獨自冥想的原型都是如此。這種個人主義傾向尤其扭曲了有關政治鬥爭的討論。鄂蘭因此譴責有關反越戰人士與民權運動行動者的辯論出現了「最大的謬誤」，那就是「假定我們面對的是一些個人，他們主觀和憑良心地對抗社會的法律和習俗」，但「事實是我們面對的是有組織的少數群體」，他們「以促使人們自願結社的精神」組織起來。[45]華爾澤也堅持一種異於主流的觀點，認為對關注政治鬥爭的理論家來說，分析的基本單位是群體而非個人。華爾澤認為，哲學家必須認識到，「個人責任總是為他人背負的，而且是與他人一起發現的」，否則他們不可能明白反抗者和公民抗命者做些什麼和為什麼做那些事。[46]這是相互承擔和許諾的問題。羅蒂、鄂蘭和華爾澤告訴我們，我們是一起思考和抵抗的。

但現實中不是有很多個人出於良心而抗命的範例嗎？而且出於良心抗命與公民抗命的差別不是很模糊，以致公民抗命團體大有可能就是良心抗命者集結起來嗎？沒錯，兩者的界線相當模糊。例如梭羅拒絕納稅之舉，稱為出於良心抗命比較恰當，但這件事因為梭羅在文章和演講中談到而廣為人知，如今被視為公民抗命的一種典範做法。爆料揭弊者似乎也是深思抵抗的集體性質的明顯反例，因為爆料者似乎是獨自對抗同儕與上級。奧利佛·史東（Oliver Stone）導演的電影《神鬼駭客：史諾登》（*Snowden*）和薛尼·盧梅（Sidney Lumet）導演的電影《衝突》（*Serpico*）都將主角描述為孤獨的人，受良心驅使而爆料揭弊——史諾登針對美國國家安全局，《衝突》的主角則是揭發紐約市警察局貪腐成風的問題。[47]

---

44. 同上。
45. Arendt, "Reflections on Civil Disobedience," 104.
46. Walzer, *Obligations*, 22.
47. *Snowden*, directed by Oliver Stone (Wild Bunch, 2016); *Serpico*, directed by Sidney Lumet (Artists Entertainment Complex, 1973).

我對此的回應是：這種質疑是基於出於良心抗命與公民抗命的有問題對比，將前者視為本質上主觀、內心驅使的個人決定。我們應該將羅蒂的洞見延伸應用在出於良心抗命上：行為者出於良心而進行有原則的抗命，不會是突如其來的。即使他們獨自行動，良心抗命者往往與處境相似者有合作或對話，而且他們的行動極少僅限於一次抗命。因此，信奉基督教、反對使用事後避孕藥的藥劑師會一起討論、組織和抗議。他們拒絕按顧客的處方提供藥物時，通常是得到他們的教友和某些同業的鼓勵與支持。塞瓦（Emanuela Ceva）最近詳細敘述了良心抗命者的協作活動，並認為這其實是一種政治參與而不是要拒絕某些東西。[48]歸根結柢，我們沒什麼理由在協作這個面向上比較公民抗命和出於良心抗命。

爆料揭弊本質上也不是個人主義的。我們來看政府律師之間有關是否為川普政府服務的辯論。人權律師凱伊（David Kaye）寫道：

> 說到底，出現嚴重違法行為時，除了有能力或有意願抵抗的律師和其他公務員，還有誰會爆料揭弊呢？
>
> 你也應該知道，外面有一個律師網絡將支持你，包括我們的專業網絡如美國國際法學會和美國律師公會，美國各地的學者，以及關注各種議題的研究和倡議團體。[49]

我敢說，仔細觀察看似孤獨的爆料揭弊者，我們會看到他們參與大大小小的許多活動。雖然許多人認為史諾登是獨行者，但他其實與媒體工作者柏翠絲（Laura Poitras）、格林華德（Glenn Greenwald）和麥卡斯吉（Ewen MacAskill）合作。史諾登站出來之後，美國公民自由聯盟馬上為他提供免費的法律援助，而艾斯柏格也讚揚他。艾斯柏格與史諾登如今在新聞自由基金會（Freedom of the Press Foundation）董事會並肩工作。此外，史諾登並未將自己說成是特立獨行者，而是經常將他的行動與美國國家安全局以前的爆料揭弊者相提並論；他的爆料因此似乎是以前人的努力為基礎。簡而言之，主觀與個人主義的抵抗不是常態——協作才是。

---

48. Emanuela Ceva, "Political Justification through Democratic Participation: The Case for Conscientious Objection," *Social Theory and Practice* 41, 1 (2015): 26-50.
49. David Kaye, "Anticipating Trump: Should Government Lawyers Stay or Go?," *JustSecurity.org*, https://www.justsecurity.org/34373/anticipating-trump-government-lawyers-stay-go/（二〇一六年十一月二十日查閱）.

在這整本書中，我重新構想政治義務，將抵抗不義的義務納入其中。我試著將哲學思考從公民抗命擴展至其他形式的有原則抗命，包括非文明抗命。但是，證明有原則的抗命在理論上有根據並不足夠。它還必須在我們的能力範圍之內。因此，在這一章，我辨明了察覺和履行抵抗不義的政治義務的關鍵障礙，並闡述了我們必須肩負的一些二階責任——我們必須履行這些責任，才能發展出克服那些障礙所需要的素質。藉由以負責任的方式形成信念和與其他人往來互動，我相信我們可以發展出必要的素質，克服那些障礙。如果我們將公民的政治義務理解為與他人一起發現和為他人背負的（一如有關人類思考和動機的協作結構的哲學洞見指出），我們也就同時克服了個人主義觀點的原子化傾向——那種傾向會破壞團結。

我們發展自身的能力，必須對公民美德有承擔和堅持，而公民美德要靠教育培養（教育不能理解為僅限於學校教育，而應做最廣義的理解，也就是共同的公民生活造就的社會化）。這觀念可能顯得有點老派。公民美德是現代民族國家奠基者關心的主要問題之一，但如今似乎已完全不是公共辯論關心的議題。但是，公民美德仍然重要。愛國和守法是現在比較受重視的潛在公民美德，但其實只有愛國通常被視為一種美德，守法則被視為對公民理所當然的期望，而不是要表揚的表現。

許多公民和從政者，以及一些哲學家，認為好公民是愛國者，忠於自己的國家。這些人也認為我們應該向小孩灌輸愛國精神。[50]川普總統上任後最早的正式行動之一，是宣布其就職日為「愛國奉獻國慶日」（National Day of Patriotic Devotion）。[51]

但凱勒（Simon Keller）已經證明，愛國主義涉及惡意和對自己國家的缺點視而不見。[52]他也認為，應視為公民美德的是世界主義（cosmopolitanism）而非愛國主義；世界主義是一種「世界公民精神」，涉及本國之內和對其他國家的依戀。[53]我同意：愛國主義能否稱為公民美德相當可疑，即使對本國的歸屬感和愛自己國家的感覺似乎非常無害，甚至本質上或許是美好的。

---

50. 波蘭議會現正考慮修改課程，增加多個小時的愛國歷史課。參見Anthony Faiola, "In Poland, a Window on What Happens When Populists Take Over," *Washington Post* (December 18, 2016). 哲學家為愛國主義辯護可參考Alasdair MacIntyre, "Is Patriotism a Virtue?," E. H. Lindley lecture (University of Kansas, 1984), reprinted in *Patriotism*, ed. Igor Primoratz (Amherst, NY: Humanity Books, 2002), 43-58; Andrew Oldenquist, "Loyalties," *Journal of Philosophy* 79, 4 (1982): 173-193.
51. Abby Phillip, "Trump Names His Inauguration Day a 'National Day of Patriotic Devotion,'" *Washington Post* (January 23, 2017).
52. Simon Keller, "Patriotism as Bad Faith," *Ethics* 115, 3 (2005): 563-592.
53. Simon Keller, "Worldly Citizens: Civic Virtue without Patriotism," in *Cosmopolitanism versus Non-Cosmopolitanism: Critiques, Defenses, Reconceptualizations*, ed. Gillian Brock (Oxford: Oxford University Press, 2013).

愛國主義未必排斥抵抗的政治義務——事實上，許多異見者及其支持者訴諸愛國精神替他們的行動辯護。艾斯柏格和奧利佛．史東稱史諾登為愛國者。川普上任翌日在華府和姊妹城市參加女性遊行的抗議者舉著標語牌，上面寫著「異見是愛國的」（Dissent is patriotic）——這是美國公民自由聯盟的口號。容得下異見和抵抗的愛國主義，與涉及惡意和盲目的愛國主義不同。後者降低而前者提高個人負責任地履行抵抗政治義務的可能性。但即使是前一種愛國主義，我也持懷疑態度，因為它同樣可能令人對所屬社群的黑暗傾向視而不見。例如美國的愛國異見者往往認為，種族不義是該國民主平等原則執行不當的問題，但真相可能是：種族不義是根深柢固的種族歧視原則的自然體現。科茨嘲笑這種傾向（和支持這種傾向的選擇性利用歷史的行為）：「慶祝自由和民主，同時忘記美國以奴隸制經濟為建國根基的事實，是單點式（à la carte）愛國主義。」[54] 儘管如此，我認為愛國主義是許多解放鬥爭的有力工具，尤其是在美國，因為將一種政策或立場說成是「不符合美國風格」（un-American；而非只是不合法、不道德和有害），往往是非常有效的一種對抗方式。簡而言之，我認為愛國精神或許可以在抵抗運動中發揮關鍵作用，雖然我們不應該視其為一種公民美德。

尤其是對政府而言，守法可能是比愛國更重要的潛在公民美德。哲學家普遍不關注守法作為一種公民美德的可能，但埃德蒙遜（William Edmundson）是例外。根據埃德蒙遜的觀點，守法總是涉及尊重權威和法治。將守法當成公民美德，意味著承擔遵守權力機關具體命令的道德義務。[55]埃德蒙遜認為這是一種公民美德，因為它造就支持法律秩序的好公民。學校一般會教學生遵守和服從法律，而兒童和成年人的這種表現通常都會得到稱讚。但在不理想的情況下，我懷疑守法是否真的是一種公民美德。如我已經指出，在某些情況下，違反直接命令可能是必要的，但守法美德禁止這種抗命。

我建議以警惕和開明替代這些可疑的公民美德。在此之外，當然可能還有其他公民美德，而警惕和開明本身也不足以成就良好公民。但它們具有獨特的重要性，那就是有助於我們負責任地辨明我們的政治義務。強烈傾向忠誠和守法可能導致輕信、懶惰、自欺和思想封閉，警惕和開明則可以培養知情和具同理心的理解。

---

54. Ta-Nehisi Coates, *We Were Eight Years in Power: An American Tragedy* (New York: One World, Random House, 2017), 200.

55. William A. Edmundson, "The Virtue of Law-Abidance," *Philosophers' Imprint* 6, 4 (2006): 1-21.

Conclusion

結論

當年美國的自由乘客為了譴責種族隔離的不義，冒了極大的風險。他們被侮辱、施以催淚瓦斯、毆打和逮捕。他們乘坐的巴士被燒毀。但他們認為抗議和阻礙種族階級制度是他們的政治義務。借用梭羅描述公民抵抗的動人說法，自由乘客押上自己的身體，作為煞住國家機器的「反摩擦力」。歷來也有不少人以自己的方式做了類似的事，包括爭取女性參政權的勇武人士、巴比・桑茲和其他愛爾蘭共和軍囚犯、沙烏地阿拉伯的女性駕駛人、針對政府的爆料者如史諾登、「相約小睡」的行動英雄，以及庇護運動人士如法國橄欖農夫艾胡。本書致力於為這些人自覺肩負的政治義務提供理論根據：我為抵抗不義的政治義務提出一種多原則的論述，在這過程中擴展政治義務的概念，將抵抗不義和違抗不義法律的義務納入其中。本書也致力於為思考公民抗命以外的其他有原則抗命形式創造概念和規範空間；即使在近乎公正的正當社會中，我們也有可能必須訴諸那些形式的抗命，包括非文明的抗命。

我根據正義的自然義務、公平原則、撒瑪利亞人義務和有尊嚴的政治成員身分提出支持我們肩負抵抗不義的政治義務的理由，雖然這四類論點各自獨立，但我們也有必要注意到它們之間和本書總論述之中的邏輯關聯。首先，若干論點有重疊。例如正義義務、公平原則和政治成員身分都支持我們肩負抵抗壓迫的普遍義務。公平原則和政治成員身分意味著我們有團結的義務。面對不義，不同的原則分別產生相同的義務，使我們更有理由相信它們真的是我們應該肩負的政治義務。第二，因為每一項原則都可以處理不同類型的情況（例如公平原則可以啟發我們有關剝削的思考，撒瑪利亞人義務則有助我們決定為身陷險境的人做些什麼），前述四項原則合起來涵蓋了範圍廣泛的脈絡。第三，有些原則出現在闡述其他原則的章節中，由此可見那些原則之間互有關聯。例如為了解決撒瑪利亞救援脈絡下的集體行動問題，我利用了公平處事的義務。民主權威對正義義務至為重要，但在連結論中也有一些作用。因此，各章的單一原則論點最好視為互相配合，使本書整體的多原則論述變得更具說服力。

如果我的論點正確，公民的政治義務顯然是多方面的。守法義務只是多種義務的其中一項，而且在現實世界中不是首要的義務。因此，哲學家是時候摒棄政治義務等同守法義務的這個觀念了。問題並非僅限於語義：該觀念滲透討論的內容和討論的方式。長期以來，守法義務一直是哲學家關注的焦點，結果是我們應該肩負的其他政治義務（尤其是面對不義時該肩負的義務）備受忽視。整體而言，政治義務文獻中的兩大陣營都集中關注正反論點的推論邏輯，並未質疑將政治義務等同守法義務或僅關注守法義務的做法。以這種方式討論遮掩了抗命阻礙不義和促進民主的作用。在某種意義上，哲學界極度重視政治義務等同守法義務這一觀念，同時將有原則的抗命貶至其他角落（例如有關自由國家是否應該豁免出於良心抗命者法律責任，或是否應該寬容對待公民抗命者的問題），是將國家要求人民服從視為理所當然，因此承認了這種要求是正當的。本書嘗試顛覆這種框架和重新構想政治義務，因應現實世界中的不義提出一種比較豐富的論述。

我在本書辨明的迫切政治義務往往符合行動主義者和異見者的自我理解和對其他人的呼

籲——他們呼籲其他人加入抵抗不義的行列。馬丁．路德．金恩曾說：道德宇宙長路漫漫，但終歸走向正義。我想說的是：我們必須施加一些壓力，道德宇宙才會走向正義。如果沒有抵抗者和改革者的努力發揮作用，道德宇宙不會走向正義，而是會被替自己謀利的掌權者扭曲，然後演變成意識形態以維持現狀。

或許令人訝異的是，這些多重的抵抗政治義務源自牢牢確立的自由主義政治道德規範，而基進的行動主義者如社會主義者、無政府主義者和黑人女性主義者往往視這些規範為抵抗不義的障礙。但是，自由主義承擔的基本義務對我們應該如何回應周遭的不義可以有、也確實有深遠和基進的涵義。

歷史告訴我們，有原則的抗命（從民眾起義到逃避兵役，從普通美國公民暗中援助逃亡的奴隸到伊朗女性違法貼出她們不戴頭巾的照片或影片）是一股良善的力量，可以有力地抵抗威權主義和壓迫。本書進一步指出，即使在民主體制中，公民也可以藉由有原則的抗命履行他們的政治義務，有時還必須這麼做。抗命可以阻礙不義或表示反對不義之意，而如果抗命的人夠多，還可以確立反政府的公意。鄂蘭就認為大規模的公民抗命是一種真正的政治行動——人們共同做一些事，創造新的開端。[1]

鄂蘭視政治行動為與既有秩序基本上意外的、自由的和自發的創造性決裂，這概念令人擔心以下問題。站在鄂蘭的觀點，我在這整本書中運用的工具性思維（其形式是：抗命、參與運動、爆料揭弊之類的行動，是為了抵抗不義和促進民主）歪曲了政治行動：政治行動是一種實踐（praxis；一種事件，一種行為），但我錯誤地將它說成是一種創造（poiesis；一種產物，一種製品）。這種準形而上的反對意見可以稍微具體地轉述如下：我的論述歪曲了政治能動性，假定它涉及行為者根據不同行動方案的預期結果，理性地權衡這些方案的利弊。說白了這是認識論的問題：我假定我們可以知道我們的行動將對世界產生什麼影響，但我們其實無法知道。

雖然多數讀者或許不認同鄂蘭的政治行動形而上論，但她的理論突顯了我仰賴工具性思維的潛在問題。因為如果真正的政治行動是自由和團結的一種野性表現；如果一如鄂蘭所言，真正的政治行動是自發、無預謀和不可預料的，則工具性思維對它不適用——因為這種思維可能扭曲和背叛它，使它脫離令它具有真正政治性的元素。[2]

1. Arendt, "Reflections on Civil Disobedience."
2. 參見George Kateb, "Political Action," in *The Cambridge Companion to Hannah Arendt*, ed. D. Villa (Cambridge: Cambridge University Press, 2000), 130-148。

我的論述確實假定行為者會深思或預謀，以及行動是相對可預料的。它假定行為者是會自我反省的個人：他們認真評估周遭情況，辨明不義，然後與其他人商議最有效的抵抗方式。它也假定行為者可以合理地努力預料其行動的可能後果。不過，我不認為這些假設有問題。我對政治行動的這種設想反映行動者的實際做法：他們深思細想、組織和計畫，製作和派發小冊子，籌集資金，接受訪問和發出新聞稿，預設外界對其行動的反應，在有人被補時取得保釋金，諸如此類。行動者顯然必須深思什麼是正確的政治行動路線，正如公共論辯也需要批判反省。而策略上的計算權衡也與鄂蘭的這種觀點相容：政治行動是社會契約精神（顛覆、創造、新開端）的傳導管道。事實上，那些要素是政治行動成功的必要條件。

當然，現實中有許多方面的不確定性，許多無法衡量的因素可能影響一項行動的軌跡：當局意外拒絕發出許可，可能令預定的遊行無法進行；示威中爆發暴力事件，可能破壞一場運動的和平訊息；天氣寒冷可能令靜坐行動的參與者減少；某個名人最後關頭表達支持，可能令運動聲勢大漲；一張標誌性的照片可能對抗爭大有幫助；國際新聞可能導致較少人關注國內重要的抗議活動，諸如此類。但是，這一切都無法證明務實的思考籌謀在真正的政治行動中不適用——它只能說明其作用是有限的，而且可能出錯。因此，政治理論家研究社會運動時運用統計方法，是反映政治行動的不確定性，而這不代表政治行動是完全不可預料的。

因此，儘管我對鄂蘭欣賞公民抗命充滿民主精神和重整世界秩序的力量有共鳴，我不認同她強調政治行動的無限制、自發和不可預料特性。行動（acting）與製造（making）確實非常不同，但這並不意味著行為者完全無法控制前者。政治行動的不確定性意味著我們既需要謹慎，也需要遠見；需要特定的技能和性情組合，例如亞里斯多德所講的實踐智慧（*phronesis*）或馬基維利所講的能力（*virtù*）；需要真正的協作參與，如此方能駕馭複雜的政治形勢。政治行動的不確定性也要求我們具有勇氣和承擔風險的意願。簡而言之，這一切都不阻礙我們承擔面對不義時**採取行動**的政治義務，也不阻礙研究相關問題的理論努力。相反地，它使我們想起當年那些年輕自由乘客的看法：抵抗不義是「每一個人的責任」。

Postscript

Resistance in the Age of Trump

附錄

川普時代的抵抗義務

我是在川普當美國總統的第一年內撰寫本文的。川普執政下的美國是一個模範案例，非常適合用來檢視我的哲學觀點如何適用於身處不理想政治環境下的行為者。今天的美國人肩負著什麼樣的政治義務？

川普談論了總統一職很長時間，然後才認真角逐大位。在二〇一六年之前的數年裡，他靠散播「歐巴馬非美國出生論」（birtherism）獲得聲勢——這種種族主義謬論指川普之前的歐巴馬總統並非出生於美國。然後他在宣布參選總統的演講中聲稱來自墨西哥的移民是「強姦犯」，不久之後就說要「圍捕」所有沒有身分證明文件的人——當然是「以非常人道、非常友善的方式」。他承諾禁止穆斯林進入美國，並針對已經在美國的穆斯林建立登記制度。他侮辱女性、退伍軍人和殘障者，經常在競選集會上鼓勵暴力行為，甚至數度提出為可能因為襲擊抗議者而被定罪的川普粉絲支付法律費用。大選前一個月，《華盛頓郵報》公布了電視節目《前進好萊塢》（*Access Hollywood*）未播出的片段，顯示川普吹噓只要他喜歡，隨時都可以撫摸女性和吻她們。他說：「如果你是明星，她們會讓你這麼做。你做什麼都可以……例如抓住她們的陰部……你做什麼都可以。」超過二十名女性聲稱川普曾性騷擾或性侵犯她們。川普則否認自己有任何不當行為。

川普上任之後，繼續展現他厭女、種族歧視和煽動的言行。在《紐約時報》報導五名女性指控福斯新聞頻道節目主持人比爾．歐萊利（Bill O'Reilly）性騷擾、歐萊利為此付出約一千三百萬美元的和解金之後，川普稱讚歐萊利「是個好人」，並公開宣稱「我不認為比爾有做錯任何事」。[1]川普支持阿拉巴馬州共和黨人摩爾（Roy Moore）競選聯邦參議員，儘管多人指控摩爾有性不當行為，包括猥褻一名十四歲女孩。在「黑人歷史月」一項活動上，川普暴露了他對黑人歷史的澈底無知：他在談到美國黑人政治家和廢奴主義者道格拉斯時，含混地表示道格拉斯是「完成了了不起的任務、受到越來越多人讚賞的人」。[2]在向美國原住民退伍軍人致敬的一次活動上，川普揶揄代表麻省的參議員華倫（Elizabeth Warren）為歷史上知名的印地安女性「寶嘉康蒂」（Pocahontas）。在總統大選中，川普的總得票數輸給對手將近三百萬票，創出總統當選人的歷史紀錄，但他毫無根據地聲稱自己是有系統的選民詐欺的受害者，因此慫恿美國各州進一步限制投票權，並助長一種陰謀論，破壞民眾對選舉程序的信任。他還質疑司法制度的獨立性，聲稱上訴法院「非常政治化」。

---

1. Michael Grynbaum and Jim Rutenberg, "Trump, Asked about Accusations against Bill O'Reilly, Calls Him a 'Good Person,'" *New York Times* (April 5, 2017), https://www.nytimes.com/2017/04/05/business/media/trump-oreilly-fox-murdochs.html. 性騷擾指控在二〇一七年四月公開之後不久，福斯新聞頻道趕走了歐萊利。
2. Remarks by President Trump in African American History Month Listening Session" (February 1, 2017), https://www.whitehouse.gov/the-press-office/2017/02/01/remarks-president-trump-african-american-history-month-listening-session.

川普總統並非只是以煽動的言語分裂社會，其政策也反映這種作風。他將穆斯林和難民視為恐怖分子，上任後立即發出禁止他們進入美國的行政命令，結果遭受司法界抨擊。他根據競選承諾，將驅逐移民列為政府的優先要務之一，將更多無證移民視為必須遣送出境的罪犯。他曾發出行政命令，要求扣住「庇護城市」應得的聯邦政府資金，但遭一名聯邦法院法官阻止（庇護城市的政府反對強硬對付非法移民）。

無論川普的政策是否違法，當中有許多是不義的。許多人適時發起抗議行動，並組織起來。川普就職第二天，數百萬人參加了華府和美國各地舉行的女性遊行。川普宣布他的第一道穆斯林入境禁令之後，抗議者和法律援助人員自發地聚集在機場。美國公民自由聯盟立即挑戰川普的禁令，一個週末就獲得兩千四百一十萬美元的捐款。曾發言反對川普政策的人包括公務員、情報機關官員、政府律師、警察局長、市長、企業執行長、大學校長和教授，以及科學家。面對慣常說謊的政府以及將新聞界稱為「反對黨」和「人民公敵」的總統，記者更努力地投入調查工作。

與此同時，著名小說家阿迪契（Chimamanda Ngozi Adichie）強調我們的政治責任中理性和對話的部分。她寫道：「現在是以事實對抗謊言的時候。我們必須重申每一個寶貴的理想，提出每一個顯然正確的論點。」[3] 憲法權利中心在其網站上宣稱：「抵抗是我們的公民義務。」[4] 在代理司法部長葉慈（Sally Yates）因為指示司法部律師不要為穆斯林禁令辯護而被開除之後，許多公務員為他們不服從違法、違憲或其他無理命令的義務辯護。許多科學家表示，他們有責任抵制川普的一些錯誤觀念（包括疫苗導致自閉症和全球暖化是騙局）；有些人還提出一些抵抗行動構想，希望避免川普削減預算破壞美國環境保護局的工作。醫療和社會工作人員出於照顧病人的職業和道德義務，一直站在抗議的前線，反對川普政府破壞幫助更多人獲得健保和醫療服務的法律。

這就是抵抗——事實上，川普上任之後隨即誕生的反對運動就以「抵抗」（The Resistance）為名。媒體上出現了很多抵抗川普的指南，例如《新聞週刊》（*Newsweek*）刊出〈抵抗川普總統的十二種方式〉，政治新聞媒體Politico則有〈抵抗川普應避免的六種行為〉。[5]由美國國會前工作人員領導的反川普運動「不可分割」（Indivisible）提供了「抵抗川普議程的實用指南」，希望

3. Chimamanda Ngozi Adichie, "Now Is the Time to Talk about What We Are Actually Talking about," *New Yorker* (December 2, 2016), http://www.newyorker.com/culture/cultural-comment/now-is-the-time-to-talk-about-what-we-are-actually-talking-about.
4. Center for Constitutional Rights, "Resistance Is Our Civic Duty," https://ccrjustice.org/home/press-center/press-releases/resistance-our-civic-duty-ccr-responds-trump-election (最近一次查閱日期是二〇一七年九月二十二日).
5. Robert Reich, "Twelve Ways to Resist the Trump Presidency," *Newsweek* (January 6, 2017), http://www.newsweek.com/robert-reich-twelve-ways-resist-trump-presidency-539411; Bill Scher, "6 Ways Not to Resist Donald Trump," *Politico Magazine* (January 25, 2017), http://www.politico.com/magazine/story/2017/01/6-ways-not-to-resist-donald-trump-214689.

複製茶黨的成功。[6]大選剛結束時的絕望與焦慮變成了強勁的行動能量。這種抵抗不是以工具邏輯（instrumental logic）為基礎；問題不是「如果你想抵抗川普，你需要做 x 和 y」。它訴諸道義邏輯，強調一種義務。演講者直接訴諸抵抗的義務，或利用語法間接訴諸抵抗的義務。祈使語氣、非如此不可的語氣隨處可見。

但我們確切必須做什麼？在川普的時代，民主國家的好公民必須做什麼？美國公民如今面對本書討論的政治義務，也就是基於正義義務、公平原則、撒瑪利亞人義務和政治成員身分的政治義務。在檢視這些義務之後，我將略述公務員和官員肩負的一些特殊責任。

公民的政治義務

我們考慮現實生活中必須做決定的情況時，必須謹記這一點：捍衛抵抗不義的義務，不必以守法義務澈底失效為前提。與此同時，即使有人認為川普的總統職權不正當（因為俄羅斯干預美國總統大選、川普總得票數不如對手，或有些選民遭剝奪公民權），川普上任之前受規則約束的政治制度可能仍使公民肩負守法的道德義務。我們必須認清的是，無論守法的道德義務是否成立，其他政治義務要求我們支持公正的民主制度，而這些義務可能要求我們違反法律。

在第三章，我提出一種分類方式以助釐清什麼形式的不義要求我們抵抗，它們包括不尊重（公然否定某些公民的平等地位）、針對非公民的不義、審議式惰性、官員瀆職，以及公眾無知。川普政府已經加重或造成了這五種不義。川普的政策和言語公然否定拉美裔、穆斯林和黑人的平等地位，他們被定型為低劣和危險的人。白宮試圖禁止所有跨性別者擔任軍中任何職位，這顯然是不尊重他們。（截至二〇一七年十二月，一名聯邦法院法官暫時擋下該政策，裁定它是基於「對跨性別人士的普遍否定」。）

川普政府針對非公民的不義反映在不公正的反移民政策上。在聯邦上訴法院擱置了兩個版本的穆斯林旅行禁令之後，美國最高法院容許第三個版本生效；與此同時，挑戰該禁令的訴訟持

---

6. *Indivisible: A Practical Guide for Resisting the Trump Agenda*根據Creative Commons Attribution-NonCommercial- ShareAlike 4.0 International License提供授權，可在https://www.indivisibleguide.com/guide/取得。

續。八個國家的多數公民如今被禁止入境美國，當中六國的居民主要是穆斯林。川普要求移民及海關執法局（ＩＣＥ）展開大規模的突擊行動，掃蕩和拘留無證移民（包括美國公民的父母），並將他們遣送出境。雖然川普主張必須清除移民人口中的「罪犯」，他並不區分犯罪與欠缺有效身分證明文件的日常生活：只要是非法居於美國，或為了工作使用假的社會安全號碼，就足以成為當局重點針對的目標。

川普政府針對非公民的不義，也反映在不顧後果、危及世界各國人民的環境和外交政策上。白宮已正式退出二〇一五年的《巴黎氣候協定》，轉為尋求廢除管制（開採頁岩油氣的）水力壓裂法的法規，而且已經批准在墨西哥灣和北極開採石油，此外也已大幅縮減禁止商業開發、保護西部土地的國家紀念區。這些政策危害動物和環境，提高了造成氣候相關傷害的風險，例如可能導致美國人和外國人流離失所。川普與北韓領袖金正恩對峙，則推高了核戰的風險。川普政府為了象徵性勝利，寧願損害全球安全：川普宣布美國駐以色列大使館從特拉維夫遷至耶路撒冷，就是一個例子。

川普可能違反《美國憲法》的報酬條款，以及許多針對他的訴訟，都指向官員瀆職問題。而雖然川普在推特上公開他「未經過濾」的想法，他和他的政府對公眾隱瞞一些真正重要的事。例如川普拒絕公開他的報稅資料，使公眾對他可能存在的利益衝突一無所知。前聯邦調查局長穆勒（Robert Mueller）正領導一項特別檢察官調查，希望查明川普的總統競選團隊是否串通俄羅斯政府干預二〇一六年大選、川普的夥伴與俄羅斯官員有何關係，以及他們是否妨害司法公正和涉及金融犯罪。截至目前（二〇一八年二月），與川普競選活動有關的五個人和十三名俄羅斯公民已經因為穆勒的調查而被控告犯罪。

因應這些不義和引發調查的可疑活動，美國人肩負一些迫切的政治義務。他們有義務抗議，包括參加遊行集會，在社群媒體上傳播訊息，為反對政府的組織當志工或捐款支持這些組織。他們有義務了解新政策和未來可能出現的政策，包括它們如何影響人類和環境，以及政府如何利用針對少數族群的或明或暗的歧視和偏見。他們有義務教育自己和互相學習，以了解混淆視聽的行動如何運作，以便更好地識別宣傳操作，例如政府抹黑特別檢察官調查的企圖。專家和新聞工作者有義務譴責謊言，並將真相告訴公眾。

美國人也可能必須違反一些不義的法律。在第三章，我替一項基於正義的政治義務辯護：有些不合理的反移民法律要求我們做壞事，例如要求公民、公務員和政府官員質問無證移民、監視他們，以及向聯邦政府機關報告他們的活動；我們有義務違抗這些法律。這種抗命行為必須暗中進行，以免無證移民遭拘留或驅逐出境。

但是，這種抗命也有一種有用的公開形式。市政府、大學行政部門、警察部門、企業和其他組織的領袖可以選擇明顯的立場，支持庇護無證移民，拒絕舉報他們。從西雅圖到邁阿密，美國數十個城市已經宣布它們是「庇護城市」；加州奧克蘭市長薛麗比（Libby Schaaf）最近則因為提醒移民聚集的社區注意ＩＣＥ即將展開的執法行動，成為美國司法部的審查目標。[7] 庇護城市至少已經要求它們的警察部門無視ＩＣＥ的拘留要求：ＩＣＥ要求地方執法機關延長無證移民的拘留期，以便ＩＣＥ決定是否將他們轉移至聯邦拘留所。有些城市更進一步，保護它們的無證居民免受聯邦移民機關傷害。加州奧克蘭市就教導學校教師和行政人員如何應付找上門來的ＩＣＥ執法人員。該市的學校也為家長提供有用的資訊，例如可以從哪裡獲得法律援助和保釋協助，並為學生提供安全的空間表達他們對移民制度的憂慮。防止地方人士配合政府的驅逐行動是重要的一步，但如果我們想保護無證者的安全，這是不夠的。

因為正義義務是自然的（也就是普遍的），它並非僅要求美國公民抵抗美國政府的不義。它也約束暫時和永久居民，以及無證移民——採用華德朗的標準，因為美國制度適用於他們，所以他們也有義務。[8] 但是，因為目前違法的風險太高，我們不能合理地期望非公民挑起抗命的負擔。[9] 儘管如此，還是有非公民願意勇敢發聲。例如被稱為「夢想家」的一些無證少年就投入了公眾看得見的抗議。他們被稱為夢想家，是因為旨在照顧無證少年的《夢想法案》（The DREAM Act）——全名為《未成年外國人發展、救助和教育法案》（Development, Relief, and Education for Alien Minors Act）。

貝特蘭（Cristina Beltrán）分析了夢想家「同性戀式」的民主政治操作——他們採用同性戀權利運動面向公眾的策略，走出被迫隱藏身分和保持沉默的狀態。[10] 夢想家二〇一〇年組織了

「全國走出陰影日」（National Coming Out of the Shadows Day），隨後一再舉辦，令人想起性少數群體一九八八年首度舉辦全國出櫃日（National Coming Out Day）。夢想家也利用社群媒體宣傳和豐富他們的敘事，例如不再停留在那種經過消毒的故事：畢業生代表熱愛美國，渴望成為軍人，但因為不是美國公民而無法從軍。YouTube上有數以百計的無證少年拍片講述他們及其父母的故事，並宣稱自己「毫無歉意和無所畏懼」。許多少年一開始就講這句不吉利的話：「你觀看這段影片的時候，我已經被捕了。」美國公民有義務幫助這些積極的無證少年，包括參加他們的

---

7. Meagan Flynn, "Oakland mayor who tipped off immigrants to ICE raid draws Justice Department scrutiny," *Washington Post* (March 2, 2018), https://www.washingtonpost.com/news/morning-mix/wp/2018/03/02/justice-department-reviewing-actions-of-oakland-mayor-who-tipped-off-immigrants-of-ice-raid-white-house-says/?utm_term=.36f57c49ff76.

8. Jeremy Waldron, "Special Ties and Natural Duties," *Philosophy and Public Affairs* 22 (1993): 3-30.

9. 參見Juliet Stumpf, "The Crimmigration Crisis: Immigrants, Crime, and Sovereign Power," *American University Law Review* 56, 2 (2006): 367-419; César Cuauhtémoc García Hernández, *Crimmigration Law* (Chicago, Illinois: American Bar Association, 2017).

10. Cristina Beltrán, "'Undocumented, Unafraid and Unapologetic': DREAM Activists, Immigrant Politics, and the Queering of Democracy," in *From Voice to Influence: Understanding Citizenship in a Digital Age*, eds. Danielle Allen and Jennifer S. Light (Chicago: University of Chicago Press, 2015), 80-104.

抗議活動，宣傳他們的訴求，抗議當局逮捕他們，以及捐款給DreamActivist.org之類的組織。如果有許多人抗議和拒絕服從不義的法律，履行這些義務就會容易得多。

公平

在第四章，我證明了在某些情況下，受惠於剝削和有害的社會方案涉及道義錯誤，而搭便車正是因為這種錯誤而應受指責；公平原則因此同時禁止這兩種行為。我們可以在川普執政的美國辨識出許多負外部性和傷害，有些還處於初期狀態，有些則已經相當成熟。若想維護公平，我們必須質疑和糾正這些問題，而我們有義務完成這項任務。

許多潛在的傷害是經濟上的。作為堅定的資本主義者，川普對社會福利保障持悲觀態度：他認為社會福利是不公平地輸送利益給未能對社會做出貢獻的人。這正是為什麼川普想要廢除歐巴馬年代的《平價醫療法》（Affordable Care Act）；如果他成功了，美國人在聯邦醫療保險（Medicare）和醫療補助計畫（Medicaid）下得到的好處也將受損。雖然共和黨在國會占有多數優勢，川普的醫療改革方案還是未能通過。結果共和黨設計了一個賦稅方案，除了將大幅縮小Medicare和Medicaid計畫（將使無健保人口增加一千三百萬人，並且推高健保保費），還將輸送利益給企業和最有錢的美國人（例如完全取消遺產稅）。川普政府還試圖削弱勞動和金融法規，減輕企業管理層和投資人的負擔，同時加重勞工的負擔。美國的社會體制本來已經是世上最不平等的其中一個，而川普的種種舉措將加重其缺陷，並加劇經濟不平等。

我之前指出，公平處事原則要求這些措施的受惠者放棄這些不當得益。根據反向論證，在某些情況下，受惠於剝削和有害的社會方案涉及道義錯誤，而搭便車正是因為這種錯誤而應受指責，公平原則因此禁止我們配合這些方案。誰是川普執政的不當得益者？川普一家、他的助手、大企業、遊說團體、富有的金融業者，以及爭取聯邦政府合約、不擇手段配合川普施政的公司。公平處事原則要求這些人不再配合賦予他們不當得益的系統，並尋求改革該系統。一般公民，尤其是社會中最貧困的人，是川普不公平施政的受害者：反向論證在這方面不適用於他們。

但是，公民作為一個群體負有團結的公平處事政治義務。我們之前談到，團結有其實證理由：抵抗有可能成功，但需要集體行動。切諾維斯和史蒂芬發現，只要有三．五%的人口持續參與，就幾乎可以保證運動成功。因此，如果公民肩負抵抗川普議程的普遍義務（例如基於正義義務），我們就可以訴諸公平原則，作為抵抗中的團結義務的基礎。

撒瑪利亞人義務

川普上臺之前，美國就已無法避免我在第五章指出的撒瑪利亞危險。但川普政府尤其加重了其中兩個問題：仇恨犯罪，以及無證移民和尋求庇護的潛在移民成為被針對的目標。許多美國公民可視為見證這些危險的路人。

我們不難看到川普的言語如何替極右勢力壯膽，包括打著「另類右派」（alt-right）旗幟的白人國族主義者。[11]非營利組織南方貧困法律中心（SPLC）在大選之後短短十天內，就蒐集到八百六十七宗「仇恨騷擾或恐嚇」的案件報告。[12]這些案件多數涉及表達反移民、反黑人、反穆斯林、反性少數群體、反女性或反猶太人的觀點。SPLC也觀察到，美國的仇恨團體急增，反穆斯林團體二〇一五至二〇一六年間增加近兩倍。身處美國的南亞人經歷了一波暴力事件，活在因此產生的恐懼氣氛下。[13]

因此，若想以撒瑪利亞人行動減少持續發生的仇恨犯罪，就必須藉由日常的抵抗，認真致力於改變文化。SPLC建議人們以十種方式對抗仇恨：（一）採取行動，因為作惡者會認為冷漠代表接受惡行；（二）聯手：接觸盟友，展開對話；（三）支持受害者；（四）勇敢發聲；（五）教育自己，認識仇恨和隱性偏見；（六）創造另一種可能：以愛和善意對抗仇恨；（七）敦促領袖做出改變；（八）持續參與；（九）教導包容接納的態度，因為偏見是很早習得的；（十）深入挖掘：審視自己的內心，立志對抗仇恨和不寬容。[14]SPLC的建議巧妙地結合了短期的旁觀者介入戰術和長期的社會運動建設策略。

無證移民尤其生活在恐懼的氣氛下：他們不但可能成為公眾仇恨犯罪的目標（因為他們絕大

多數不是白人，而且講話帶有明顯的口音），還可能被政府當局逮捕和驅逐出境。二〇一七年，針對無證移民的非犯罪逮捕增加四二%；這些移民僅因行政理由遭拘留。此外，他們越來越常在學校、醫院、教會和法院大樓遭圍捕。對無證移民來說，不安全的地方越來越多。二〇一七年，ICE在紐約市各法院大樓逮捕的人增加了九〇〇%。法律學者嘉西亞（César Cuauhtémoc García Hernández）認為，在法院大樓逮捕人「不但令毫無戒心的人因為被拘留而無法繼續正常生活，還可能導致我們的司法系統無法正常運作」。[15]政府令人不敢出現在法院，不但損害人們

11. Southern Poverty Law Center, "Hate Groups Increase for Second Consecutive Year as Trump Electrifies Radical Right" (February 15, 2017), https://www.splcenter.org/news/2017/02/15/hate-groups-increase-second-consecutive-year-trump-electrifies-radical-right.

12. SPLC Hate Watch, https://www.splcenter.org/hatewatch/2016/12/16/update-1094-bias-related-incidents-month-following-election, last update December 16, 2016. 我認為仇恨犯罪一如仇恨言論，源自偏見，未必是受仇恨本身的情緒、感覺或態度驅使。參見Alexander Brown, "What Is Hate Speech? Part 1: The Myth of Hate," *Law and Philosophy* 36, 4 (2017): 419-468.

13. Anna North, "After Kansas Shooting, a Community in Fear," *New York Times* (March 3, 2017), https://www.nytimes.com/2017/03/03/opinion/after-kansas-shooting-a-community-in-fear.html.

14. SPLC, "Ten Ways to Fight Hate: A Community Response Guide" (August 14, 2017), https://www.splcenter.org/20170814/ten-ways-fight-hate-community-response-guide.

15. César Cuauhtémoc García Hernández, "ICE's Courthouse Arrests Undercut Democracy," *New York Times* (November 26, 2017).

對司法系統的信任，還令法院難以有效運作。二〇一七年，休士頓拉美裔女性報告被強姦的案件較上年減少逾四〇%。休士頓警察局長認為，這顯示「人們開始不報案」，因為他們害怕自己遭拘留和驅逐出境。如果罪案的受害者和目擊者害怕向警方和法院作證，社會將變得比較不安全。

為了保護人民免於恐懼的基本自由，撒瑪利亞人介入至少必須要求ICE確立正式的政策，避免在敏感地點（例如學校、醫院、教會和法院大樓）逮捕人。（歐巴馬執政期間，ICE承諾避開教會和學校。）此外，各城市和各郡應制定庇護規定，禁止本地警察盤問罪案受害者和目擊者的移民身分地位。無證移民面臨的持續的撒瑪利亞危險，需要全面的移民制度改革才能有效處理。撒瑪利亞人義務因此進一步支持基於正義義務、主張庇護無證移民和支持移民的政治行動。

至於最弱勢的移民，在川普上任前，美國僅承諾每年接收十一萬名難民。但川普仍大砍該數字至每年五萬人。流離失所的人，包括來自敘利亞、阿富汗、索馬利亞和其他受暴力困擾國家的許多兒童，在他們的家鄉、難民營和尋求庇護的旅程中都面臨持續的撒瑪利亞危險。

川普政府承認難民處境危險、需要援助，但否認承受合理的代價就能提供撒瑪利亞援助。白宮表示，接收難民不但使美國財政緊張，還可能危害國家安全。川普政府宣稱有些難民其實是假扮成難民的恐怖分子。在競選期間和上任之後，川普及其團隊均曾批評同情難民不過是「政治正確」的表態——這種批評脫離現實，因為難民面臨真實的危險。[16]

我們必須以有根據的論點駁斥這種訴諸恐懼和否認基本道德義務的觀點，方法之一是教育。

美國人必須了解仇外和反穆斯林偏見，並且認識多數犯罪（包括恐怖主義）的國內根源。公民可以多種方式履行自己的撒瑪利亞人政治義務，包括向政府施壓、要求採取行動，贊助安置移民家庭，捐錢給協助難民的非政府組織，以及為庇護運動當志工，爭取更多人支持庇護運動。

有尊嚴的政治成員身分

我在本書提出的政治義務連結論是以有尊嚴的政治成員身分為基礎，而川普政府的種種表現危及這種身分，包括它對待移民和跨性別人士的方式；它侮辱人和分裂社會的言語；它對仇恨犯罪的遲鈍反應；它在環境保護、金融監理、女性獲得健康照護的機會，以及生育正義方面的倒退；它輕蔑對待社會底層的方式。許多反川普的抵抗行動因此強調尊嚴和包容的訴求。例如藝術家費爾雷（Shepard Fairey）就製作了一組抗議標語，以「捍衛尊嚴」（Defend Dignity）為口號，

---

16. 例如川普長子小唐納・川普就表示，恐怖分子實際上玷汙了整批難民，不承認這一點是一種「政治正確議程」。參見Leo Kelion, "Trump Jr's Skittles Graphic Deleted From Twitter," *BBC* (September 28, 2016), http://www.bbc.com/news/technology-37495094.

畫上美國的穆斯林、拉美裔和黑人女性。而全美各地的宗教團體都譴責川普的穆斯林禁令，並重中他們相信人人都有與生俱來的尊嚴。

為了表達與受種族壓迫者團結之意，美式足球聯盟（NFL）球員在唱國歌時單膝下跪、留在更衣室，或與其他球員手挽手。這些球員主要是希望抗議針對黑人的種族歧視和警察暴行。有些人認為這些球員的抗議方式不文明和不尊重人——例如川普就說抗議者是「婊子養的」、忘恩負義和不愛國。[17]但是，從尊嚴的角度理解這些抗議特別有啟發性。這些抗議者不但譴責不義，還維護他們有尊嚴的政治成員身分，而這種身分正是川普及其支持者試圖藉由指責抗議方式不文明加以否定的。

NFL球員在場上單膝下跪雖然沒講話，但也發出了聲音：他們隨後向媒體解釋他們以這種方式抗議的原因。他們維護了自己的「認知權威」（epistemic authority）：七〇%的NFL球員是黑人，他們對種族歧視和警察暴行有親身的認識。他們也確認了自己的政治能動性，表達了「力挺平等、跪求正義」（stand for equality and kneel for justice）的決心——那是「黑人的命也是命」運動的口號。面對總統的指責，他們不但維護了尊嚴，而且一如齊林（Dave Zirin）所言，在一項剝削黑人勞動力的去人性化運動裡維護了他們的人性。[18]齊林將NFL球員抗議與一九六八年孟菲斯黑人清潔工人的抗議相提並論，當時那些工人打出「我是一個人」（I Am a Man）的口號。

最後，ＮＦＬ球員藉由這種抗議，表達他們對美國未能兌現人人自由平等的立國理想之不滿。他們在抗議過程中重新定義了愛國精神。一如西雅圖海鷹隊一份聲明所言：

> 我們決定不參與唱國歌。我們不支持困擾這個國家有色人種的種種不義。出於對我們國家的熱愛和對前人為我們犧牲的敬意，我們團結起來，對抗那些剝奪我們基本自由的人。我們決心繼續為人人得享平等和正義努力。[19]

在這個意義上，ＮＦＬ球員的抗議可以用德沃金的論述理解。他們是回應被屈辱玷汙的有缺陷政治關係。根據本書第六章提出的框架，抗議者向社會傳達他們對種族不義的譴責，表達受壓

---

17. Bryan Armen Graham, "Donald Trump blasts NFL anthem protesters: 'Get that son of a bitch off the field'," *The Guardian* (September 23, 2017), https://www.theguardian.com/sport/2017/sep/22/donald-trump-nfl-national-anthem-protests.
18. Dave Zirin, "The Houston Texans Showed the Power and Dignity of Black Labor," *The Nation* (October 30, 2017), https://www.thenation.com/article/the-houston-texans-showed-the-power-and-dignity-of-black-labor/.
19. Seattle Seahawks (@seahawksPR), (September 24, 2017 at 2:39 p.m.).

迫者之間的團結以及與受壓迫者的團結，並維護自己的尊嚴。

單膝下跪完全合法，但有些人為了履行基於有尊嚴政治成員身分的政治義務，也訴諸公民抗命以至非文明抗命。川普決定終止童年入境暫緩遣返方案（DACA），危及年輕的無證移民，數十人在抗議該決定的活動中被捕。二〇一七年九月，抗議者在美國一些大城市非法阻礙交通。一些遭ICE拘留的無證移民也絕食，抗議他們在未被起訴的情況下遭無限期拘留，而且無法接觸律師——兩者均侵犯了《美國憲法》保障的正當程序權利。

美國反法西斯團體近年動員的反法西斯運動（antifa），是川普年代非文明抵抗的一個明顯案例。二〇一七年川普就職當天，一名蒙面男子在電視臺鏡頭前毆打支持川普的新納粹分子史賓塞（Richard Spencer）。另類右派YouTube名人雅諾波魯斯（Milo Yiannopoulos）在柏克萊加州大學演講前，反法西斯行動者在校園砸爛窗戶、點火，並且向警察丟爆竹。在另一事件中，行動者追打支持川普的白人至上主義者，並且向他們噴胡椒噴霧。在二〇一七年八月維吉尼亞州夏洛茨維爾的「右派團結」（Unite the Right）大型集會期間，反法西斯行動者與白人國族主義者和警察發生衝突。當天數十人受傷，而且一名白人國族主義者開車衝撞敵對陣營，導致一人死亡。

康乃爾・韋斯特（Cornel West）當天本來要在夏洛茨維爾的聖保羅教堂布道。他描述白人國族主義示威者包圍教堂的情況：

> 那些新法西斯分子有自己的彈藥。這一點很重要，因為警察基本上撤退了。如果不是那些無政府主義者和反法西斯人士伸出援手，他們有超過三百人，三百五十名反法西斯人士伸出援手，我們那二十人，多數是神職人員，一定會像蟑螂那樣被打死。我們只有二十人……那些反法西斯人士，真的很重要，那些無政府主義者……他們實際上救了我們的命。如果沒有他們，我們會被澈底擊垮，我永遠不會忘記這一點。[20]

因為這些反法西斯行動者在警察失職的情況下保護了一些人，很多人會認為他們使用武力是正當的。但反法西斯行動者毆打史賓塞、破壞柏克萊校園設施、攻擊支持川普的白人國族主義者，這些行為也正當嗎？反對者斷然譴責暴力，認為反法西斯行動者「與法西斯分子一樣爛」，因為他們試圖使公民同胞噤聲。[21]但如果我們相信目的有時可以證明手段是正當的，那麼認為所有暴力行為都一樣、不必考慮它們的目的，在道德上是否合理就相當可疑。川普總統談到夏洛茨

20. Cornel West, interviewed on *Democracy Now!* (August 14, 2017).

21. Amitai Etzioni最近替此論一個深思的版本辯護，見"Notes for Antifa from a Former 'Terrorist,'" *Boston Review* (November 29, 2017), http://bostonreview.net/forum/etzioni-notes-antifa-former-terrorist (二〇一七年十二月十三日查閱).

維爾致命暴力時，表示雙方都有責任，許多人就很懷疑他的說法是否合理。[22]

反法西斯行動者宣稱他們使用武力是一種集體自衛，因此是正當的。[23]他們認為法西斯分子（新納粹分子和白人至上主義者）嚴重危及猶太人、黑人、移民、穆斯林、性少數群體，以及他們鄙視的其他人。這種威脅是直接的，因為法西斯分子是仇恨犯罪的作惡者。這種威脅也是間接的，因為法西斯分子的演講和著作支持和煽動別人對他們鄙視的群體施暴。而法西斯分子的目標是建立白人至上主義國家，排斥或征服他們鄙視的少數群體。為了應付後兩種威脅，反法西斯行動者致力剝奪新納粹分子演講和散播謬論的機會，以免他們創造「正常化」（也就是法西斯勢力進入政治主流）的結構條件。為此他們有時會訴諸不文明的手段，包括替新納粹分子向其家人和雇主揭露他們的新納粹身分，擾亂他們的會議，藉由堵路和破壞設施阻止他們發表演講，高聲吼叫阻止演講，以及與法西斯分子及其支持者發生肢體衝突。

我們或許可以基於正義的自然義務、撒瑪利亞人義務或有尊嚴的政治成員身分替這種集體自衛論辯護，這取決於我們如何看待行動者對抗的不義：可以是第三章所講的不尊重、第五章所講的迫切危險，或第六章所講的羞辱、物化和暴力。但是，這些辯護理由也對行動者構成顯著的束縛，會禁止反法西斯行動者的一些手段。例如德沃金的尊嚴觀念要求我們在捍衛自身和他人尊嚴時尊重其他人的尊嚴，如此一來我們就不能恐嚇和襲擊別人。我在第六章以有尊嚴的政治成員身分替集體自衛武力辯護，案例是奴隸起義，以及非洲民族議會在種族隔離時期的南非訴諸武力抗爭。在這兩個案例中，受壓迫者的生命、自由和人身不受侵犯權利都受到嚴重和直接的威脅。相反地，反法西斯行動者使用武力是一種預防措施，是為了防止法西斯分子的仇恨主張「正常化」、獲得支持並在政治上得以實現。因此，我們比較難證明他們使用武力是出於正當的集體自衛——夏洛茨維爾那一次或許是例外。

行動者可以避免暴力但不放棄履行他們的義務，也理應如此。向法西斯分子丟麵粉和雞蛋——或者像善待動物組織（PETA）的行動者那樣丟豆腐奶油派——好過毆打他們；設法令新納粹分子承受社群風險，勸阻他們公開捍衛自身觀點，或許也會有好效果。反法西斯行動者傳播訊息的意圖（堅定地強烈譴責種族主義和法西斯主義言論）並不需要使用暴力，而非暴力行動（可以是不文明的）也可以達到許多目的。但最重要的是，在仇恨團體激增的情況下，我們不應該完全否定反法西斯行動者的手段。我們必須仔細考慮他們的理由，並思考理由與行動結合能否通過政治義務的考驗。

22. 川普二〇一七年八月十五日記者會文字紀錄參見https://www.cnbc.com/2017/08/15/read-the-transcript-of-donald-trumps-jaw-dropping-press-conference.html（二〇一七年十二月十三日查閱）。

23. 我闡述他們的觀點，是以這本書為根據：Mark Bray, *Antifa: The Anti-Fascist Handbook* (New York: Melville Books, 2017).

官員的體制內抵抗

對於是否應該為川普政府服務，美國的公職人員有一些辯論，也為此十分苦惱。有些人認為辭職或拒絕出任公職是負責任的唯一選擇。支撐此一觀點的信念是：服從或服務政府就是支持它。從梭羅到鄂蘭，許多古典政治思想家都支持此一立場，它意味著替嚴重不義的政府效力是埋沒良知的行為。拉波埃西（Étienne de La Boétie）在他一五五三年的《論自願為奴》（*Discourse on Voluntary Servitude*）中指出，要將一個民族從不正當和暴虐的權力手上解救出來，只需要拒絕再與掌權者合作。因此，站在這個角度，拒絕效力是一種異議、分裂和抵抗行為；如果有大量的人拒絕效力，這種行為將特別有效。截至二〇一八年二月，川普政府仍有數百個職位懸空，而這可能削弱白宮推動政策的能力。

但是，有些人認為大量公職懸空將使川普政府更容易達成「解構行政國」（deconstructing the administrative state）的目標，而且將使權力集中在對川普最忠誠的小圈子手上（解構行政國是前白宮策略長班農的說法）。如果公職人員都是全心全意支持總統不道德議程的人，這將造成巨大的傷害。考慮到這些問題，或許應該有人在政府內部促進公益。他們有若干對策可以選擇，例如出於良心拒絕服從特定命令，或是暗中拖延。在其著作《從獨裁到民主與一百九十八種非暴力抗爭方法》（*From Dictatorship to Democracy and 198 Methods of Nonviolent Action*）中，夏普（Gene Sharp）就列出了各種官僚不合作手法。根據這種觀點，無論川普是可能扼殺美國民主制度的典型獨裁者，或一個體面的自由國家合法但不稱職的總統（或兩者皆是），公務員都可以在川普政府內部促進公益和控制傷害。

川普上任後不久，史蒂芬在《華盛頓郵報》發表了一篇短文，題為〈在川普年代忠於自己：聯邦政府員工基本指南〉。[24]她在文中指出：「為了捍衛美國的民主規範、價值觀和制度，現在比任何時候都更需要警惕，必要時還得持異見。」她敦促「官僚由下而上抵抗」，挑戰不道德或不合憲的政策，促進公共利益。她並不否認辭職可以是一種抵抗，但她認為其他方法更負責任和可取，包括拖延、洩露內部文件、建立檔案紀錄以便追究責任（或許可以阻止一些不良行為），以及控告官員。

24. Maria Stephan, "Staying True to Yourself in the Age of Trump: A How-To Guide for Federal Employees," *Washington Post* (Febsruary 10, 2017), https://www.washingtonpost.com/news/democracy-post/wp/2017/02/10/staying-true-to-yourself-in-the-age-of-trump-a-how-to-guide-for-federal- employees/.

川普上任後一週，前美國國務院顧問羅森堡（Laura Rosenberg）向政府律師提出類似的建議：

在許多方面，你們是對抗不合法、不道德或不顧後果行為的最後防線——這屆政府上任才一週，就已證實這種行為將非常多。歷史告訴我們，那些惡劣的政策得以實行，有賴順從的官僚系統；這個系統由順從的個人組成，他們對惡劣的政策視而不見，聽命行事。你們應該發揮官僚的專長：拖延，阻撓，牽制。要抵抗。要拒絕執行任何不合法、不道德或不合憲的命令。[25]

這種兩害相權取其輕的務實觀點目前比較多人支持，但它也有一些困難。魯本（David Luban）引用德國律師洛森納（Bernhard Lösener）的故事說明了其中一個問題。[26]洛森納當年說服希特勒選擇了相對溫和的《紐倫堡種族法》草案。雖然這些法律最終導致數百萬名猶太人遇害，洛森納對自己當年發揮的作用引以為榮。如魯本指出，這是可惡的行為，企圖將參與納粹針對猶太人的大屠殺合理化。魯本因此認同鄂蘭一九六四年富有洞見的文章〈獨裁統治下的個人責任〉（Personal Responsibility under Dictatorship）；該文指出，在獨裁統治下，合乎道德的唯一做法是避免擔任重要職位，拒絕參與統治。[27]

我認為鄂蘭和魯本的這種思路是令人信服的，但它僅適用於獨裁和威權政權。魯本自己就承認，如果沒有「惡夢情境」（威權政權有意摧毀反對派和扼殺民主），「為政府效力的理由就變得令人信服」。雖然川普的政策已經在傷害美國人和侵蝕民主，極少人認為當前政治局勢已經惡化到出現這種惡夢情境，許多人因此支持體制內的抵抗。但葛森（Masha Gessen）提出警告，認為這種二分法思想放大了「一切如常的小跡象」，堅信健全的制度將力挽狂瀾。[28]相信川普並沒有嚴重損害美國的民主制度是不對的。我們必須保持警惕。

深入思考會發現，兩派之間的分歧是真實的，並非只是受政治局勢的嚴重性影響。鄂蘭、魯本和葛森強調，官僚參與小規模、不太嚴重的惡行，將使公職人員習慣在原則上妥協，而他們

25. Laura Rosenberg, "Career Officials: You Are the Last Line of Defense against Trump," *Foreign Policy* (January 30, 2017), http://foreignpolicy.com/2017/01/30/career-officials-you-are-the-last-line-of-defense-against-trump/.
26. David Luban, "The Case against Serving," *Just Security* (November 14, 2016), https://www.justsecurity.org/34404/case-serving-trump/.
27. Arendt, *Responsibility and Judgment* (New York: Schocken Books 2003), 17-48.
28. Masha Gessen, "Autocracy: Rules for Survival," *The New York Review of Books* (November 10, 2016).

協助國家機器順暢運作，也有助掌權者引進惡質的威權主義。魯本因此認為政府律師不但應該拒絕參與大規模的惡夢情境，還應該拒絕參與「一次性惡夢事件」，例如圍捕墨西哥人和恢復酷刑——這些事件會迫使他們做出「腐敗的妥協」。（不過，魯本承認這可以在體制內進行。）

另一方面，務實的一派則認為，無論災難是否迫在眉睫，有很多或明或暗的方法可以抵抗政府。事實上，體制內的抵抗被視為阻礙威權主義的一種關鍵手段。我傾向支持務實的一派（但心態有些矛盾，稍後將解釋）。但我的立場比許多作者提出的強烈。他們認為公職人員可以減少傷害，因此應該努力這麼做。我則認為公職人員有這麼做的政治義務。這兩種觀點大不相同。

官僚之所以肩負抵抗的政治義務，是基於兩個論點。首先，正義義務要求公職人員維護民主制度，包括教育公眾，抗議及／或拒絕服從不道德的命令，阻止惡行，以及針對政府的濫權行為爆料揭弊。許多公務員正在履行這種義務。美國環境保護局員工就抗議川普的禁言令，並將該局有關氣候變遷的研究資料存在一個公眾可造訪的網站上，以免白宮向公眾隱瞞相關資料。在從事環境保護和科研工作的其他政府機構，包括國家公園、太空總署和農業部，員工也做了類似的事。川普的白宮已被稱為史上「洩密最嚴重」的白宮。[29] 洩密盛行的累積效果是證明川普不稱職，而這種行為可視為維護公正民主制度的一種集體努力。

第二，履行正義義務和維護民主制度要求官員在體制內集體抵抗。而因為抵抗涉及風險、往往代價高昂，而且不必人人參與也可能成功，搭便車成為誘人的選擇：個別公職人員可能決定不承擔抵抗的風險和負擔。抵抗運動成功有什麼好處？可能會有人說，事情攸關聯邦政府員工自身的物質利益（也就是雖然川普有意「解構行政國」，但抵抗成功可以使聯邦政府員工保住工作）。但在我看來，抵抗成功的主要好處是道義上：公職人員履行了自己的政治義務，包括正義義務。在這件事上，公平原則禁止官僚和公務員搭便車：他們必須在抵抗運動中分擔公平的負擔，不能只是指望同事的抵抗努力。因此，公職人員或許有彼此團結的義務。

這些政治義務符合公職人員的職業倫理守則。雖然公職人員原則上應該奉命行事（也就是不必自己去檢視命令是否合理），他們可以拒絕服從損害公共利益的特定命令。他們的職業倫理守則禁止他們服從不合憲和不道德的命令，因此容許個人發揮其批評和判斷能力。例如公職人員在職業上沒有義務服從掩蓋官員不當行為或阻礙相關調查的命令。美國聯邦和各州的法律進一步保護出於良心抗命者和爆料揭弊者免受雇主報復，這意味著公職人員確實有獨立判斷對錯的權利，而且可以選擇基於職業責任抗命。

---

29. New York Times senior editor Carolyn Ryan interview: "The Leakiest White House in Decades," CNN (February 5, 2017), http://www.cnn.com/videos/tv/2017/02/05/leaks-already-plaguing-trump-administration.cnn.

但是，公職人員不可以對體制內的抵抗掉以輕心。他們應該對此產生矛盾的感受。一方面是正如凱伊（David Kaye）指出，即使是出於良心參與抵抗，公職人員也有可能「被誘騙成為共犯」。[30]他們不應該被別有用心的人利用——那些人致力損害民主政府的正當性，是為了他們自私的目的。另一方面，體制內的抵抗可能是反民主的，也可能被視為是反民主的。白宮對「深層國家」（deep state）的攻擊是聳人聽聞和陰謀論的，或許不適用於美國，但指責官僚的抵抗反民主卻並非沒有理由。畢竟官僚不是人民的代表。他們的職責不是制定政策，而是執行民選官員設計的政策。

川普執政第一年內各級政府洩密頻頻，清楚反映了問題：洩密行為有理有據地揭露了川普政府的利益衝突和不尊重民主規範的問題，但也導致政府變得更加偏執，而且在公眾之中播下了不信任的種子。這些洩密試圖揭露民主受到的威脅，但洩密行為本身看來威脅到民主。為了明白此中原因，我們必須區分不同類型的洩密，以及它們涉及的問題。洩密可能是不慎洩露資訊、違反保密規定，或故意洩露機密資料。行政部門一再發生的洩密包括不慎洩露資訊（八卦閒聊或「大嘴巴」的結果），以及有關暴躁的總統容易「發脾氣」的幕後消息。總統幕僚曾對川普看電視和發推特的習慣表示感到沮喪。但洩密並非只是宮廷內鬥問題。確實也有機密資料被公開。例如一名官員就公開了國家安全顧問麥馬斯特（H. R. McMaster）敦促高層官員打擊洩密行為的一份備忘錄。國家安全局攔截到的美國人通話內容文字紀錄，也遭洩露。此外，路透社根據經確認的匿名消息來源報導，川普競選團隊幹部在二〇一六年十一月大選前後，與俄羅斯政府特工有許多次未公開的接觸。[31]

截至二〇一七年十二月，美國司法部正調查二十七宗洩露機密資料的案件。這些是最令人擔心的洩密類型，因為機密資料保密對維護國家安全是必要的。如我在第三章指出，這種洩密可說是不對的，因為它們越過了國家機密的界線。洩密者不但挑戰政府對公眾隱瞞某些資訊的決定，還篡奪政府的權力，單方面推翻了這些決定。這正是為什麼在民主國家，洩露機密資料看來是反民主的。不過，如果洩露機密有助防止或中止政府的不當行為，或有助強化法治，則洩密仍可以是正當的。但即使有正當理由，洩密仍是一種看似反民主的有問題行為，因為它侵犯了行政部門的保密權，而且可能危害國家安全。

---

30. Kaye, "Anticipating Trump."

31. 參見"Trump Campaign Had at Least 18 Undisclosed Contacts with Russians," *Reuters* (May 18, 2017), https://www.reuters.com/article/us-usa-trump-russia-contacts/exclusive-trump-campaign-had-at-least-18-undisclosed-contacts-with-russians-sources-idUSKCN18E106（二〇一七年十二月十五日查閱）.

公職人員因此必須非常認真地深入思考這些問題。他們應該感到矛盾。如我在第七章指出，處理這種矛盾的最好方式，是與其他公職人員和相關專業人士對話商討，而且儘可能向公眾公開自己的矛盾心理和處理過程。對公職人員來說，負責任地履行抵抗義務與其說是根據個人判斷行事，不如說是一起思考和行動。

其他民主國家也面臨與川普年代的美國類似的挑戰。國族主義狂熱導致英國決定退出歐盟，破壞了那裡的移民相對安定的生活，並且助長了仇外勢力。波蘭的法律與公正黨政府試圖恢復該國昔日的天主教輝煌，令波蘭自蘇聯解體以來取得的自由進步前功盡棄。從匈牙利到法國以至斯堪的納維亞，極右政黨在歐洲執政或勢力日強，危及當地移民、種族與宗教少數群體的生命、生計和自由。

在所有這些地方，公民理應守法。但公民也有義務抵抗不義和維護公正的民主制度，即使在某些情況下，這意味著他們必須違法。好公民在社群中基於可靠的資訊反思自己的政治義務。基於互相尊重，他們重視公共審議和勇敢發聲，有時甚至不惜採用不文明的手段。他們視維護民主為自己的責任。

A Duty to Resist

When Disobedience Should Be Uncivil

文化思潮 198

抵抗的義務：面對不義的非文明抗命行動

作者：康迪絲．戴瑪（Candice Delmas）｜**譯者**：許瑞宋｜**主編**：湯宗勳｜**特約編輯**：文雅｜**美術設計**：陳恩安｜**責任企劃**：王聖惠｜**董事長**：趙政岷｜**出版者**：時報文化出版企業股份有限公司／10803台北市和平西路三段240號1-7樓／發行專線：02-23066842／讀者服務專線：0800-231-705；02-23047103／讀者服務傳真：02-23046858／郵撥：19344724 時報文化出版公司／信箱：10899台北華江橋郵局第99信箱｜**時報悅讀網**：www.readingtimes.com.tw｜**電子郵箱**：new@readingtimes.com.tw｜**法律顧問**：理律法律事務所／陳長文律師、李念祖律師｜**印刷**：盈昌印刷有限公司｜**一版一刷**：二〇一九年十二月二十日｜**定價**：新台幣四八〇元

ISBN：978-957-13-8043-8
Printed in Taiwan

抵抗的義務：面對不義的非文明抗命行動｜康迪絲．戴瑪（Candice Delmas）著；許瑞宋 譯.--一版.｜--臺北市：時報文化，2019.12；376面；21×14.8公分｜--（文代思潮；198）｜譯自：A Duty to Resist: When Disobedience Should Be Uncivil｜ISBN 978-957-13-8043-8（平裝）｜1.公民權 2.社會運動 3.衝突｜541.62｜
108019872